KB071446

유아교과교육론

남기원 · 김남연 · 박선영 · 고선아 · 이은형 공저

Theory of Subject Matters
in Early Childhood Education

학지사

머리말

예비유아교사 양성 과정에서 꼭 배워야 하는 교과목 중 하나가 '유아교과교육론'입니다. 그러나 많은 교·강사 및 학생은 '교과교육론' 과목이 어떠한 과목인지 물으면 고개를 갸우뚱합니다. 유아교육 비전공자에게는 '교과'라는 단어가 익숙하겠지만 유아교육에서는 '교과'라는 단어가 낯설고 부담스러운 게 사실입니다.

왜 그럴까요?

무엇보다도 유아교육은 초·중등교육과 달리 '교과' 중심이 아닌 '활동' 중심으로 이루어지기 때문일 것입니다. 유아교육기관에서 진행되는 하루 일과를 살펴보면 초·중등 교육기관과의 가장 큰 차이는 과목별 수업이 아닌 이야기 나누기, 게임, 신체표현, 동화·동시·동극 등 활동 중심의 수업이라는 점입니다. 그렇다고 교과 수업이 이루어지지 않는 건 아닙니다. 수업을 자세히 들여다보면 다양한 유형의 활동 속에 여러 교과가 녹아 다뤄지고 있음을 알아차릴 수 있습니다.

두 번째 이유는, 예비유아교사 양성 과정의 교과목 중 '유아교과교육론'과 중복되는 여러 교과목이 존재하기 때문입니다. 특히 '영유아교수학습방법'의 교육 내용과 매우 유사하게 다뤄지는 경우가 빈번할 뿐만 아니라, 언어, 수학, 과학과 같은 개별 교과목 및 '유아교육과정'과도 일부 중복되는 경우가 많습니다.

그렇다면 '유아교과교육론'의 핵심은 무엇일까요?

『교원자격검정 실무편람』(교육부, 2017)에서는 '교과교육론'이 수업의 실제 부분에 중점을 두어야 함을 명시하고 있습니다. 즉, 교과교육론은 새로운 이론을 가르치는 교과가 아니라, 배운 이론을 어떻게 실제 수업에 잘 녹여낼 수 있는지를 다양한 모의수업 및 워크숍을 통해 배워 나가는 교과라는 것입니다. 따라서 저자들은 많은 논의 끝에 '여러 교과를 활동에 적절히 담아내는 실제적 능력을 함양'하는 데 중점을 두어야 한다는 것에 의견을 같이하였습니다. 즉, 여러 개별 교과에 대한 기본 지식을 토대로 '생활주제 및 주제를 중심으로 다양한 교과를 균형 있게 계획하고 실행하는 능력' '가장 효과적인 수업을 위해 교과들을 통합하여 수업을 계획하고 실행하는 능력'을 함양해야 한다는 것입니다. 교과가 아닌 '활동'을 중심으로 수업이 이루어지는 유아교육 현장, 반면에 언어교육, 수학교육, 사회교육 등 교과를 중심으로 수업이 이루어지는 대학교 교사 양성 과정, 어쩌면 이 둘의 연결고리를 찾는 게 '유아교과교육론' 과목이 아닐까 합니다.

이 책은 제1장 '유아교과교육의 이론적 기초', 제2장 '유아교과교육의 내용 및 방법', 제3장 '유아교과교육의 통합적 운영'으로 구성되어 있습니다. 제1장에서는 교과교육의 일반적 의미 및 유아교육에서 교과교육의 의미를 살펴보고, 유아교과교육의 전반적인 계획 및 운영, 평가방법을 제시하였습니다. 제2장에서는 교과, 즉 언어교육, 사회교육, 음악교육, 미술교육, 동작교육, 수학교육, 과학교육의 목표 및 내용을 3~5세 연령별 누리과정의 영역별 교육 내용에 따라 제시하고, 각 교육 내용에 따른 활동의 예를 제시하였습니다. 또한 타 교과와의 통합 활동의 실제 예를 교과마다 제시하여 교과 통합에 대한 이해를 높이고자 하였습니다. 마지막 제3장은 각 교과가 '생활주제 및 주제'와 '활동'을 중심으로 통합적으로 운영될 수 있도록 생활주제 주제망, 주간 교육계획안, 일일 교육계획안, 단위활동 계획안을 순차적으로 작성해 보도록 구성하였습니다.

최근 들어 대학교육에서는 무엇보다도 현장실무 역량을 강화하기 위한 교육과정 개편이 한창입니다. 즉, 대학에서 배운 지식이 실제 직업 현장에서 잘 활용될 수 있도록 하는 데 관심이 높습니다. 이 책의 저자들 또한 다년간 대학에서 예비 유아교사들을 교육해 오며, 어떻게 하면 양성 과정에서 배운 지식이 실제 유아교육 현장에 괴리감 없이 잘 연결될 수 있을지 고민해 왔습니다. 3~4년 동안 교육을 잘 받았음에도 유아교육기관 실습에서 힘들어 하소연하는 학생들, 졸업 이후 첫 교사 경험을 '좌절'이라고 표현하는 학생들…… 어느 날 이들을 보며 "원래 힘 든 거야." "조금만 참으면 괜찮아질 거야."라는 반복적인 위로보다 이들의 현장 역량을 더 높여 줄 수 있는 방안을 고심하는 것이 우리의 역할이라는 생각이 들었습니다. 이를 위한 우리의 첫 시도가 이『유아교과교육론』의 집필이었으며, 부디 이 책이 예비교사와 현장교사가 조금이나마 성공적인 수업을 해 나가는 데 도움이 되기를 바랍니다.

2017년 2월
저자 일동

차례

제3장

유아교과교육의 통합적 운영 / 197

제**1**장

유아교과교육의 이론적 기초

제1장 유아교과교육의 이론적 기초

1. 교과교육의 의미

> ● 나의 생각을 정리해요!
>
> Q1. 초·중등학교를 다니면서 배운 교과목에는 어떤 것이 있었는지 기억하나요? 가장 재미있었다고 기억하는 교과목은 무엇인가요?
>
> Q2. 각 교과목에서 배운 내용을 회상해 볼 때, 인생을 살아가면서 가장 많은 도움이 되는 것은 어떤 교과목인가요?
>
> Q3. 초·중등학교에서 배운 교과목들은 어떻게 정해진 것일까요?
>
> Q4. 유아교육기관에서도 교과목을 중심으로 교육하게 될까요?
>
> ● 새로운 꼭지를 시작하며
>
> 여러분이 초·중등학교를 다니며 '교과목'이라고 일컬은 국어, 수학, 과학, 음악, 미술 등이 이 장에서 이야기 나누게 될 '교과'입니다. 더불어 교과교육의 정의를 통해 교수자가 교과교육을 학문으로서 받아들이고 지속해서 탐구해야 하는 이유를 생각해 보기로 해요!

교과교육은 '교과'와 '교육'이라는 두 단어의 조합으로 만들어진 용어로 그 의미를 탐색하기 위해서는 교과의 정의를 살펴보는 것이 선행해야 한다. 교과란 무엇일까? 가장 쉽게 이야기할 때 교과는 '교육하고자 하는 내용'으로 학교교육의 목적을 달성하기 위해 필요한 지식과 기능을 학문의 영역에 따라 체계적으로 조직해 놓은 것이라고 할 수 있다. 교과의 협의는 학교에서 가르치는 각 교과서에 담긴 내용을 의미하고, 광의는 각 교과에 대응되는 학문 영역에서 다루는 내용을 가르칠 수 있는 형태로 조직해 놓은 것이라고 할 수 있다.

학습자 집단을 가장 효율적으로 가르치기 위해 제도화된 형식적 교육기관인 학교에서는 학생들의 교육을 위해 일련의 교육내용을 체계화하고 문서화하는 작업을 중요시하는데, 이것이 곧 '교육과정(curriculum)'을 만드는 일이다. 그리고 교육과정의 근간을 이루는 것으로서 '무엇을 가르칠 것인가?'에 대한 답을 토대로 '교과'가 만들어졌다고 할 수 있다.

교과를 만들기 위해서 첫 번째로 고려해야 하는 것은 '인간이 바람직한 삶을 영위하기 위해서 필요한 지식과 기술 그리고 태도에는 어떤 것들이 있을까?'이다. 이러한 질문은 교수자가 교육을 함에 있어서 기본적으로 생각해야 하는 부분이고 결국 이것이 교과를 무엇으로 정할 것인가를 판단하는 기준이 된다.

서양에서 교과가 처음 만들어진 때로 돌아가 보면 고대 희랍 및 로마 시대에서 자유인의 교양과정으로 편성되었던 자유7과(seven liberal arts: 문법, 수사학, 논리, 산술, 기하, 천문, 음악)에서 교과의 기원을 찾을 수 있다. 여기에 제시된 교과들은 각각이 학문적인 논리와 체계를 가진 것이라고 할 수 있으나, 이런 교과들이 지금에 와서는 많이 없어지고 19세기 중반에는 자연과학이, 더 이후에는 사회과학이 정규 학교교육의 교과에 포함되기에 이른다(허경철, 이화진, 박순경, 소경희, 조덕주, 2004). 현재 우리나라 초·중·고등학교의 교과들을 살펴보면 국어, 사회, 수학, 과학, 미술, 가정, 체육, 외국어 등이 기본적으로 있으며 중·고등학교에서는 외국어가 더 포함되거나 전문적 특성을 갖고 있는 고등학교의 경우 농업, 공업 등의 전문교과가 포함되어 있는 것을 볼 수 있다. 이처럼 지금은 과거에 없던 교과들이 많이 개발되어 있는데, 이것은 전통사회의 학교와 현대사회의 학교가 가지고 있는 성격과 기능 등이 달라졌기 때문이고, 더불어 학문적 분류에 의해서만이 아니라 인간의 사회문화적 삶에서 요구되는 가치 기준으로 교과가 성립되기도 함을 보여 준다. 정리하자면, 교과는 그 자체의 내적 논리만으로 만들어지고 유지된

다기보다는 교육의 대상과 방법 그리고 필요에 따라 폐기되기도 하고 새롭게 만들어지기도 한다. 즉, 인간이 긍정적인 방향으로 변화되어 가는 것을 목표로 하는 교육에 있어서 교육의 영역과 내용은 시대의 흐름에 따라 변화한다.

교과로 선정되기 위한 교과의 특성에 대해 곽병선(1997)은 문화요소로 선정된 것, 일정한 준거를 갖는 것, 사회적 지지를 받은 것 그리고 선택된 것으로 규정하고 있다. 구체적인 내용은 다음과 같다.

첫째, 교과는 문화에서 선정된 문화요소라는 것이다. 문화는 우리 사회에서 인간이 만든 모든 것을 가리키는 것으로, 낚시를 하고 음식을 저장하는 등 생활과 직결된 것에서부터 과학 지식, 종교, 예술에 이르기까지 매우 다양하다. 이것을 모두 후세대에 전달할 수는 없으므로 우선해서 가르칠 것을 선정해야 한다. 이때 우리 사회가 현재 수준으로 발전해 오는 데 결정적인 기여를 한 지식과 사고의 양식ㆍ경험을 모아서 문화요소라고 할 수 있다.

둘째, 교과는 논리적으로 구분 가능한 개념체계와 명확한 근거를 가지고 만들어진다. 따라서 각각의 교과는 타 교과와 동일시되거나 유사한 것을 다루지 않게 됨으로써 고유의 관심 영역에서 체계화해 놓은 지식과 경험 내용을 갖는다.

셋째, 교과는 해당 교과의 가치를 인정하고 그 교과의 지위를 높이기 위해 노력하는 학문 공동체 또는 권익집단에 의해서 유지된다. 특정한 영역의 지식이나 경험이 교과가 되어 학교의 교육내용으로 편입되기 위해서는 그것의 교육적 가치를 밝히고 옹호하는 사회적 세력이 있어야 한다. 그들이 교과로 내세우는 지식과 경험의 내용은 기존의 가치신념과 대립되지 않고 사회 발전에 이바지할 수 있는 것이어야 한다.

넷째, 교과는 다양한 문화요소 중에서 선택된다는 점과 이 선택의 과정에서 권한을 행사하는 사회적 권위가 개입된다는 점에서 중요한 의사결정의 산물로 만들어진다. 무엇을 교과로 정할 것인지 판단할 때 의사결정자의 의지와 뜻하는 바가 반영되어 교과로 선택될 수도 있고 그렇지 않을 수도 있다는 것이다.

앞서 제시한 바와 같이 교육의 목적을 달성하기 위해 '무엇을 가르칠 것인가?'라는 물음으로부터 교과가 선정된다. 또한 이후 '시대적 흐름에 따른 변화가 이루어져 왔는가?'를 이해해야 하는데, 이를 위해 유아교사 양성기관인 대학의 유아교육과를 중심으로 살펴보자. 유아교육과에서 이루어지는 교육의 목적은 무엇일까? 유아의 전인적 성장과 발달을 지원하기 위해 유아교사에게 요구되는 전문지식과 기술 등을 가르쳐 유아교사로서의 직무를 해낼 수 있는 소양을 갖춘 전문직업인을 사회로 배출하는 것이다. 이러한 교육의 목적을 토대로 유아교사에게 요구되는 지식과 기술 그리고 태도를 나열하여 다섯 가지의 역량으로 범주화하면 〈표 1-1〉에서 제시하는 바와 같다. 그리고 각각의 역량을 기르기 위한 교육의 내용으로부터 교과목이 만들어지고, 해당 교과목들을 이수하며 전문적인 유아교사로 성장하기 위한 기반을 완성해 가게 된다.

그러나 이렇게 교과가 정해진 후 사회적 요구에 따라 변경되는 부분이 나타난다. 예를 들어, '학교폭력 예방 및 학생의 이해'라는 교과는 학교폭력이 사회문제로 대두되면서 교사가 학교폭력을 예방하고 대처할 수 있는 능력을 갖추도록 하기 위해 2013년부터 의무적으로 이수해야 하는 교과로 선정된 바 있다.

〈표 1-1〉 대학의 유아교육과 교육과정상 교과목 예시

유아교사에게 요구되는 역량	교육과정상 관련 교과목
교직 인성 및 전문성 개발	교육철학 및 교육사, 논리논술, 교직실무, 교사론 등
유아발달 전반에 대한 이해	유아발달, 교육심리 등
교육과정 운영	유아교육과정, 놀이지도, 언어지도, 유아동작교육, 유아미술교육, 아동문학, 유아음악교육, 유아사회교육, 유아수학교육, 유아과학교육, 교과교육론, 영유아교수방법, 교과교재 연구 및 지도법 등
대인관계 및 의사소통	의사소통 능력, 대인관계 능력, 부모상담 등
정보화 소양	유아컴퓨터교육 등
학급 운영	유치원 운영관리, 부모교육, 아동안전관리, 학교폭력 예방 및 학생의 이해 등

지금까지 교과의 의미를 살펴보았으므로 이제 교과교육을 살펴보자. 교과교육학은 '교과를 교육하는 학문'을 뜻하는 것으로 해당 교과의 기초 개념과 지식에 대한 이해를 바탕으로 그것을 학습자에게 어떻게 잘 가르칠 수 있는지 탐구하는 것이다. 교육학의 영역은 일반교육학과 교과교육학으로 구분할 수 있다. 일반교육학은 교육사, 교육철학, 교육방법, 교육과정, 교육평가 등 교육학 일반에 관한 것이라 할 수 있다. 반면, 교과교육학은 지리교육방법, 지리 교재 및 지도법, 지리 교수학습 및 방법 등 기반이 되는 학문(예: 지리)과의 경계를 확실히 하여 독립된 학문 영역으로서 교육적 의미 안에서 교과를 재해석하고 그 방법적 측면을 연구하는 학문이다.

교수자가 학습자에게 교육 내용을 잘 전달하기 위해서는 우선적으로 교수자가 해당 교과 내용에 대한 지식을 바탕으로 바람직한 안목을 가져야 한다. 이와 더불어 교수자가 알고 있는 것을 어떻게 하면 잘 가르칠 수 있는지 방법적 원리를 이해하고 직접 실행할 능력을 길러야 한다. 여기에서 우리는 교과교육학이 발전해야 하는 이유를 찾을 수 있다. 교과 내용에 대한 전문적 지식을 가지고 있으면 당연히 교육이 잘 이루어질 것이라 믿는가? 그러나 실제 교육이 효과적으로 이루어지기 위해서는 교과 내용에 대한 이해와 더불어 '어떻게 가르칠 것인가?'에 대한 연구와 노력에 많은 무게가 실려야 한다. 따라서 교사를 양성하는 기관에서는 교육과정에서 교과교육과 관련한 교육을 큰 비중으로 다루는 것을 알 수 있다. 〈표 1-1〉에서도 제시한 것처럼 교육과정에는 그 운영을 위한 교과교육 관련 교과목이 다수 배정되어 있는 것을 볼 수 있다.

정리하자면, 교과교육은 각 교과의 목표, 내용 그리고 방법에 대한 기초 지식을 습득하고 교수-학습 과정에서 요구되는 이론을 이해함으로써 실제를 수행할 수 있는 능력을 기르는 것이라 하겠다.

교과교육학의 성격에 대해 배장오(2011)는 다음과 같이 제시한다.

첫째, 복합적인 성격을 갖는다. 교과교육학은 해당 교과 또는 학문과 교육과학의 접점에서 이루어지는 학문이므로 형식 면에서 복합적 또는 이중적인 성격을 갖는다.

둘째, 독창적인 성격을 갖는다. 해당 학문 및 교육과학의 변화에 따라 지속적인 교류 속에서 끊임없이 발전하고 있는 독립된 학문으로서의 성격을 갖는다.

셋째, 실용적이며 실천적인 성격을 갖는다. 교과교육의 이론과 원리는 실천을 전제로 한다. 따라서 교육의 실천 속에서 교과교육학은 응용되고 활용되는 실천적이며 응용적인 성격을 갖는다.

이러한 특성을 고려할 때 교과교육학은 한 교과의 교육에 관계되는 제반 분야를 다루는 종합 응용과학적 성격을 갖는다고 정리할 수 있다.

2. 유아교육에서의 교과교육

● 나의 생각을 정리해요!

Q1. 유아교육기관에서 이루어지는 하루 일과를 회상해 보세요. 어떤 활동으로 이루어져 있나요?

Q2. 유아교육기관에서의 교육 내용은 어떻게 정해지나요?

Q3. 유아교육기관에서 이루어지는 놀이가 더욱 의미 있는 이유는 무엇인가요?

● 새로운 꼭지를 시작하며

유아교육기관에서는 '교과'라는 표현 대신 '놀이' '활동'이라는 표현을 주로 사용한답니다. 이것은 유아교육이 유아의 사회화를 위해 필요한 지식과 기술 그리고 태도를 교과로 나누어 교과서에 담은 후 전달하는 것이 아니라, 놀이와 활동을 통해 경험하고 내면화될 수 있도록 하기 때문입니다.

유아기를 보내는 학습자와 학령기를 보내는 학습자 간에 교수–학습이 이루어질 때의 가장 큰 차이가 무엇일지 생각해 보자.

첫째, 유아의 하루 일과는 이야기 나누기, 동화 · 동시 · 동극, 음악, 신체, 게임,

요리, 미술 등의 대·소집단 활동과 쌓기놀이 영역, 역할놀이 영역, 언어 영역, 수·조작 영역, 과학 영역, 미술 영역, 음률 영역 등 구분된 각각의 영역에서 자신이 하고 싶은 것을 자유롭게 선택하여 놀이하는 자유선택활동 그리고 바깥놀이 활동으로 이루어져 있다. 반면, 초등학생의 하루 일과는 수학, 과학, 사회, 음악 등의 교과목이 시간대별로 배정되어 있다.

둘째, 유아교육기관에서는 생활주제를 중심으로 그 하위에는 주제와 소주제를 두어 관련된 다양한 경험이 통합되도록 교육이 이루어지는 반면, 초등학교는 각 교과의 해당 시간에 교과서에서 제시하는 목차에 따라 순차적으로 교육이 이루어진다.

셋째, 유아는 생활주제와 관련된 놀이와 활동이 통합적으로 제공될 때 각각의 경험이 모여서 전인적 성장과 발달을 꾀하지만, 초등학생은 분절된 교과의 교육 내용들을 각각 습득하여도 그것을 스스로 통합할 수 있는 능력을 지닌다.

이처럼 유아교육과 초등교육을 비교해 보면 학습자의 발달적 특성이 반영되어 교수-학습이 이루어지는 모습이 매우 상이함을 알 수 있다. 물론 다행스럽게도 최근에 초등학교 1, 2학년생의 발달적 특성을 고려하여 교육의 모습이 유아교육을 조금씩 닮아 가고 있는 실정임을 다음과 같이 확인할 수 있다.

 유아교육과 초등교육의 연계를 위하여

2013년부터 초등학교 1, 2학년을 대상으로 통합교과를 활용한 교육이 이루어졌다. 이것은 유아교육에서 유아의 발달에서의 적합성을 고려하여 아동 중심 교육, 놀이 중심 교육, 흥미 중심 교육, 통합교육 등을 강조해 온 것과 같은 맥락으로 초등학교 1, 2학년도 분화된 교과로 지도하기보다는 교과를 통합하는 것이 바람직하다고 판단했기 때문이다.

통합교과는 실천활동 중심의 바른생활, 탐구활동 중심의 슬기로운 생활, 표현놀이 중심의 즐거운 생활이 하나의 교과로 통합된 새로운 개념의 교과서로, 교과의 구분이 없어졌고 주제를 중심으로 주제와 연관된 여러 교과의 내용이 통합되어 있다.

통합교과에서 다루는 주제는 시간과 공간 차원에서 총 여덟 가지로 선정되었다. 시간 차원은 봄, 여름, 가을, 겨울의 사계절로, 공간 차원은 학교와 나, 가족, 이웃, 우리나라로 이루어져 있다.

우리나라 국가 수준 유치원 교육과정인 누리과정(교육부, 2013)은 유아가 자신을 둘러싼 세상에 대해 알아 가는 방법을 설명함에 있어서 분리된 내용 영역이나 분절된 교과를 통해서가 아니라 통합된 전체 경험을 통해서 가능함을 지적한다. 그 이유는 통합이 부분들을 전체에 관련시켜 결합해 가는 과정이며, 유아는 자신의 경험을 통합하여 전인적으로 성장 및 발달하는 존재이기 때문이라고 기술한다. 이처럼 유아교육은 유아만의 발달적 특성을 반영하는 통합적인 활동으로서 교육이 이루어져야 하므로 초·중등교육에서 이루어지는 교과 중심의 교육과는 큰 차이가 있다.

아마도 이 시점에서 '유아교육은 교과 중심의 교육이 이루어지지 않는데 유아교사 양성기관의 교육과정은 왜 많은 부분이 교과 중심으로 설계되어 있는지' 궁금해질 것이다. 그것은 유아교사가 유아의 전인발달을 꾀하기 위한 통합적 교육을 운영함에 있어서 동작, 언어, 사회, 미술, 음악, 수학, 과학 등 각 교과 내용에 대한 전문적 이해를 기초로 하여 실천력을 기르는 것이 중요하기 때문이다. 이를 위해 유아교사 양성 과정에서의 교육과정상 '유아동작교육' '유아언어교육' '유아사회교육' 등으로 교과목명을 제시하고 있지만, 이것은 교사교육을 위한 교육과정을 마련함에 있어서 편의를 제공하기 위한 것일 뿐이다.

그렇다면 유아에게 '교육하고자 하는 내용'으로서 교과는 무엇이라고 할 수 있을까? 만 3~5세 유아에게 필요한 지식, 기술, 태도를 교육 내용으로서 나열하고 유사한 것끼리 범주화하는 과정을 통해 이것이 결국은 [그림 1-1]과 같이 누리과정에서 제시하는 5개 영역과 일치함을 알 수 있다.

　이처럼 유아교육에서는 유아가 학습해야 하는 교육 내용을 '교과'라는 표현보다는 누리과정에서 제시하는 '영역'으로 나누어 정리하였다고 할 수 있다. 따라서 유아는 누리과정의 5개 영역에서 제시하는 교육 내용을 체계적이고 지속적으로 경험해야 하고 이러한 교육 경험은 유아의 발달적 특성을 고려하여 통합된 형태의 놀이 또는 활동을 통해 이루어져야 한다. 이것은 유아교육이 초 · 중등교육과 같이 교육 내용을 교과목으로 나누어 다루지 않고, 생활주제를 중심으로 교과 영역을 통합한 교육 활동으로 제공하는 통합적 접근 방법을 지향함을 의미한다.

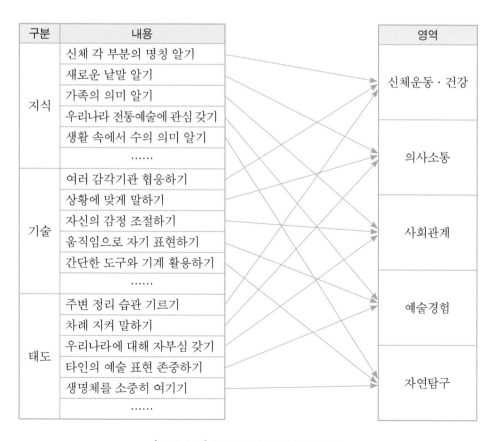

[그림 1-1] 유아에게 필요한 교육 내용

유아의 발달에 적합하다고 판단되는 주제 중심의 통합은 유아의 흥미와 발달, 학습에 적합하다고 판단되는 생활주제를 선정하여 이를 탐구하는 과정에서 누리 과정의 5개 영역과 관련되는 내용을 통합하여 학습하는 것이다(교육과학기술부, 보건복지부, 2013a). 그러므로 누리과정 지도서는 필요에 따라 정해진 11개(만 3세는 10개)의 생활주제별로 통합 활동이 이루어지는 예시를 제공한다. 예를 들어, '가을'이라는 생활주제를 진행할 경우 가을 길을 산책하며 가을철 하늘의 모습과 날씨, 나무의 변화를 알아보고, 아름다운 낙엽의 모양과 색깔을 탐색하며 가을에 얻을 수 있는 다양한 열매와 곡식으로 요리를 하는 등의 다양한 활동을 통해 가을이라는 계절을 전반적으로 이해할 수 있다. 이러한 활동 속에서 유아는 신체운동 · 건강 영역, 의사소통 영역, 사회관계 영역, 예술경험 영역, 자연탐구 영역의 관련 내용을 통합적으로 경험할 수 있다. 주제를 중심으로 이루어지는 통합교육에 대한 구체적인 내용과 방법은 제3장에서 다시 다루겠다.

3. 유아교과교육의 계획, 운영 및 평가

● 나의 생각을 정리해요!

Q1. 여러분이 들은 강의 중에서 가장 열심히 참여해서 배운 것이 많았던 수업은 무엇이었나요?

Q2. 왜 더 열심히 수업에 참여하게 되었나요? 수업이 이루어지는 특성이 어떠했는지 기억해 보세요.

Q3. 친구들과 의견을 나누며 예비유아교사 양성기관의 수업에 있어서 교수-학습이 어떤 방식으로 이루어져야 바람직한지 기록해 보세요.

● **새로운 꼭지를 시작하며**
- -

여러분이 주도적이고 자발적으로 수업에 참여할 수 있도록 하는 강의에는 뭔가 다른 특성들이 있음을 알 수 있었나요? 교과교육이 효과적으로 이루어지기 위해서 유아교사는 계획부터 운영, 평가에 이르기까지 심사숙고해야 하는 것이 많답니다. 특히 우리가 가르쳐야 하는 대상이 유아이기에 더욱 차별화된 교수–학습이 이루어져야 한다는 것을 기억해 주세요!

유아기는 고차원적이고 추상적인 인식을 하는 존재로 성장 및 발달해 가는 시작점이라고 할 수 있어 아직까지 인식의 수준과 차원은 매우 기본적인 수준이므로 학령기 이상의 교육에 비해 교육의 목표나 내용, 교수–학습 방법에서 차별화된 특성을 가진다(임부연, 최계령, 류미향, 2010).

바람직한 교과교육이 이루어지기 위해서 교수자는 자신이 학습자 및 학습에 대해 어떠한 믿음을 가지고 있는지 살펴보는 것이 우선적으로 필요하다. 학습자로서 유아는 어떤 특성을 가지고 있다고 생각하는가? 유아가 세상을 알아 가는 방법은 무엇이라고 생각하는가? 어떤 때 학습이 가장 잘 이루어질 것이라고 판단되는가? 이러한 질문과 관련하여 가지고 있는 생각을 모두 나열해 보자.

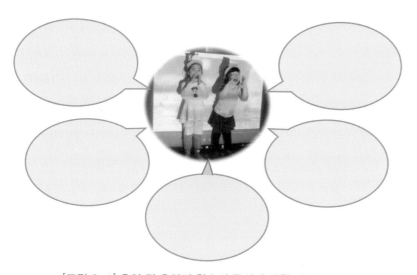

[그림 2-1] 유아 및 유아기 학습의 특성에 대한 자신의 생각

학습자인 유아와 유아기 학습의 특성에 대해 가지고 있는 생각은 교사가 향후 계획하는 교육 활동 속에 고스란히 담기게 되므로, 유아교육적으로 적합한 것이 맞는지 확인해 보기 바란다.

1) 교과교육의 목표 설정

교육 목표란 장기적인 안목에서 학습자가 학습 경험을 통해 성취하기를 기대하는 바와 관련된 사항을 기술하는 것이다. 교육 목표는 교육 활동을 계획하고 운영하는 과정에서 나아가야 할 방향을 안내하는 것이며 교육과 관련한 결정을 할 때 적절한지 그리고 타당한지를 판별하는 근거가 된다(서울대학교 교육연구소, 1995). 교육 목표를 설정할 때에는 학습자인 유아의 연령, 유아의 발달 수준, 유아교육기관의 교육철학, 학부모의 요구 등을 고려하고 국가 수준의 교육과정, 교과 관련 전문 지식 등을 참고하여야 한다(이기숙, 2008). 이를 바탕으로 교육 목표를 설정함에 있어 다음과 같은 점을 항상 기억하고 실행으로 옮겨야 한다.

- 유아교육기관에서 기르고자 하는 인간상이나 행동 특성을 포함하여 교육 목표를 설정한다.
- 국가 수준 교육과정의 교육 목표와 연계하여 교육 목표를 설정한다.
- 유아의 특성, 부모의 요구, 지자체의 교육 목표 등을 고려하여 교육 목표를 설정한다.
- 전년도 교육과정 운영 평가로부터 보완 및 개선할 점들을 고려하여 교육 목표를 설정한다.
- 유아의 인지적 · 정의적 · 운동기능적 목표가 균형 있게 포함되도록 한다.
- 교육 목표 기술 시, 교육을 통해 교육 목표의 성취 여부를 점검할 수 있도록 구체적이고 명확하게 진술한다.

2) 교과 내용 선정

교과 내용은 해당 교과에서 교육 목표를 달성하기 위한 수단으로서 수많은 교과 내용 중 적절한 것을 선정하는 일은 매우 중요하다. 또한 이렇게 선정한 내용을 어떻게 조직하여 학습 경험으로 제공하는가도 교육 목표의 달성 여부를 판가름 짓는 열쇠가 된다.

교과 내용을 선정함에 있어서 고려해야 하는 것은 크게 두 가지로 나눌 수 있다. 첫째, 교과 내용이 생활에서 직접적으로 유용하게 활용할 수 있는 것, 둘째, 학문이 가지는 내재적 가치를 실현하는 것이다. 생활에서의 유용성을 교과 내용 선정의 기준으로 삼는 것은 생활 적응을 교육 목표로 하는 경험중심 교육과정에서 강조하는 바이다. 그러나 이것을 지나치게 강조할 때 학문의 중요한 개념이나 원리를 체계적으로 가르치지 못하는 것에 따른 문제를 지적하며 학문중심 교육과정의 시대를 맞이하게 된다. 위의 두 가지 교과 내용 선정 기준 중 반드시 한 가지를 따라야 하는 것은 아니며, 둘의 접점을 찾아 교과 내용을 선정하는 것이 바람직하다고 하겠다. 두 가지 기준에 근거하여 교과 내용을 선정할 때 고려할 점은 다음과 같다.

- 유아의 삶과 연관되어 의미를 찾을 수 있는 내용인가?
- 유아가 학습할 만한 가치가 있는 내용인가?
- 유아가 학습하기에 적절한 수준의 내용인가?
- 유아와 교사 모두에게 흥미로운 내용인가?
- 다양성을 반영하는 내용인가?
- 유아의 현 수준을 보다 발전시킬 수 있는 내용인가?
- 유아로 하여금 탐색하고 탐구할 수 있도록 하는 내용인가?
- 사고하고 추론하고 문제를 해결하며 의사결정 등의 학습 경험을 허용하는 내용인가?
- 유아-유아, 유아-교사 간의 상호작용을 촉진하는 내용인가?

이렇게 선정된 교육 내용은 통합성의 원리에 따라 조직되어야 한다. 이것은 유아가 관심을 갖는 주제를 통해 그 주제 속에서 경험할 수 있는 교육 내용을 재구성하고 이를 이야기 나누기, 동화·동시·동극, 음악, 신체, 게임, 요리, 미술, 현장체험과 같은 활동으로 구안하여 유기적으로 연결·조직하는 것을 뜻한다.

3) 교수-학습 방법

교육 목표를 달성하기 위한 교육 내용이 정해지면 그것을 어떻게 효과적으로 학습자에게 전달할 것인지 결정해야 한다. 교수-학습 방법을 결정함에 있어서 기본적으로 고려해야 하는 교수-학습 방법의 원리는 다음과 같다(교육부, 2013).

(1) 놀이를 통해 교수-학습이 이루어져야 한다

유아에게 놀이는 삶이며 세상을 알아 가는 학습의 장이 된다. 유아는 우선적으로 놀이가 즐겁고 재미있다고 생각할 때 자발적으로 참여하게 된다. 놀이를 하다 보면 다른 사람들과 관계를 맺게 되고, 놀이 속에서 경험과 사고의 폭이 넓어지면서 지적 호기심을 충족시킬 수 있으며, 사회화를 위해 필요한 지식과 기술, 태도를 익히게 된다. 그러나 같은 형태의 놀이가 단순히 매일 되풀이된다면 학습이 이루어지기에는 한계가 있다. 교사가 교육적 의도를 담아 놀이를 준비하고 유아가 자발적이고 주도적으로 참여하여 놀이가 이루어지도록 지원할 때 놀이가 학습 그 자체가 된다.

예를 들어 보자. 봄이 되어 피어나는 꽃들의 종류를 알아보기 위해 교사는 유아들을 데리고 바깥놀이터로 나간다. 바깥놀이터 곳곳에 다양한 봄꽃이 피어 있다. 교사는 유아들에게 바깥놀이터 주변에서 봄꽃을 찾아 "빙고!"라고 외치는 놀이를 제안한다. 그리고 4명씩 나누어 그룹을 짓고 교사가 바깥놀이터에서 직접 찍은 봄꽃 사진 카드를 그룹별로 한 장씩 뽑도록 한다. 교사가 시작을 알리면 같은 그룹의 친구들끼리 주변을 돌아보며 사진 카드 속 봄꽃을 찾아다닌다. 이러한 놀이 속에서 유아는 어떠한 경험을 하게 되는가? 이것이 바로 놀이를 통해 이루어지는 교수-학습의 전형적인 모습이다.

교사는 생활주제를 탐구하는 과정에서 유아의 발달 수준을 고려한 놀이를 다양하게 준비하여 유아가 자연스럽게 교육 활동에 몰입하며 의도한 교육이 이루어져

갈 수 있도록 안내자 및 촉진자로서의 역할을 해야 한다.

(2) 유아가 흥미를 중심으로 활동을 선택할 수 있어야 한다

무언가에 흥미를 가진다는 것은 그 대상에 주의를 기울이고 지속적으로 몰입하여 탐구하고 싶을 정도로 마음이 움직였음을 의미한다. 유아는 자신이 흥미 있어 하는 활동을 제공받았을 때 자발적으로 그리고 적극적으로 참여하게 되고, 이때 학습이 일어난다. 물론 유아가 보이는 관심과 흥미는 개인에 따라 차이가 있으므로 교사는 다양한 활동을 준비하여 유아 자신이 더욱 해 보고 싶은 것을 직접 선택하여 참여해 볼 수 있도록 지원해야 한다.

유아가 흥미는 느끼는 시간은 그리 길지 않다. 따라서 흥미를 지속하여 그것이 학습으로 이어지도록 하기 위해서는 흥미 있는 활동을 반복하며 점차 몰입할 수 있도록 하고 그 속에서 자신이 한 경험을 생각할 기회, 더 심화 · 확장된 경험을 할 기회를 제공하는 것이 필요하다. 그러므로 교사는 생활주제를 중심으로 다양한 활동을 제공해 주어 유아가 자신의 놀이를 선택적으로 하며 의미 있는 경험을 하도록 하고, 흥미를 지속하고 확장해 갈 수 있도록 충분한 환경과 상호작용 그리고 시간을 제공해야 한다.

(3) 유아의 생활 속 경험과 관련된 소재를 활용하는 것이 효과적이다

유아는 교육 활동으로 제시되는 내용이 자신의 생활과 밀접한 관련이 있는 것일 때 흥미를 갖고 탐구하려는 욕구를 느끼며, 경험한 새로운 지식과 기술을 자신의 생활로 가져가 적용해 본다. 이때 교육이 유의미해지는 것이다.

예를 들어, 여름이 다가와 아이스크림과 같이 차가운 것이 계속 먹고 싶지만 배탈이 나지 않으려면 참아야 함을 알려 주려고 한다. 이때는 아이스크림이 맛있다고 해서 계속 먹다가 배탈이 난 경험을 떠올리며 여름에 먹고 싶어지는 찬 음식에는 무엇이 있는지 이야기하고, 그것을 많이 먹으면 배가 차가워지고 결국 배탈이 나서 병원에 가야 하는 일이 생길 수 있다는 이야기를 나눈다. 그리고 적당히 먹는 것은 얼마만큼을 뜻하는지 나름의 기준을 만들고 약속을 정한 후 더 먹고 싶을 때에는 어떤 생각을 하면서 참으면 좋을지 등에 대해 이야기를 나눈다. 이렇게 습득한 지식과 기술, 태도는 유아의 삶에 그대로 전이되어 교육적 효과를 향상시키는 데 도움이 될 것이다.

교육 활동의 소재로서 유아의 생활 속 경험을 활용하여 교육의 효과를 높이기 위해서, 교사는 유아가 누구와 어떠한 경험을 하는지 잘 알고 있어야 하고 교육의 장면에서 적재적소에 유아의 경험을 가져와 활용하는 능력을 길러야 한다.

(4) 유아-유아, 유아-교사, 유아-환경 간 상호작용이 활발히 이루어져야 한다

유아는 대·소집단 활동 및 개별 활동 속에서 또래나 교사와 상호작용하면서 새로운 지식과 기술을 습득하고 태도를 형성해 가게 된다. 뿐만 아니라 교사가 제공하는 물리적 교육 환경과 개별적인 상호작용을 하며 학습이 이루어지기도 한다. 상호작용은 유아가 주변 환경과 능동적으로 소통하며 인지적·정서적 교류를 통해 지식을 구성하도록 돕는다. 따라서 교수가 교사에 의해서 일방적으로 이루어지는 것을 지양하고 유아와 교사, 유아와 유아가 서로의 생각과 의견을 나누며 배움이 일어나는 것에 자연스럽게 젖어들도록 해야 한다. 이를 위해서는 평소 교사가 유아의 질문과 이야기에 주의를 기울이고 유아와 상호작용하며 대화가 더욱 확장되어 갈 수 있도록 하는 것이 중요하다. 만 3세 유아에게 있어서는 유아-교사 간의 상호작용이 차지하는 비율이 유아-유아 간의 상호작용보다 높을 수밖에 없지만, 연령이 높아지고 주도적으로 상호작용에 참여하는 것이 자연스러워진 유아는 또래 간에도 서로의 생각에 귀 기울이고 더 나은 접점을 찾기 위해 노력하게 될 것이다.

(5) 주제를 중심으로 다양한 활동이 통합되어야 한다

3~5세 연령별 누리과정은 주제 중심의 통합교육을 지향한다. 이것은 유아의 흥미와 발달에 적합하고 학습이 필요하다고 판단되는 주제를 선정하여 해당 주제를 탐색하고 알아 가는 과정에 의미를 부여한 교육을 의미한다. 이때 누리과정이 제시하는 5개 영역과 관련된 내용을 통합적으로 제시함으로써 각각의 경험이 연

결되고 모아져 주제를 전체로서 이해할 수 있도록 하는 교육이 바로 주제 중심의 통합교육이다. 이러한 통합교육의 모습은 전인발달을 목적으로 하는 유아교육에 가장 부합하는 형태라고 할 수 있다. 주제를 중심으로 다양한 활동이 통합되어 유아의 전인적인 성장과 발달을 도모하기 위해서는 교사가 교육 활동 전개에 따라 계획을 체계적으로 세우는 것이 중요한데, 이때 5개 영역의 내용이 고루 경험되는지 고려해야 한다.

(6) 하루 일과가 균형 있게 이루어져야 한다

교사는 하루 일과를 계획하고 운영함에 있어서 유아에게 최적화된 상황을 제공하여 교수-학습의 효율을 높이는 것이 중요하다. 이를 위해서는 정적인 활동과 동적인 활동, 실내 활동과 실외 활동, 대·소집단 활동과 개별 활동, 휴식 등이 균형 있게 이루어지는 것이 바람직하다. 유아의 주의집중 시간은 얼마나 될까? 일반적으로 15~25분 정도이다. 이것은 유아가 흥미를 느끼는 정도에 따라 더 짧아지기도 하고 더 길어지기도 한다. 이런 유아에게 계속 정자세로 앉아 활동에 참여하도록 요구하는 것은 무리일 수 있다. 어느 정도 정적인 활동을 하며 움직임을 제한했다면 동적인 활동을 통해 몸을 마음껏 움직여 볼 수 있도록 해야 한다. 이야기 나누기 활동을 한 후에 또다시 노래 부르기 활동을 연이어 하는 것보다는 게임 활동과 같은 동적인 활동을 하는 것이 더 바람직하다는 것이다. 또한 실내에서 많은 시간을 보내게 되지만 반드시 실외에서 햇살을 받으며 신선한 공기를 마실 기회를 주고, 대집단 활동에서는 자신의 의견을 이야기할 기회가 충분히 제공되지 못할 수도 있으니 소집단 활동이나 개별 활동을 통해 더 적극적인 참여를 이끌어 낼 수 있다.

(7) 개별 유아에게 적합한 방식으로 교수-학습이 이루어져야 한다

동일 연령으로 구성된 학급일지라도 각각의 유아는 많은 부분에서 차이를 보인다. 예를 들어, 사전 경험이 풍부한가, 관심을 갖고 흥미를 느끼는 부분은 무엇인가, 학습 능력이나 성향은 어떠한가, 발달 수준은 어떠한가 등에 따라 교사가 제공하는 교육 활동에 대해 유아가 흥미를 보이는 수준은 다르다. 이것은 결국 교육 활동에 참여하여 지식을 이해하고 기술을 습득하는 수준에 있어서도 차이를 가져 오게 된다. 따라서 유아에게 획일적인 형태로 이루어지는 교수-학습은 한계가 있 다. 예를 들어, 주말 동안 있었던 일을 그림으로 표현해 보는 활동을 하는 상황을 그려 보자. 교사는 지금부터 10분 동안 각자의 스케치북에 주말을 지낸 이야기를 그림으로 그리게 하고, 교사에게 와서 무엇을 표현했는지 말해 주면 그것을 옮겨 적어 주려는 계획을 가지고 있다. 이때 교사의 계획처럼 주말 동안 있었던 일을 회상하며 그림으로 표현하려는 유아의 수는 얼마나 될까? 유아 중에는 그림 그리 는 것 자체를 힘들어하는 아이도 있고, 지금 블록놀이를 더 하고 싶은 아이도 있으 며, 심지어 주말 동안 딱히 기억나는 에피소드가 없는 아이까지 있어 오히려 교사 의 획일적인 계획이 잘 들어맞는 유아가 매우 드물 수 있다. 이때 교사는 각 유아 의 여러 특성을 고려하며 더 적합한 방식으로 주말을 지낸 이야기를 표현해 낼 수 있도록 도와야 한다.

 내실 있는 교수-학습을 위하여

학습주기 기반 교수-학습

　최근 도래한 지식기반사회는 단편적인 지식의 습득과 이해보다는 지식의 형성 과정과 구조를 이해하여 자기주도적으로 지식을 수집하고 분석하며 재조직할 수 있는 능력을 요구한다(최미숙, 안지영, 2012). 이러한 시대적 흐름을 고려하여 교 육이 지향하는 바도 점차 변화하고 있으며 유아교육에서도 그 변화를 찾을 수 있 다. 다양한 감각 능력과 사고 기술을 경험하면서 주변 사물과 환경에 적응하며 세 상을 이해해 가는 중요한 시기를 보내고 있는 유아에게 단순한 교육적 경험을 병렬 식으로 제공하여 조각조각의 지식을 쌓게 하는 데 급급하기보다는 그것을 활용하 여 일상생활에서 일어나는 문제 상황에 직접 적용하고 해결할 수 있는 소양을 기르 도록 하는 교육이 요구되고 있는 것이다.

　이러한 교육을 위해 교사가 가지고 있어야 하는 가장 기본적인 전제는 유아를 '지식의 구성자'로 인식하는 것이다. 구성주의 관점에서는 유아를 학습의 주체자로 인식하고 능동적으로 지식을 구성해 가는 적극적인 존재로 본다. 따라서 현대 유 아교육에서는 학습을 유아의 능동적인 구성 과정을 통한 지식의 획득 및 변화로 정의한다. 동시에 이러한 학습은 유아가 속한 사회문화적 맥락에서 또래나 성인과의 사회적 상호작용을 통하여 동기가 유발되고 지식이 구성되어 감을 강조한다. 이러한 학습의 과정에서 교사의 역할은 유아가 지식과 개념을 형성해 갈 수 있도록 단순히 언어적 설명이나 전달을 하는 것이 아니라 유아 스스로 자신의 인지구조와 교수-학습을 통한 상호작용으로써 지식을 재구성해 갈 수 있도록 돕는 것이다. 그러므로 교사는 학습자인 유아의 지식 구성이 어떻게 이루어지는지 이해하고 그에 따라 교수설계를 할 수 있어야 한다.

브레드캠프와 로즈그랜트(Bredekamp & Rosegrant, 1992)는 이러한 유아의 학습 행동을 다음의 그림과 같이 순환적 모형으로 제시하였다. 이 모형은 지식의 구성 과정을 반영하고, 또한 새로운 지식을 획득하는 과정을 설명한 것으로 유아의 지식 구성이 학습주기(learning cycle)에 따라 점차적으로 이루어짐을 보여 준다. 유아의 학습주기는 학습이 구체적이고 개인적인 이해 단계에서부터 객관적이고 사회적인 지식을 이해하고 적용하는 단계에 이르기까지 지속적이고 반복적으로 이루어지는 것을 의미한다.

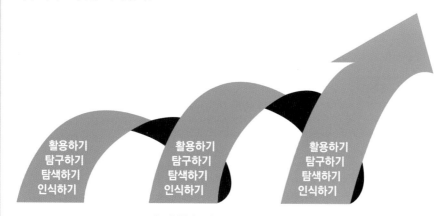

유아 학습 행동의 순환적 모형
출처: Bredekamp & Rosegrant (1992).

◉ 1단계: 인식하기

학습이 시작되는 것은 주변의 사물과 사람, 사건 등을 접하고 그것에 대해 인식하는 순간부터이다. 이 단계에서 유아는 학습의 소재가 되는 것들에 흥미를 느끼고 주의를 기울이며 지각하는 등의 행동을 보인다.

◉ 2단계: 탐색하기

탐색은 인식하게 된 대상의 구성요소나 속성을 알아 가는 과정이다. 유아는 자신의 모든 감각을 활용하여 관찰하고 정보를 수집하여 특징을 파악해 낸다. 인식하기와 탐색하기는 대상에 대한 완전한 이해를 돕기 위해 매우 기본적으로 이루어져야 하지만, 이것을 통해 전체를 이해하는 데에는 한계가 있다.

◉ 3단계: 탐구하기

유아는 탐구하기를 통해 대상에 대해 알게 된 개념들을 일반화한다. 이 과정에서 자신의 개념적 이해가 적합한지 점검하고 조사하며, 자신과 타인의 생각을 비교하고, 이전 경험과 관련짓는다. 이로써 개인적 개념들이 일반화되고 성인이 생각하고 행동하는 방식에 가까워져 간다.

◉ 4단계: 활용하기

기능적 수준의 학습으로서 유아가 학습의 소재였던 대상에 대하여 형성한 의미를 적용하거나 사용할 수 있다. 이 단계에서 유아는 학습의 결과를 표상해 내고 새로운 상황에 응용하면서 새로운 가설을 설정하게 되는데, 이로써 새로운 학습주기가 시작된다.

유아의 학습주기는 순환적 주기로서 한 가지 활동을 진행해 가는 과정에서 이루어질 수 있고 주제를 전개해 가는 초기, 중기, 후기의 활동 속에서 순환적으로 나타나기도 하며, 그 기간은 하루, 일주일, 또는 1년이 될 수도 있다. 또한 한 가지 활동을 진행하는 과정에서 이루어질 수도 있으며 탐구 과정에서 다시 인식 및 탐색의 과정이 나타날 수도 있다. 따라서 교사는 세심한 계획 및 관찰을 통해 유아가 학습주기의 어느 단계에 있는지 판단하고 그에 따라 교수해야 한다.

이러한 학습주기는 유아가 생활에서 흥미 있고 관심 있는 주제를 능동적인 방법으로 탐색·탐구하여 주제에 접근하는 방법에 초점을 맞출 수 있으므로 교수-학습 방법에서 매우 의미 있는 부분이라고 할 수 있다.

4) 평가

유아교과교육에서의 평가는 각 유아의 현재 발달 수준을 확인하고 지원이 필요한 부분을 찾아 언제, 어떻게, 어느 정도로 지원해 줄 것인지 파악하기 위해 실시하는 것이다. 평가라는 절차와 후속 처치를 통해 각 유아는 자신이 지닌 잠재능력을 발달시킬 수 있게 된다. 이를 위해 교사는 각각의 교육 활동 속에서 유아를 지속적으로 관찰하며 교과 경험의 결과로서 유아에게 나타나는 변화를 탐색해야 한다. 또한 유아를 대상으로 하는 평가이기에, 최종적으로 일회적인 평가의 기회를 통해 성취 수준을 판단하는 것에 그칠 것이 아니라 교수-학습 과정 중에 수시로 평가를 실시하고 그 결과를 교육 활동에 즉각 반영하여 유아의 성장과 발달을 이끌어내는 동력이 되도록 해야 한다.

누리과정에 제시된 평가의 방법은 누리과정 운영 평가와 유아 평가로 나뉘는데 (교육과학기술부, 보건복지부, 2013a), 이 내용 중 교과교육과 관련하여 이루어져야 하는 평가의 특성을 나열하면 다음과 같다.

(1) 교과 운영 평가

- 교과 내용이 교과 목표에 근거하여 계획 및 운영되었는지 평가한다.
- 교과 내용 및 활동이 유아의 발달 수준과 흥미 그리고 요구에 적합한지 평가한다.
- 교수-학습 방법이 유아의 흥미와 활동의 특성에 적합했는지 평가한다.
- 교과교육을 위한 환경이 유아의 발달 특성과 활동의 주제, 내용 및 효율성 등을 고려하여 구성되었는지 평가한다.
- 계획안 분석, 수업 참관 및 모니터링, 평가 척도 등 다양한 방법으로 교과교육의 운영이 적절하였는지 평가한다.
- 운영 평가의 결과를 향후 운영 계획에 반영한다.

(2) 유아 평가

- 교과교육의 목표와 내용에 근거하여 유아의 특성과 변화 정도를 평가한다.
- 유아의 지식, 기술, 태도 등을 종합적으로 평가한다.
- 유아의 일상생활과 놀이 활동 전반에 걸쳐 평가한다.
- 관찰, 활동 결과물 분석, 부모 면담 등 다양한 방법을 사용하여 종합적으로 평가하고 그 결과를 기록한다.
- 유아 평가 결과를 향후 유아에 대한 이해와 교과교육 운영 개선에 활용한다.

제**2**장

유아교과교육의
내용 및 방법

제2장 유아교과교육의 내용 및 방법

1. 유아언어교육

> **예비유아교사의 '생각 톡톡!'**
>
> 톡톡 1. 유아기 언어교육의 목적은 무엇일까요?
>
> 톡톡 2. 유아기 언어교육의 내용 범주를 크게 4가지로 나누면 각각 무엇일까요?
>
> 톡톡 3. 유아기 문자언어 발달을 돕기 위한 바람직한 방법은 무엇일까요?
>
> 톡톡 4. 유아기 언어교육에 적합한 그림책의 특성은 무엇일까요?

인간에게 언어가 없다면 어떨까? 언어는 자신의 생각을 표현하며 다른 사람과 관계를 맺고 더불어 살아갈 수 있게 해 준다. 언어는 인간의 사회적 관계를 가능하게 하는 수단이 되는 것이다. 또한 언어는 문화를 전달하는 도구로서의 역할도 지닌다. 문자언어의 발달에 따라 인류의 문화는 공유되고 기록되면서 후세에 전달되고 발전될 수 있었다.

유아를 대상으로 하는 언어교육은 의사소통 기술을 지도하는 것이다. 언어교육을 통해 의사소통의 형태를 가르치고 촉진하는 것은 유아의 사회생활을 원만하게 할 수 있도록 돕는다(이차숙, 2005). 유아를 위한 언어교육은 실제로 의사소통이 일어나는 방법으로 이루어져야 하는 것으로, 단어, 문장, 문형들을 반복해서 암기하고 연습하는 형태로 이루어져서는 안 된다. 유아가 실제 생활에서 타인과 의미 있는 상호작용을 하도록 지원하고 이를 위한 올바른 언어 사용의 기초 능력을 길러 주어야 한다. 이를 위해서 유아의 언어발달에 대한 이해를 바탕으로 유아의 언어발달을 효율적으로 지원할 수 있는 방안을 숙지해야만 한다.

유아기에는 언어발달로서 만 3세가 되면 습득하는 어휘가 약 1,000개 정도로 발달하다가, 만 5세가 되면 2,200개 정도 습득할 수 있게 되어 무려 2배 이상으로 습득량이 급증한다. 만 3세가 되면 3~4개 낱말로 된 단문의 문장을 만들고, 만 5세가 되면 점차 복잡한 문장을 만들고 이해할 수 있게 된다(교육과학기술부, 보건복지부, 2013a). 즉, 유아기는 언어발달의 결정적 시기이자 이미 습득한 언어 기술을 연마해 가는 성격을 띠게 된다(이연섭, 강문희, 1999; 최정미, 2009).

성인이 유아의 언어발달을 효율적으로 돕기 위해서는 생애 초기의 음성언어의 발달과 발생적 문해에 대한 이해가 선행되어야 한다. 유아는 관습적 읽기와 쓰기는 아직 할 수 없지만, 자신의 메타언어적 지식(meta linguistic knowledge)을 이용하여 문자의 용도를 알고 문자를 이용하기 시작하는 유사 읽기 · 쓰기 행동이 나타난다(Clay, 1972; 노영희, 2005). 따라서 유아의 언어교육은 듣기와 말하기의 음성언어 발달과 더불어 읽기와 쓰기 같은 문자언어의 발달과 지원이 함께 이루어질 수 있도록 유아를 둘러싼 성인의 지원과 노력이 필요하다.

2013년 3월부터 전국의 유치원과 어린이집에서 '3~5세 연령별 누리과정'이 전면 실시되고 있다. 유아언어교육은 누리과정의 의사소통 영역과 관련되어 있고 의사소통 영역은 연령별로 듣기, 말하기, 읽기, 쓰기의 내용 범주로 구성되어 있다. 의사소통 영역은 유아가 일상생활에서 말과 글의 의미 있는 경험을 통해 타인에게 자신의 느낌과 생각, 경험을 표현하는 것을 즐기며, 타인이 말과 글로 전달하는 의미를 바르게 이해하는 능력과 태도를 기르기 위한 능력이다.

누리과정의 의사소통 영역의 목표와 내용을 알아보기에 앞서 시대별 유아 언어발달 및 교육에 대한 제 이론을 살펴보고 다음으로 구체적인 유아언어교육의 목표 및 내용을 살펴보겠다.

유아 언어발달 이론

유아 언어발달에 대한 관점은 시대에 따라 변화하였다. 1920년대에는 성숙주의의 관점에 따라 언어교육은 유아가 준비가 되었을 때 시작되어야 한다는 입장이었다. 그러나 1960년대에 들어 유아의 언어발달을 선천적인 것으로 볼 것인지 또는 후천적인 것으로 볼 것인지에 대한 논쟁을 바탕으로 언어발달에 대한 다양한 관점이 생성되었다. 이후 1970년대에는 피아제(Piaget)나 비고츠키(Vygotsky)와 같은 인지이론 및 사회적 상호작용이론의 영향을 받으며 언어발달에 대한 논의가 심화되었다.

이론	내용	
행동주의 이론	• 인간의 언어는 선천적인 것이 아닌 환경적 영향을 받는 것 • 훈련과 강화, 모방과 반복을 통한 후천적 요인으로 언어발달이 이루어짐. • 인간 언어발달을 지나치게 수동적으로 간주하였음. • 자발적 학습 능력과 내면의 사고 과정 간과 • 과규칙화 현상(유아가 나름대로의 규칙을 가지고 비문법적으로 적용하는 말, 예: 밥 먹었어요 → 밥 먹었다요, 기린이 있다 → 기린이가 있다)의 설명이 불가	
생득주의 이론	• 인간의 언어는 선천적으로 습득하는 것: 언어습득장치(Language Acquisition Device: LAD) • 언어발달 양상은 외부로부터 받은 언어적 자극이 달라도 인간에게 보편적으로 나타남. • 인간의 언어 습득과 관련하여 내적인 과정에 주의를 기울임. • 능동적 존재로서의 언어 주체 인정 • 언어 습득에서 정신적 내적 과정을 설명	
상호작용 주의 이론	• 언어발달에 있어서 환경과 인간의 역할 모두 강조 • 이른 시기부터 유아에게 언어친화적 환경을 제공	
	인지적 상호작용주의(Piaget)	사회적 상호작용주의(Vygotsky)
	• 언어발달은 상징적 체계의 이해에 대한 인지발달에 기초 • 현재의 인지적 발달 수준과 환경 간의 상호작용으로 언어발달 • 인지구조에 적합한 물리적 환경을 풍부하게 제공해야 함.	• 언어발달은 사회적 경험이 내면화되어 이루어지는 것 • 사회적 경험 속에서 적절한 언어 경험을 유아에게 제공해 주는 성인의 역할 강조 • 풍부한 언어 환경 안에서 성인이나 또래와의 상호작용 강조

1) 유아언어교육의 목표

언어교육은 학교에서 지도하는 여러 가지 교육 중 사고력 신장과 가장 가까운 교육으로, 언어를 사용함으로써 지식을 다루고 새로운 것을 만들어 낸다(이차숙, 2005). 즉, 언어 능력과 사고 능력은 상호작용하여 그 능력을 더욱 상승시키는 것이다. 유아기는 언어발달의 결정적 시기로, 올바른 언어 습관을 형성하고 새로운 어휘를 습득하며 유능한 언어 사용자가 되어 가는 과정에 있다. 따라서 유아언어교육의 목적은 유아가 모국어로서의 언어를 습득하고 사회인으로서의 사고력을 갖추며 타인과의 원만한 의사소통 능력을 획득하는 것이다. 이러한 유아언어교육의 목적은 유아교육기관에서 풍부한 언어환경을 제공함으로써 달성될 수 있다.

국가 수준의 교육과정인 3~5세 연령별 누리과정에서 언어교육과 관련된 영역은 '의사소통 영역'이다. 의사소통 영역은 유아가 일상생활에서 말과 글의 의미 있는 경험을 통해 자신의 생각과 느낌, 경험을 타인에게 표현하는 것을 즐기며, 타인이 말과 글로 전달하는 의미를 바르게 이해하는 능력과 태도를 기르기 위한 영역이다. 즉, 의사소통 영역의 목표는 '일상생활에서 필요한 의사소통 능력과 바른 언어 사용 습관을 기른다.'로 제시되어 있다(교육과학기술부, 2013a). 의사소통 영역은 연령별로 듣기, 말하기, 읽기, 쓰기의 내용 범주로 나누어 구성되어 있는데, 내용 범주별로 다음과 같은 목표가 제시되어 있다.

- 의사소통 영역 목표:

'일상생활에서 필요한 의사소통 능력과 바른 언어 사용 습관을 기른다.'

- 의사소통 영역 내용 범주별 목표:

① 듣기: 다른 사람의 말을 주의 깊게 듣는 태도와 이해하는 능력을 기른다.

② 말하기: 자신의 생각과 느낌을 말하는 능력을 기른다.

③ 읽기: 글자와 책에 친숙해지는 경험을 통하여 글자 모양을 인식하고 읽기에 흥미를 가진다.

④ 쓰기: 말과 글의 관계를 알고 생각, 느낌, 경험을 글로 표현하는 데 관심을 가진다.

2) 유아언어교육의 내용

언어교육의 내용은 듣기, 말하기, 읽기, 쓰기로 구성되어 있는데, 이들은 서로 통합적으로 영향을 미치며 발달한다. 유아언어교육은 3~5세 연령별 누리과정의 의사소통 영역과 관련이 높고 의사소통 영역은 듣기, 말하기, 읽기, 쓰기의 네 가지 내용 범주로 되어 있으며, 이에 따라 내용 및 세부 내용이 구성되어 있다.

〈표 2-1〉 누리과정 의사소통 영역의 언어교육 내용

내용 범주	내용	3~5세 연령별 세부 내용		
		3세	4세	5세
듣기	낱말과 문장 듣고 이해하기	낱말의 발음에 관심을 갖고 듣는다.		낱말의 발음에 관심을 갖고 비슷한 발음을 듣고 구별한다.
		일상생활과 관련된 낱말과 문장을 듣고 뜻을 이해한다.		다양한 낱말과 문장을 듣고 뜻을 이해한다.
	이야기 듣고 이해하기	다른 사람의 이야기를 관심 있게 듣는다.	다른 사람의 이야기를 듣고 이해한다.	
			이야기를 듣고 궁금한 것에 대해 질문한다.	
	동요, 동시, 동화 듣고 이해하기	동요, 동시, 동화를 다양한 방법으로 듣고 즐긴다.		동요, 동시, 동화를 다양한 방법으로 듣고 이해한다.
			전래 동요, 동시, 동화를 듣고 우리말의 재미를 느낀다.	
	바른 태도로 듣기	말하는 사람을 바라보며 듣는다.	다른 사람의 이야기를 주의 깊게 듣는다.	다른 사람의 이야기를 끝까지 주의 깊게 듣는다.
말하기	낱말과 문장으로 말하기	친숙한 낱말을 발음해 본다.	친숙한 낱말을 정확하게 발음해 본다.	정확한 발음으로 말한다.
		새로운 낱말에 관심을 가진다.	다양한 낱말을 사용하여 말한다.	다양한 낱말을 사용하여 상황에 맞게 말한다.
		일상생활에서 일어나는 일들을 간단한 문장으로 말한다.		일상생활에서 일어나는 일들을 다양한 문장으로 말한다.

느낌, 생각, 경험 말하기	자신의 느낌, 생각, 경험을 말해 본다.		자신의 느낌, 생각, 경험을 말한다.	자신의 느낌, 생각, 경험을 적절한 낱말과 문장으로 말한다.
		주제를 정하여 함께 이야기를 나눈다.		
			이야기를 지어 말한다.	이야기 지어 말하기를 즐긴다.
상황에 맞게 바른 태도로 말하기		듣는 사람의 생각과 느낌을 고려하여 말한다.		
	상대방을 바라보며 말한다.	차례를 지켜 말한다.		때와 장소, 대상에 알맞게 말한다.
		바르고 고운 말을 사용한다.		
읽기에 흥미 갖기	주변에서 친숙한 글자를 찾아본다.			주변에서 친숙한 글자를 찾아 읽어 본다.
	읽어 주는 글의 내용에 관심을 가진다.			읽어 주는 글의 내용에 관심을 갖고 읽어 본다.
책 읽기에 관심 갖기	책에 흥미를 가진다.	책 보는 것을 즐기고 소중하게 다룬다.		
	책의 그림을 단서로 내용을 추측해 본다.	책의 그림을 단서로 내용을 이해한다.		
		궁금한 것을 책에서 찾아본다.		
쓰기에 관심 갖기	말을 글로 나타내는 것에 관심을 보인다.	말이나 생각을 글로 나타낼 수 있음을 안다.		
	자기 이름의 글자에 관심을 가진다.	자기 이름을 써 본다.		자신의 이름과 주변의 친숙한 글자를 써 본다.
		자신의 느낌, 생각, 경험을 글자와 비슷한 형태로 표현한다.		자신의 느낌, 생각, 경험을 글자와 비슷한 형태나 글자로 표현한다.
쓰기 도구 사용하기		쓰기 도구에 관심을 갖고 사용해 본다.		쓰기 도구의 바른 사용법을 알고 사용한다.

이와 같은 누리과정 의사소통 영역의 교육 내용에 기초하여 유아언어교육의 내용을 정리하면, 유아의 일상생활에서 듣기, 말하기, 읽기, 쓰기가 통합적이고도 균형적으로 일어나도록 유아언어교육의 교육 내용이 구성되어야 한다. 유아의 언어발달은 분절되어 이루어지는 것이 아니라 역동적인 관계 속에서 통합적으로 이루어지는 것이기에 듣기 · 말하기 · 읽기 · 쓰기 영역이 통합되어 이루어지는 것이

바람직하다.

(1) 듣기

'듣기'는 여러 소리를 단순히 수동적으로 듣는 것이 아니라 집중력, 사고력 등이 필요한 적극적이고 의도적인 과정이다(노영희, 김창복, 전유영, 2014). 듣기는 교육의 시작이고 의사소통의 기초가 되므로 영유아언어교육에서 매우 중요하게 다루어야 하나 실제로 교육과정에서 많이 무시해 왔다(Jalongo, 2010). 유아기 듣기교육은 말소리 인식 및 이해에서 출발하여 말하기, 읽기, 쓰기의 발달 및 사고의 발달을 이끌게 된다. 그러므로 교사는 개별 시간을 할애하여 유아의 듣기 기술을 확장할 수 있는 활동을 제공하여야 한다. 즉, 일상에서 이루어지는 자연스러운 듣기 활동 외에도 듣기만을 위한 교육 활동의 마련이 필요하다는 것이다.

① 낱말과 문장 듣고 이해하기

'낱말과 문장 듣고 이해하기'는 유아가 낱말의 발음을 더 잘 구별하여 듣고 비슷한 발음을 구별할 수 있도록 하는 내용을 포함하며, 일상생활 및 여러 상황에서 관련된 낱말과 문장을 듣고 그 낱말과 문장이 나타내는 뜻을 이해할 수 있도록 하는 내용이다(교육과학기술부, 2013b). '낱말과 문장 듣고 이해하기'의 연령별 교육 내용을 살펴보면 다음과 같다.

내용	3~5세 연령별 세부 내용		
	3세	4세	5세
낱말과 문장 듣고 이해하기	낱말의 발음에 관심을 갖고 듣는다.		낱말의 발음에 관심을 갖고 비슷한 발음을 듣고 구별한다.
	일상생활과 관련된 낱말과 문장을 듣고 뜻을 이해한다.		다양한 낱말과 문장을 듣고 뜻을 이해한다.

연령별 활동 예시

📝 낱말 발음을 주의 깊게 듣기

3세	원형으로 앉아서 귓속말로 어제 부른 노래 제목을 옆 친구에게 전달한다. 약 5~7명 쯤 전달하고 나서 들은 내용은 말해 보고, 처음의 낱말과 비교해 본다.
4세	원형으로 앉아서 귓속말로 "부침개를 먹어 보았니?" "토끼는 풀을 먹고 있어."와 같이 부침개, 풀 등 새로운 낱말이 들어간 짧은 문장을 전달한다.
5세	두 팀으로 나누어 앉은 후 처음 친구에게 새로운 낱말이 들어가는 문장을 교사가 전달해 준다. 문장은 "동생은 동아줄을 타고 높이 올라갔어요." 등과 같이 '동생' '동아줄'처럼 앞소리나 뒷소리가 동일한 단어가 들어간 문장을 사용한다.

📝 낱말과 문장 듣고 뜻 이해하기

3세	친구들에게 사진을 보며 사건을 말해 주고 그 이야기를 듣는다(예: "눈이 많아요." "자동차에 눈이 있어서 차가 못 가요.").
4세	사진 속에는 없으나 사건 및 행동을 상상하여 말하도록 격려하고 친구들이 말하는 낱말이나 문장을 주의 깊게 듣도록 한다(예: "사진에 있는 사람들은 무엇을 하고 있니?" 또는 "왜 우산을 쓰고 가는 걸까? 어디로 가는 걸까?").
5세	일상생활의 사진을 제시하되 좀 더 긴 시간 동안 연속하여 일어난 사건, 여러 사건이 복합적으로 연결된 상황 등을 고려한다(예: "저 열매를 무엇이라고 부르는지 아니?" "누가 저 열매를 가꾸었을까? 어떻게 우리에게까지 올 수 있었을까?").

💭 **생각 톡톡!** '낱말과 문장 듣고 이해하기'와 관련하여 동화책을 가지고 어떤 활동을 할 수 있을지 연령별로 생각해 보세요. 연령별로 생각해 보세요.

② 이야기 듣고 이해하기

'이야기 듣고 이해하기'는 교사나 친구, 주변 사람이 말을 전할 때 유아가 좀 더 긴 이야기의 내용을 관심 있게 듣고 그 속의 사건이나 주인공의 느낌 등을 이해하도록 하는 내용이다(교육과학기술부, 2013b). '이야기 듣고 이해하기'의 연령별 교육 내용을 살펴보면 다음과 같다.

내용	3~5세 연령별 세부 내용		
	3세	4세	5세
이야기 듣고 이해하기	다른 사람의 이야기를 관심 있게 듣는다.	다른 사람의 이야기를 듣고 이해한다.	
		이야기를 듣고 궁금한 것에 대해 질문한다.	

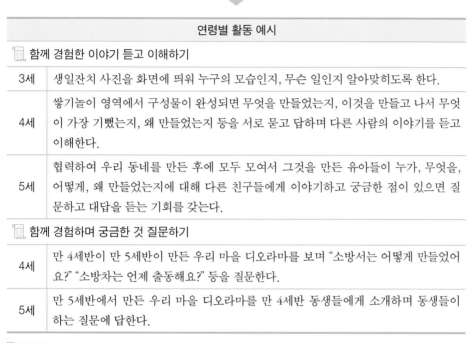

연령별 활동 예시

📜 함께 경험한 이야기 듣고 이해하기

3세	생일잔치 사진을 화면에 띄워 누구의 모습인지, 무슨 일인지 알아맞히도록 한다.
4세	쌓기놀이 영역에서 구성물이 완성되면 무엇을 만들었는지, 이것을 만들고 나서 무엇이 가장 기뻤는지, 왜 만들었는지 등을 서로 묻고 답하며 다른 사람의 이야기를 듣고 이해한다.
5세	협력하여 우리 동네를 만든 후에 모두 모여서 그것을 만든 유아들이 누가, 무엇을, 어떻게, 왜 만들었는지에 대해 다른 친구들에게 이야기하고 궁금한 점이 있으면 질문하고 대답을 듣는 기회를 갖는다.

📜 함께 경험하며 궁금한 것 질문하기

4세	만 4세반이 만 5세반이 만든 우리 마을 디오라마를 보며 "소방서는 어떻게 만들었어요?" "소방차는 언제 출동해요?" 등을 질문한다.
5세	만 5세반에서 만든 우리 마을 디오라마를 만 4세반 동생들에게 소개하며 동생들이 하는 질문에 답한다.

💬 생각 톡톡! '이야기 듣고 이해하기'와 관련하여 유아의 경험 이야기를 가지고 어떤 활동을 할 수 있을지 연령별로 생각해 보세요.

③ 동요, 동시, 동화 듣고 이해하기

'동요, 동시, 동화 듣고 이해하기'는 유아가 자유롭게 동요, 동시, 동화와 전래동요를 자주 접하는 경험을 하도록 하되, 다양한 방법으로 들려주어 이를 즐기도록하며, 반복하여 듣는 경험을 통해 들은 내용을 이해하고 우리말의 재미를 느끼게하는 내용이다(교육과학기술부, 2013b). '동요, 동시, 동화 듣고 이해하기'의 연령별교육 내용을 살펴보면 다음과 같다.

내용	3~5세 연령별 세부 내용		
	3세	4세	5세
동요, 동시, 동화 듣고 이해하기	동요, 동시, 동화를 다양한 방법으로 듣고 즐긴다.	동요, 동시, 동화를 다양한 방법으로 듣고 즐긴다.	동요, 동시, 동화를 다양한 방법으로 듣고 이해한다.
		전래 동요, 동시, 동화를 듣고 우리말의 재미를 느낀다.	

연령별 활동 예시
📖 동요, 동시, 동화 듣고 이해하기
3세　동요, 동시, 동화를 시간과 장소에 구애됨이 없이 반복적으로 듣도록 한다.
4세　동화를 즐겁게 반복적으로 듣고 다양한 매체(예: TV 동화, 손인형 동화)를 통해 듣는다. 또한 동화에 나오는 반복적인 구절은 직접 말하도록 한다.
5세　흥미롭게 들은 동화를 그림자 동화나 막대 동화 등으로 바꾸어서 친구들과 자유롭게 이야기 꾸미기에 참여해 본다.
📖 전래동요, 동시, 동화 듣고 우리말의 재미 즐기기
4세　실외에서 〈우리 집에 왜 왔니, 왜 왔니, 왜 왔니〉를 놀이로 하며 전래동요를 부른다.
5세　'강강술래, 강강술래, 뛰어 보세 뛰어나 보세 강강술래, 달떠온다, 달떠온다, 강강술래' 가사에 맞춰 몸을 움직이고 '강강술래'라는 우리말의 재미를 느낀다.

🤔 *생각 톡톡!* '동요, 동시, 동화 듣고 이해하기'와 관련하여 전래동요(비야 비야)를 가지고 음률지도를 한다면 어떤 활동을 할 수 있을지 연령별로 생각해 보세요.

④ 바른 태도로 듣기

'바른 태도로 듣기'는 유아가 다른 사람이 말을 할 때 말하는 사람을 바라보며 주의 깊게 끝까지 듣도록 하는 내용이다. 이러한 태도로 듣는다면 상대방의 이야기를 더 잘 이해할 수 있다(교육과학기술부, 2013b). '바른 태도로 듣기'의 연령별 교육 내용을 살펴보면 다음과 같다.

내용	3~5세 연령별 세부 내용		
	3세	4세	5세
바른 태도로 듣기	말하는 사람을 바라보며 듣는다.	다른 사람의 이야기를 주의 깊게 듣는다.	다른 사람의 이야기를 끝까지 주의 깊게 듣는다.

연령별 활동 예시	
📄 바르게 듣기	
3세	두 유아가 봄에 피는 꽃 사진을 보고 시선을 교환하며 이야기를 주고 받는다.
4세	쌓기놀이 영역에서 소집단으로 모여 친구가 만들고 있는 작품을 주의 깊게 듣도록 한다.
5세	대 · 소집단으로 나누어 함께 주말을 보낸 이야기를 나누면서 다른 친구의 이야기를 끝까지 집중하여 듣도록 한다.

💭 **생각 톡톡!** '바른 태도로 듣기'와 관련하여 유아들의 가족사진을 가지고 어떤 활동을 할 수 있을지 연령별로 생각해 보세요.

(2) 말하기

'말하기'는 자신의 생각과 느낌을 상황과 목적에 맞게 음성언어로 표현하는 능력을 기르는 것으로, 바르게 말하는 태도 역시 자연스럽게 획득되는 능력이 아니라 교육을 통해 길러진다. 효과적으로 말하기를 위해서는 전달하고자 하는 생각과 의도를 정확하고 적절하게 드러내야 하므로 언어적 능력뿐 아니라 비언어적 장치들에 대한 이해 및 사용 방법도 알아야 한다(이차숙, 2005). 따라서 어릴 때부터 상황에 맞는 자연스러운 의사 표현 능력을 키우기 위해 적극적으로 말하기를 지도하고 교육하는 것은 매우 중요하다.

말하기의 교육 내용에는 바른 태도로 말하기, 자신의 생각과 느낌을 낱말과 문장으로 말하기, 상황에 대한 자신의 생각과 느낌을 말하기 등이 포함되어야 한다.

① 낱말과 문장으로 말하기

'낱말과 문장으로 말하기'는 주변에서 들었거나 자신이 알고 있는 낱말을 정확하게 조음하여 발음하는 것과 여러 사물과 주변에서 일어나는 일 또는 상황을 다양한 낱말과 문장을 사용하여 말하도록 하는 내용이다. 또한 다양한 낱말을 사용하여 정확하고 상황에 맞는 문장으로 말하도록 하는 내용을 포함한다. 일상생활에서 접하는 다양한 낱말을 상황에 맞게 사용하되 간단한 문장에서 복잡하고 다양한 문장으로 말할 수 있도록 하는 내용이다(교육과학기술부, 2013b). '낱말과 문장으로 말하기'의 연령별 교육 내용을 살펴보면 다음과 같다.

내용	3~5세 연령별 세부 내용		
	3세	4세	5세
낱말과 문장으로 말하기	친숙한 낱말을 발음해 본다.	친숙한 낱말을 정확하게 발음해 본다.	정확한 발음으로 말한다.
	새로운 낱말에 관심을 가진다.	다양한 낱말을 사용하여 말한다.	다양한 낱말을 사용하여 상황에 맞게 말한다.
	일상생활에서 일어나는 일들을 간단한 문장으로 말한다.		일상생활에서 일어나는 일들을 다양한 문장으로 말한다.

연령별 활동 예시

📄 **낱말을 발음해 보는 활동**

3세	〈닮은 곳이 있대요〉 노래를 부르면서 눈, 코, 입 등 자신의 신체 부위를 가리키며 말해 본다.
4세	'유치원과 친구들' 주제에서 유치원에서 놀이하고 있는 장면의 그림카드를 보며 제시된 여러 가지 사물과 대상을 정확하게 말해 본다.
5세	수수께끼 놀이를 하며 친구들에게 정확한 발음으로 설명해 본다.

📄 **낱말을 사용하여 말하기**

3세	봄에 피는 여러 가지 꽃에 진달래, 개나리, 목련 등의 이름이 있음을 알고 관심을 갖는다.
4세	봄에 피는 다양한 꽃의 이름(예: 진달래, 개나리, 목련 등)을 말해 보며 언제 어디서 보았는지 자신의 경험을 이야기해 본다.
5세	식물의 구조(예: 꽃, 잎, 줄기, 뿌리)의 명칭을 사용하여 봄이 되어 변화된 꽃과 나무의 모습에 대해 설명해 본다.

💬 *생각 톡톡!* '낱말과 문장으로 말하기'와 관련하여 동물들의 사진을 가지고 이야기 나누기를 한다면 어떤 활동을 할 수 있을지 연령별로 생각해 보세요.

② 느낌, 생각, 경험 말하기

'느낌, 생각, 경험 말하기'는 자신의 의사를 적절하게 표현하기 위해 유아가 경험한 것에 기초해서 자신의 느낌, 생각, 경험을 주제, 상황, 대상에 적합하게 적절한 낱말 및 문장으로 말하는 능력을 기르도록 하는 내용이다. 또한 만 4~5세 유아가 주제를 정해 함께 이야기 나누고 자신의 생각을 이야기로 지어 말하고 즐기는 것을 통해 언어적 표현력을 기르도록 하는 내용을 포함한다(교육과학기술부, 2013b). '느낌, 생각, 경험 말하기'의 연령별 교육 내용을 살펴보면 다음과 같다.

내용	3~5세 연령별 세부 내용		
	3세	4세	5세
느낌, 생각, 경험 말하기	자신의 느낌, 생각, 경험을 말해 본다.	자신의 느낌, 생각, 경험을 말한다.	자신의 느낌, 생각, 경험을 적절한 낱말과 문장으로 말한다.
		주제를 정하여 함께 이야기를 나눈다.	
		이야기를 지어 말한다.	이야기 지어 말하기를 즐긴다.

연령별 활동 예시

🗒 자신의 느낌, 생각, 경험을 말하기

3세	친구와 사이좋게 놀 때의 신나는 기분을 웃는 얼굴 그림으로 조작해 놓고(자유선택 활동의 활동판 활용) 자신의 기분을 이야기해 본다.
4세	현장학습을 다녀온 후 그림을 그리고, 그 그림을 보면서 자신이 겪은 일을 소개한다.
5세	'동식물과 자연' 주제에서 곤충을 본 경험을 짧은 문장으로 표현해 보고 이를 동시로 꾸며 말한다.

🗒 주제를 정하여 함께 이야기 나누기

4세	'동식물과 자연' 주제와 관련하여 동요 및 클래식 등의 음악을 듣고 어떤 느낌이 드는지, 어떤 생각이 나는지 말해 보고 다른 친구의 이야기를 주의 깊게 듣는다.
5세	실외활동에서 놀이하며 알게 된 내용(예: 나무의 생김새)을 말해 보고, 다른 친구가 말한 내용 중 궁금한 것을 질문하여 알아본다.

🗒 이야기 지어 말하기

4세	글자 없는 그림책을 보며 상황을 유추하여 이야기를 지어 말한다.
5세	주제 관련 동시 짓기를 하여 발표하는 시간을 갖는다.

💬 *생각 톡톡!* '느낌, 생각, 경험 말하기'와 관련하여 비발디의 사계를 가지고 감상을 한다면 어떤 활동을 할 수 있을지 연령별로 생각해 보세요.

③ 상황에 맞게 바른 태도로 말하기

'상황에 맞게 바른 태도로 말하기'는 유아가 때와 장소, 대상과 상황을 고려하여 바르고 고운 말을 사용해 말하도록 하는 내용을 포함하며, 말할 때는 상대방을 바라보며 차례를 지켜 말하고, 만 5세가 되면 듣는 사람의 생각과 느낌을 고려하여 말하는 능력을 기르도록 하는 내용이다. 또한 만 3세부터 만 5세까지의 유아가 모두 바르고 고운 말을 사용하도록 하는 내용을 포함한다(교육과학기술부, 2013b). '상황에 맞게 바른 태도로 말하기'의 연령별 교육 내용을 살펴보면 다음과 같다.

내용	3~5세 연령별 세부 내용		
	3세	4세	5세
상황에 맞게 바른 태도로 말하기	상대방을 바라보며 말한다.	듣는 사람의 생각과 느낌을 고려하여 말한다.	
		차례를 지켜 말한다.	때와 장소, 대상에 알맞게 말한다.
	바르고 고운 말을 사용한다.		

연령별 활동 예시

듣는 사람의 느낌을 고려하여 말하기

4세	울고 있는 친구에게 위로의 말("괜찮아?" "울지 마." "내가 해 줄까?" 등)을 한다.
5세	쌓기놀이 중 불편함을 호소하는 친구의 감정을 읽어 주며 적절한 대안("잘 안 돼?" "이걸로 해 볼래?" "선생님께 도와달라고 해 보자" 등)을 제시한다.

상황에 맞게 바른 태도로 말하기

3세	상대방의 눈을 보며 말하기를 한다.
4세	'언어 전달하기' 게임 활동을 하며 자신의 순서를 기다려 이야기한다.
5세	작은 음악회나 작품 전시회를 준비한 후 동생반을 초대하여 알맞은 언어로 소개해 본다.

바르고 고운 말 사용하기

3세	일상생활에서 사용하는 바르고 고운 말에 대한 이야기 나누기를 하며 교사는 좋은 모델을 보인다.
4세	일상생활에서 나타나는 여러 가지 상황 사진을 보고 연상하여 바른 말로 말해 본다.

5세	일상생활에서 자주 사용하는 예삿말, 높임말을 구체적인 장면과 연결 짓는 교구활동을 하며 익숙해진다.

생각 톡톡! '상황에 맞게 바른 태도로 말하기'와 관련하여 상황그림(넘어진 친구, 장난감이 부서진 친구 등)을 가지고 어떤 활동을 할 수 있을지 연령별로 생각해 보세요.

(3) 읽기

'읽기'는 넓은 의미에서 책을 응시하는 것에서 시작하여 친숙한 글자를 찾아 읽어 보는 것에 이르기까지 광범위한 단계에 걸쳐 이루어진다(이영자, 2009; Clay, 1972). 영유아기에 이루어지는 읽기의 이러한 과정은 그림 중심의 읽기에서 문자 중심의 읽기로 진행되므로, 어린 시기부터 맥락적 상황이나 그림책을 통한 상호작용을 시작으로 점차 글자에 관심을 갖는 방향으로 나아가도록 하는 것이 바람직하겠다(노영희, 김창복, 전유영, 2014). 읽기의 교육 내용에는 주변의 글자 읽기에 흥미 갖기, 책 읽기에 관심 갖기 등이 포함된다.

① 읽기에 흥미 갖기

'읽기에 흥미 갖기'는 유아에게 글자 자체를 가르치는 것이 아니라 일상생활에서 밀접하게 자주 접하는 친숙한 글자를 찾아보고 이러한 글자에 흥미를 갖고 읽어 보려고 시도하게 하는 내용이다. 또한 글로 된 인쇄물이나 그림책을 교사가 자주 읽어 주는 기회를 제공하여 유아가 그 내용에 관심을 갖고 읽은 글을 자신도 읽어 보려고 시도하게 하는 내용이다(교육과학기술부, 2013b). '읽기에 흥미 갖기'의 연령별 교육 내용을 살펴보면 다음과 같다.

내용	3~5세 연령별 세부 내용		
	3세	4세	5세
읽기에 흥미 가지기	주변에서 친숙한 글자를 찾아본다.		주변에서 친숙한 글자를 찾아 읽어 본다.
	읽어 주는 글의 내용에 관심을 가진다.		읽어 주는 글의 내용에 관심을 갖고 읽어 본다.

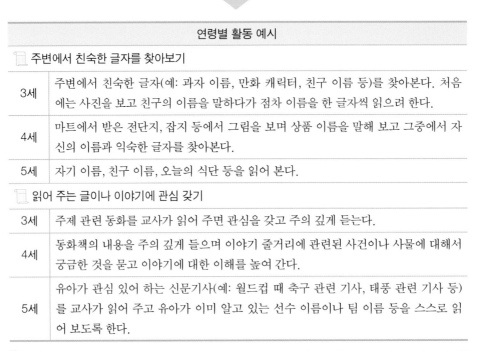

연령별 활동 예시

📄 주변에서 친숙한 글자를 찾아보기

3세	주변에서 친숙한 글자(예: 과자 이름, 만화 캐릭터, 친구 이름 등)를 찾아본다. 처음에는 사진을 보고 친구의 이름을 말하다가 점차 이름을 한 글자씩 읽으려 한다.
4세	마트에서 받은 전단지, 잡지 등에서 그림을 보며 상품 이름을 말해 보고 그중에서 자신의 이름과 익숙한 글자를 찾아본다.
5세	자기 이름, 친구 이름, 오늘의 식단 등을 읽어 본다.

📄 읽어 주는 글이나 이야기에 관심 갖기

3세	주제 관련 동화를 교사가 읽어 주면 관심을 갖고 주의 깊게 듣는다.
4세	동화책의 내용을 주의 깊게 들으며 이야기 줄거리에 관련된 사건이나 사물에 대해서 궁금한 것을 묻고 이야기에 대한 이해를 높여 간다.
5세	유아가 관심 있어 하는 신문기사(예: 월드컵 때 축구 관련 기사, 태풍 관련 기사 등)를 교사가 읽어 주고 유아가 이미 알고 있는 선수 이름이나 팀 이름 등을 스스로 읽어 보도록 한다.

💭 **생각 톡톡!** '읽기에 흥미 가지기'와 관련하여 신문을 가지고 어떤 활동을 할 수 있을지 연령별로 생각해 보세요.

② 책 읽기에 관심 갖기

'책 읽기에 관심 갖기'는 유아가 그림책에 흥미를 갖도록 돕고 그 흥미를 바탕으로 책 보는 것을 즐기며 책을 소중히 다루는 태도를 기르도록 하는 내용이다. 또한 유아가 읽은 내용에 대해 그림을 단서로 이해하며 필요한 정보를 책에서 찾아보도록 하는 내용이다(교육과학기술부, 2013b). '책 읽기에 관심 갖기'의 연령별 교육 내용을 살펴보면 다음과 같다.

내용	3~5세 연령별 세부 내용		
	3세	4세	5세
책 읽기에 관심 갖기	책에 흥미를 가진다.	책 보는 것을 즐기고 소중하게 다룬다.	
	책의 그림을 단서로 내용을 추측해 본다.	책의 그림을 단서로 내용을 이해한다.	
		궁금한 것을 책에서 찾아본다.	

연령별 활동 예시	

📋 **책과 책 읽기에 흥미 갖기**

3세	주제 관련 책에 관심을 갖고 선택하여 선생님에게 읽어 달라고 요구하거나 그림을 살피며 본다.
4세	내가 좋아하는 책을 가정에서 가져와 소개하기, 유치원의 책을 소중하게 다루는 방법을 이야기하고 약속 정하기를 해 본다.
5세	'스스로 읽고 싶은 책을 골라 도서를 대여해 보거나 친구에게 읽어 주기' '파손된 책 함께 보수하기'를 해 본다.

📋 **그림을 단서로 내용 이해하기**

3세	상황이 잘 표현되어 있는 짧은 그림책을 보며 장면 그림이나 내용에 대해서 교사에게 질문하고 충분히 이야기를 나눈다.
4세	또래가 함께 『고릴라』(앤서니 브라운 저, 장은수 역, 1998) 그림책을 보며 주인공 한나와 다른 등장인물들이 한 일을 이야기 나누고 그다음에는 어떤 일이 일어날지 서로 이야기해 본다.
5세	『고릴라』 그림책을 읽어 주고 사건 속에서 주인공은 그때 어떤 기분이었는지 이야기 나누거나 이야기의 결과가 어떻게 될지 추측해 본다.

📋 **궁금한 것 책에서 찾아보기**

4세	과학영역에서 곤충을 기르며 곤충 관련 도서를 비치해 두고 궁금한 내용을 찾아본다.
5세	백과사전류나 잡지, 개념책, 친구들과 함께 만든 주제책 등을 비치하여 궁금한 것을 수시로 찾아볼 수 있도록 하며, '책에서 알게 된 내용을 다른 친구들에게 소개하기'로 연결해 본다.

💭 **생각 톡톡!** '책 읽기에 관심 가지기'와 관련하여 그림책을 가지고 어떤 활동을 할 수 있을지 연령별로 생각해 보세요.

(4) 쓰기

'쓰기'는 자신의 생각과 느낌 및 경험을 글 또는 그림이나 기호와 같이 활자화된 형태로 표상하여 의미를 전달하는 것이다. 즉, 다른 사람들과의 의사소통을 위하여 문자를 사용하는 능력이다(Machado, 2003). 이는 글자를 손으로 쓰는 기술뿐 아니라 메시지를 전하기 위해 긁적이기와 같은 의사소통을 목적으로 의미를 구성하는 것을 모두 쓰기로 인정하는 것이다. 유아기에 사람들이 글을 쓰는 이유와 쓰는 과정에 대한 이해가 선행되면 문자에 흥미가 생겨 쉽고 즐겁게 쓸 수 있게 된다. 따라서 초기의 쓰기교육은 언어의 기능에 대한 이해를 돕는 것이 중요한 시작이라 할 수 있다(노영희 외, 2014). 쓰기교육은 유아의 생각, 느낌 및 경험을 자신만이 아는 긁적이는 수준부터 바른 표기법이나 문장부호 등에 관심을 갖고 써 보는 수준까지 이루어질 수 있으므로 영유아의 개인차를 고려한 쓰기가 생활 맥락 안에서 이루어지도록 해야 할 것이다. 쓰기의 교육 내용은 쓰기에 관심 갖기, 쓰기 도구 사용하기를 포함한다.

① 쓰기에 관심 갖기

'쓰기에 관심 갖기'는 유아가 말을 글로 나타내는 쓰기 과정에 관심을 갖고 그 과정을 알며, 자기 이름이나 주변의 친숙한 글자로 써 보거나, 자신의 느낌, 생각, 경험을 비슷한 형태나 글자로 표현해 보도록 하는 내용이다(교육과학기술부, 2013b). '쓰기에 관심 갖기'의 연령별 교육 내용은 다음과 같다.

내용	3~5세 연령별 세부 내용		
	3세	4세	5세
쓰기에 관심 갖기	말을 글로 나타내는 것에 관심을 보인다.	말이나 생각을 글로 나타낼 수 있음을 안다.	
	자기 이름의 글자에 관심을 가진다.	자기 이름을 써 본다.	자신의 이름과 주변의 친숙한 글자를 써 본다.
		자신의 느낌, 생각, 경험을 글자와 비슷한 형태로 표현한다.	자신의 느낌, 생각, 경험을 글자와 비슷한 형태나 글자로 표현한다.

연령별 활동 예시	
📋 말이나 생각이 글로 나타남을 알기	
3세	유아가 좋아하는 그림책을 읽어 주고 그 내용에 대한 유아의 느낌을 그림이나 끄적임으로 나타내고 교사가 그 말을 받아 적어 준다.

4세	잡지나 신문 등에서 마음에 드는 그림 및 사진을 오려 붙인 후 유아가 그 그림에 대하여 하는 이야기를 교사가 받아 적어 준다.
5세	잡지나 신문 등에서 마음에 드는 사진 및 그림을 연결하여 친구들이 함께 이야기를 짓고 그 내용을 교사가 받아 적어 준 후 다시 읽어 보는 활동을 해 본다.

📄 **자기 이름 써 보기**

3세	이름 글자판으로 자신의 이름 글자에 관심을 갖도록 한다. 촉각판 등을 통해 자신의 이름 글자와 친숙해진다.
4세	자기 이름 글자가 친구들의 이름에도 있는지 찾아본다.
5세	자신의 작품이나 활동 참여를 위한 이름표 종이에 자기 이름을 써 본다(예: '요리에 참여하고 싶은 사람 이름 쓰기').

📄 **자신의 느낌, 생각, 경험을 글자와 비슷한 형태 및 글자로 표현하기**

4세	자신이 만든 미술 작품에 제목을 붙여 보며 글자나 글자와 비슷한 형태로 써 보는 활동을 한다.
5세	각 흥미영역에서 필요한 글자를 자주 본 그림책이나 친구들끼리 함께 만든 신문 등에서 찾아 써 보기, 짧은 이야기책 만들기, 책 표지 꾸미기, 간단한 관찰일지 쓰기 등 일상에서 다양한 쓰기 활동을 해 본다.

💬 **생각 톡톡!** '쓰기에 관심 가지기'와 관련하여 여러 가지 자연물을 가지고 편지쓰기를 한다면 어떻게 할 수 있을지 연령별로 생각해 보세요.

② 쓰기 도구 사용하기

'쓰기 도구 사용하기'는 만 4세부터 다양한 쓰기 도구에 관심을 갖고 사용해 보고, 점차 쓰기에 필요한 다양한 도구를 자연스럽게 경험해 보고 쓰기 도구의 바른 사용법을 알게 하는 내용을 포함한다(교육과학기술부, 2013b). '쓰기 도구 사용하기' 의 연령별 교육 내용은 다음과 같다.

내용	3~5세 연령별 세부 내용		
	3세	4세	5세
쓰기 도구 사용하기		쓰기 도구에 관심을 갖고 사용해 본다.	쓰기 도구의 바른 사용법을 알고 사용한다.

연령별 활동 예시	

📋 쓰기 도구 사용하기

4세	땅바닥에 나뭇가지, 자갈 등으로 쓰고 싶은 것을 써 보는 등 여러 가지 쓰기 도구와 쓰기 매체의 특성을 탐색하고 사용해 보도록 격려한다.
5세	교실 내에 크레파스, 색연필, 4B연필, 사인펜, 볼펜, 파스텔, 형광펜, 유성매직펜, 유성네임펜, 붓펜, 붓, 목탄, 분필 등 쓰기 도구와 스티커 글자, 자·모음 자석 글자, 컴퓨터 자판, 터치스크린, 타자기, 전자펜 등 쓰기 관련 매체 등을 구비하고 놀이하면서 자연스럽게 경험하도록 한다.

💭**생각 톡톡!** '쓰기 도구 사용하기'와 관련하여 여러 가지 쓰기 도구와 종이를 가지고 책 만들기를 한다면 어떻게 할 수 있을지 연령별로 생각해 보세요.

3) 유아언어교육의 지도 원리

앞서 제시한 유아언어교육의 목표 및 내용을 반영하여 바람직한 언어 활동을 구성하고 실행하기 위해 교사는 언어교육의 지도 원리를 이해하고 이를 토대로 교수-학습 과정을 계획해야 한다. 언어교육의 지도 원리를 듣기, 말하기, 읽기, 쓰기로 나누어 제시하면 다음과 같다.

(1) 듣기

첫째, 듣기활동이 이루어질 수 있는 시간과 공간을 제공한다. 듣기는 상대적으로 언어교육의 다른 내용들에 비해 구체적·적극적인 교육 활동 및 기회가 적다. 따라서 듣기가 활발하게 이루어질 수 있는 교육 시간과 공간을 교사의 교육적 의도하에 제공하여야 한다.

둘째, 상대방의 이야기를 경청하는 태도를 모델링하도록 모범을 보인다.

셋째, 간단하고 명료한 문장을 사용하여 정확한 발음으로 전달한다.

넷째, 다양한 매체(카세트플레이어, CD, 컴퓨터 등)를 활용하여 흥미로운 듣기 자료를 제공한다.

다섯째, 듣기 활동이 다른 활동과 통합적으로 이루어지도록 지도한다.

여섯째, 일상생활과 관련 있는 소리와 이야기를 통해 실제 경험과 관련된 듣기가 이루어지도록 한다.

(2) 말하기

첫째, 말하기를 격려할 수 있는 개방적이고 허용적인 분위기를 조성한다.

둘째, 의문문, 가정문, 단문, 복합문 등 다양한 형태의 문장을 경험하도록 한다.

셋째, 일상의 경험을 통한 생각과 느낌이 조직적·구체적으로 표현되도록 한다.

넷째, 시간과 장소, 상황에 따른 말하기를 경험하도록 한다.

다섯째, 듣기, 읽기, 쓰기가 함께 이루어지고 언어활동뿐 아니라 다른 영역의 활동까지도 통합될 수 있도록 통합적 말하기를 지도한다.

(3) 읽기

첫째, 일상생활에서 유아가 의미 있고 친숙한 글자를 접할 수 있는 환경을 마련한다.

둘째, 책 읽어 주기, 함께 보며 읽기, 안내하며 읽기, 혼자 읽기 등 다양한 전략을 활용하여 읽기를 즐기도록 한다.

셋째, 다양하고 흥미로운 읽기 자료를 제시한다.

넷째, 개인차를 고려하여 다양한 읽기 기술을 균형 있게 제공한다.

다섯째, 책 보는 것을 즐기고 책을 소중히 다루도록 격려한다.

(4) 쓰기

첫째, 유아가 자신의 생각, 느낌, 경험을 글자나 그림 등의 다양한 형태로 표현하도록 한다.

둘째, 관습적 쓰기 규칙에 얽매이지 않고 자발적이고 자유로운 쓰기를 시도하도록 한다.

셋째, 친숙한 글자부터 시작하여 놀이나 다른 활동과의 연계를 통한 유의미한 쓰기 경험을 제공한다.

넷째, 개별적 수준에 따라 관습적 쓰기 규칙을 습득하도록 한다.

다섯째, 다양한 쓰기 도구와 매체를 경험하도록 한다.

유아언어교육의 접근법

유아언어교육의 접근법은 시대적으로 발음중심 접근법, 총체적 접근법, 균형적 접근법으로 변화하였다. 이러한 접근법들은 유아의 문해 습득 과정에 대해 서로 다른 관점에서 출발하여 각각의 입장을 달리한다. 유아언어교육의 접근법의 특징과 교수 방법, 각각의 장단점을 제시하면 다음과 같다.

접근법		내용	
발음 중심 접근법	특징	• 유아를 수동적 존재로 인식하고 언어교육을 실시 • 유아의 언어 습득은 모방과 연습을 통해 가능하다고 봄. • 자음과 모음의 체계, 글자와 말소리의 관계, 철자법에 대한 지식을 설명하고 훈련시킴.	
	교수 방법	• 직접적인 읽기와 쓰기를 교수 • 위계적이고 반복적인 훈련으로 문해교육에 접근 • 자음과 모음의 결합 원리, 낱자 이름 및 음가 알기, 음소 인식하기와 같은 지도에 중점을 둠. • 교사가 언어 학습을 계획하고 제시하는 교수 활동 강조 • 부분에서 전체의 방향으로 진행하도록 함(낱자→낱말→문장→이야기).	
	장단점	〈장점〉 • 체계적인 문자 지도 가능 • 학습의 전이 효과가 높고 문자 해독에 효과적 • 올바른 철자법 습득	〈단점〉 • 유아의 동기 및 흥미 무시 • 말과 글에 내포된 의미 파악 간과
총체적 접근법	특징	• 유아의 주도성을 인정하고 언어교육을 실시 • 유아의 생활 속 부모, 교사를 비롯한 타인들이 문해활동에 참여할 때 가장 큰 효과가 있다고 봄. • 읽기와 쓰기가 통합적으로 이루어진다고 봄. • 풍부한 문해환경을 강조함.	
	교수 방법	• 유아의 생활 및 경험을 통합한 맥락적 상황에서의 언어지도 • 그림책 및 이야기책을 활용하여 그림을 통해 읽기가 가능하도록 함. • 생활 문해 자료를 비롯한 풍부한 문해 환경 강조 • 전체에서 부분의 방향으로 진행하도록 함(이야기→문장→낱말→낱자).	
	장단점	〈장점〉 • 유아의 생활과 깊은 관계 • 유아의 동기 및 흥미 유발 • 이해 및 의미 파악 강조	〈단점〉 • 체계적이지 못한 지도 방법 • 낮은 학습 전이 • 교사의 지도 능력

균형적 접근법	**특징**	• 발음 중심 접근과 총체적 접근을 절충한 접근 • 유아에게 의미 있는 사회적 맥락을 접목함과 동시에 의미 있는 낱말이나 문장 등을 접목 • 개별 유아의 특성과 경험을 파악하여 적절한 방법 선택 • 유아 주도 및 교사 주도가 함께 이루어짐. • 의미 중심 교육과 문자 기초 교육의 균형을 고려 • 음소 인식, 단어 인식, 철자 이해를 위한 기술과 전략을 강조
	교수 방법	• 4단계 지도법: 　① 총체적 접근을 사용하여 의미 있는 접근 시도 　② 음성언어와 문자언어의 관계를 인식하도록 유아의 말을 글로 써 줌. 　③ 말소리의 음소와 자소가 대응되는 경험 제공 　④ 어휘력 발달을 위한 독해 전략 등 발전된 문해 능력 키우도록 지도 • 시범적 읽기 · 쓰기, 함께 읽기 · 쓰기, 안내적 읽기 · 쓰기, 독립적 읽기 · 쓰기 교수법 제공(Tompkins, 2010) • 의미에 관한 대화 이후 읽기 및 쓰기의 기초 기능 교수, 다시 의미나 구성을 위한 교수를 실시, 즉 전체에서 부분, 다시 전체로 진행하도록 함(이야기 → 문장 → 낱말 → 낱자 → 낱말 → 문장 → 이야기).
	시사점	• 한글의 특성(자질문자, 음소문자, 표음문자 등)을 고려하였을 때 어느 한 접근만을 강조하는 언어교육은 효율적인 읽기 · 쓰기 교육 방법이 될 수 없음. • 한글은 문자언어적인 측면에서 고려해 보았을 때 균형적 접근법이 언어 교수 방법으로 적절하다고 사료됨.

4) 통합교육을 위한 언어교육의 실제

　유아언어교육은 듣기, 말하기, 읽기, 쓰기의 내용을 바탕으로 이야기 나누기, 동화, 동시, 그리고 자유선택활동의 언어 관련 활동의 다양한 형태로 이루어진다. 또한 타 영역과의 통합을 꾀하여 생활주제 중심으로 언어 활동이 타 영역과 통합적으로 이루어진다. 교사는 언어교육을 위하여 타 영역과의 연계성과 통합을 고려한 적극적인 언어 활동을 계획함으로써 유아들이 언어 활동을 즐겁고 흥미롭게 받아들이고 확장해 나갈 수 있도록 해야 한다. 여기에서는 통합교육을 위한 언어교육의 실제로서 동작을 통한 언어교육, 음악을 통한 언어교육, 미술을 통한 언어교육의 실제를 제시하고자 한다.

(1) 동작을 통한 언어교육

연령	3세	활동 형태	대집단 활동	유형	게임
활동명	친구의 이야기를 듣고 몸으로 말해요				

활동 목표	3세 누리과정 관련 요소
• 다른 사람의 이야기를 귀 기울여 듣는다. • 이야기를 잘 듣고 다른 사람에게 전달할 수 있다. • 들은 이야기를 몸으로 표현할 수 있다.	• 의사소통: 듣기 – 낱말과 문장 듣고 이해하기 　　　　　　말하기 – 낱말과 문장으로 말하기 • 신체운동 · 건강: 신체 활동에 참여하기 – 　　　　　　자발적으로 신체 활동에 참여하기

(창의 · 인성 관련)
• 창의성: 동기적 요소 – 호기심 · 흥미
• 인성: 협력 – 집단 협력
　　　　　 – 긍정적인 상호의존성

활동 자료	일상생활 그림문장카드(예: 양말을 신는다, 세수를 한다, 밥을 먹는다, 책을 읽는다, 모자를 쓴다 등), 융판, 점수판
활동 방법	1. 일상생활에서 자주 하는 일들을 그림문장카드를 보여 주며 읽는다. 　• 우리가 아침에 일어나면 어떤 일들을 하니? 　• 우리가 아침에 일어나 하는 일들을 잘 듣고 함께 읽어 보자. 2. 그림문장카드를 읽어 주면 그 행동을 몸으로 표현해 본다. 　• 우리가 아침에 하는 일들을 보자. 하나씩 보면서 너희가 몸으로 표현해 보자. 　• '양말을 신는다'는 어떻게 표현하면 좋을까? 3. 게임 방법과 규칙에 대해 이야기 나눈다. 　• 방금 이야기하고 몸으로 표현한 여러 가지 일을 게임으로 해 보자. 　• 바닥에 길게 두 줄이 표시되어 있네. 어떻게 하면 좋을까? 　• 맨 앞에 앉은 친구가 선생님이 보여 주는 카드를 보고 가장 뒤에 있는 친구에게까지 어떻게 전달해 주면 좋을까? 　• 가장 뒤에 있는 친구는 전달받은 이야기를 어떻게 다시 친구들에게 알려 주면 좋을까? 4. 두 팀으로 나누어 게임을 진행한다. 〈게임 방법〉 • 두 팀으로 나누어 앉는다. • 교사가 맨 앞에 앉은 유아에게 일상생활 그림문장카드를 보여 준다. • 그림문장카드를 보고 그 행동을 뒤에 앉은 유아에게 귓속말로 이야기해 준다. • 앞의 유아가 말해 준 문장을 계속해서 전달한다. • 마지막 유아가 문장을 듣고 일어나 몸으로 표현한다. • 잘 전달하여 몸으로 잘 표현한 팀에게 점수를 준다.

	5. 게임이 끝난 후 재미있었던 점과 아쉬운 부분을 회상한다. • 오늘 우리가 하는 일들을 말로 전달한 후 몸으로 표현하는 게임을 해 보았는데 어떤 점이 가장 기억에 남았니? • '다른 방법으로도 게임을 해 보고 싶어요!' 라는 것이 있니?
활동 시 유의점	1. 일상생활 그림문장카드는 다양하게 준비하여 유아의 흥미를 유지하고 듣기와 말하기가 적극적으로 일어나도록 한다. 2. 게임을 할 때 귓속말로 잘 전달하여 다른 유아들이 듣지 않도록 한다.
활동 평가	1. 교사의 이야기를 집중하여 잘 듣는지 평가한다. 2. 들은 이야기를 몸으로 잘 표현하는지 평가한다. 3. 들은 이야기의 특징이 드러나는 몸짓으로 표현하는지 평가한다. 4. 신체표현 활동에 즐겁게 참여하는지 평가한다.
확장활동	1. 언어영역에서 교사로부터 들은 이야기를 녹음해 보도록 한다. 2. 친구로부터 들은 이야기를 다른 친구에게 언어로 전달해 보도록 한다.

(2) 음악을 통한 언어교육

연령	4세	활동 형태	대집단 활동	유형	음률
활동명	새로운 노래를 만들어요.				

활동 목표	4세 누리과정 관련 요소
• 다양한 탈것에 대해 관심을 가지고 탈것들의 특징을 알아본다. • 친구의 의견을 존중하여 가사를 다르게 바꿔 불러 본다.	• 의사소통: 말하기 – 낱말과 문장으로 말하기 – 느낌, 생각, 경험 말하기 • 사회관계: 다른 사람과 더불어 생활하기 – 친구와 사이좋게 지내기 사회에 관심 가지기 – 지역사회에 관심 갖고 이해하기

(창의·인성 관련)
• 창의성: 인지적 요소 – 사고의 확장
• 인성: 배려 – 친구에 대한 배려

활동 자료	그림 노랫말 자료, 보드판, 보드 마커
활동 방법	1. 우리가 이용하는 교통수단에 대해 이야기 나눈다. • 우리가 유치원에 올 때 무엇을 타고 오니? • 아빠, 엄마와 놀러 갈 때는 무엇을 타고 가니? • 또 우리가 타 본 것들은 무엇이 있을까? 2. '간다 간다' 노래 자료를 보며 노랫말을 회상해 본다. • 골목길이나 넓은 길로 다니는 것은 무엇이었니?

| | • 자동차는 어떤 소리를 내니? (칙칙폭폭, 뿌~~~ 등)
• 또 다른 자동차 소리를 낸다면 어떻게 낼 수 있을까?
• 누가 나와서 골목길과 넓은 길로 다니는 자동차를 붙여 보자.
• 들을 지나고 굴을 지나는 것은 무엇이었니?
• 기차는 어떤 소리를 내니?
• 또 다른 기차 소리를 낸다면 어떻게 낼 수 있을까?
• 누가 나와서 굴을 지나는 기차를 붙여 보자.
• 구름을 넘어 하늘 높이 날아가는 것은 무엇이었니?
• 비행기는 어떤 소리를 내니?
• 또 다른 비행기 소리를 낸다면 어떻게 낼 수 있을까?
• 누가 나와서 하늘을 날아가는 비행기를 붙여 보자.

3. '간다 간다' 노래를 부른다.
4. '간다 간다' 노랫말을 바꾸어 새로운 노랫말을 만들어 본다.
　　• 자동차, 기차, 비행기 말고 또 어떤 탈것이 있니? (지하철, 자전거 등)
　　• 우리가 또 다른 탈것을 넣어 노랫말을 더 만들어 볼까?
　　• 너희의 생각을 합쳐 하나의 노랫말을 만들려면 어떻게 해야 할까?
　　• 어떤 탈것을 넣고 싶니?
　　• 지하철(자전거)은 어디로 지나가니?
　　• 지하철(자전거)은 어떤 소리를 낼까?

〈간다 간다-새로 만들기(예시)〉
간다 간다 간다 간다 땅속으로
간다 간다 간다 간다 다음 역으로
간다 간다 간다 간다 덜컹덜컹
랄~라랄라 지하철

5. 활동을 한 후 느낌을 이야기해 본다.
　　• 오늘 '간다 간다' 노래를 불러 보았는데, 노래를 부르면서 어떤 생각이 들었니?
　　• 또 노래를 새롭게 만들어 불러 보았는데, 어떤 느낌이 들었니?
　　• 이렇게 힘을 모아 멋진 노래를 만들어 낸 우리에게 어떤 방법으로 칭찬해 줄까? |
| 활동 시
유의점 | 1. 새로운 노랫말을 짓는 것이 4세에게 어려울 수 있으므로 간단한 노래 및 단순하게 바꿀 수 있는 노래로 선정한다.
2. 유아들이 이야기한 노랫말을 직접 써 보며 말한 단어가 글자로 쓰일 수 있음을 확인하도록 한다. |

활동 평가	1. 여러 가지 탈것의 특성에 대해 이해하는지 평가한다.
	  • 여러 가지 탈것의 이름을 알고 있는가?
	  • 여러 가지 탈것의 특징을 이해하고 있는가?
	2. 친구들의 의견을 존중하며 자신의 의견과 조율할 수 있는지 평가한다.
	3. 자신의 생각을 적극적으로 표현하는지 평가한다.

확장활동	1. 언어영역에서 유아들이 지은 노랫말을 이용하여 가사판(그림)을 만들어 볼 수 있도록 한다. 2. 음률영역에서 유아들이 지은 '간다 간다' 노래에 맞추어 적절한 움직임을 표현해 볼 수 있도록 한다.

(3) 미술을 통한 언어교육

연령	5세	활동 형태	소집단 활동	유형	감상
활동명	글자로 그린 그림				

활동 목표	5세 누리과정 관련 요소
• 한글을 이용한 예술작품 및 디자인에 관심을 갖는다. • 자음과 모음을 조합하여 이름을 만들어 본다. • 자음과 모음을 이용하여 다양한 그림을 구성해 본다.	• 의사소통: 읽기 – 읽기에 흥미 가지기 　　　　　 쓰기 – 쓰기에 관심 가지기 • 예술경험: 예술적 표현하기 – 미술 활동으로 표현하기 • 사회관계: 다른 사람과 더불어 생활하기 – 　　　　　 친구와 사이좋게 지내기

(창의 · 인성 관련)
• 창의성: 동기적 요소 – 호기심 · 흥미
• 인성: 협력 – 집단 협력

활동 자료	한글을 이용한 예술작품 사진 또는 그림(한글 디자인 옷, 한글 디자인 우산, 한글 디자인 그림 등), 자음, 모음 글자 틀, 색연필, 사인펜, 전지, 풀

활동 방법	1. 한글을 이용한 예술작품(한글 디자인 옷, 한글 디자인 우산, 한글 디자인 도자기 등)을 감상하며 이야기 나눈다.
	  • (사진 및 그림 제시) 이 옷은 어떤 모양으로 되어 있니?
	  • 한글로 디자인된 옷을 보니 어떤 느낌이 드니?
	  • 우산에 그려진 그림은 어떤 그림이니?
	  • 도자기의 면이 어떤 모양으로 이루어져 있니?
	  • 한글로 여러 가지 모양이 그려진 것을 보니 어떤 느낌이 드니?
	  • 한글의 디자인이 자음과 모음으로 나뉘어 있네. 어떤 글자가 자음일까? 또 어떤 글자가 모음일까?

	2. 자음과 모음을 크게 출력하여 탐색하며 이야기 나눈다. • 이것(자음, 모음)은 무엇일까? • 자음과 모음을 이용해서 만든 여러 예술작품을 살펴보았는데, 글자로 너희도 작품을 만든다면 무엇을 만들고 싶니? • 자음과 모음 글자들을 다양한 색으로 칠해 보자. 이 자음과 모음으로 너희가 만들고 싶은 것들을 만들거나 그려 보자. 3. 조별로 자음과 모음을 이용한 작품을 구성해 본다. • 우리 조의 친구들과 함께 그림으로 구성해 보자. • 우리 조의 친구들이 가지고 있는 자음과 모음은 무엇이니? • 우리 조의 친구들이 가진 자음과 모음으로 어떤 그림을 구성할 수 있을까? (조별로 자음과 모음을 이용해 전지에 그림을 구성해 본다.) 4. 다른 조 친구들이 만든 그림을 보며 그림 속 자음과 모음을 이용해 새로운 단어를 만들어 본다. • 각 조에서 만든 글자 그림을 소개해 보자. 어떤 그림이 완성되었을까? • 이 조에서 만든 그림에는 어떤 자음과 모음들이 있니? • 이 조의 그림에 있는 자음과 모음을 이용해 어떤 글자를 만들 수 있을까? (그림의 자음과 모음을 조합해 글자를 만들어 본다.)
활동 시 유의점	1. 자음과 모음이 내는 소리에 집중하여 글자를 살펴보도록 한다. 2. 조별 인원을 다양하게 구성하여 그림과 글자가 다양하게 만들어지도록 한다.
활동 평가	1. 자음과 모음에 관심을 가지고 자음과 모음이 만나 글자가 되는 것을 이해하는지 평가한다. 2. 자음과 모음을 이용해 다양한 모양과 그림을 표현할 수 있는지 평가한다. 3. 친구들과 협력하여 작품을 만들어 낼 수 있는지 평가한다.
확장활동	1. 언어영역에서 자음과 모음을 가지고 글자를 만들어 보도록 한다. 2. 언어영역에서 다양한 문자매체(신문, 잡지 등)를 이용하여 단어를 만들어 보도록 한다. 3. 쌓기놀이 영역에서 블록을 이용해 글자를 만들어 보도록 한다.

2. 유아사회교육

● 예비유아교사의 '생각 톡톡!'

톡톡 1. 유아들이 살아갈 미래 사회의 특성에 대해 이야기 나누어 보세요.

톡톡 2. 미래 사회의 특성을 고려할 때 유아사회교육을 통해 유아가 경험하고 배워
　　　 야 할 지식, 기술, 태도에는 어떤 것이 있을까요?

✎ 지식:

✎ 기술:

✎ 태도:

톡톡 3. 유아사회교육에서는 사회·정서적 발달과 관련된 내용과 더불어 사회현상
　　　 에 대해 관심을 갖고 이해하는 것도 중요하지요. 유아 시기에 경험이 필요
　　　 한 사회과학적 개념에는 어떤 것이 있을까요?

인간은 세상에 태어남과 동시에 사회 속에서 서로 관계를 맺고 더불어 살아가야 하는 사회적 존재이다. 성장해 나가는 과정에서 점차 다양한 사회적 경험을 하게 되고 더불어 사회적 문제 상황에 맞닥뜨리게 되는데, 이때 문제를 얼마나 지혜롭고 유능하게 해결할 수 있는가에 따라 삶에 대한 만족도에 차이가 나타날 수 있다. 그만큼 사회적으로 잘 적응하며 살아가는 것은 여러 발달적 과업 중에서 매우 중요한 부분이라고 할 수 있다. 그러므로 유아사회교육은 유아의 사회화를 지원하는 것을 포함하여 사회에 대한 이해를 통해 유아를 둘러싼 세상과 교류할 능력을 기르도록 돕는 것이어야 한다(이경실, 엄정애, 2012).

이러한 목적에 따라 유아사회교육의 내용과 범위는 매우 기초적이지만 상당히 광범위하며 향후 이루어질 사회교육의 근간이 되는 핵심이라고 할 수 있다. 사회교육은 주로 기본생활습관 및 사회·정서적 발달과 관련한 내용을 기본으로 하고, 더불어 사회과학과 관련된 역사, 지리, 경제, 다문화 등의 내용을 포함한다(이은화, 김영옥, 2000; 장영희, 엄정애, 박수진, 2007).

사회교육의 내용들은 유아의 삶과 밀접하여 그들의 생활 속에서 즉각적이고 직접적으로 그리고 수시로 다루는 것이 바람직하다. 이와 함께 일상생활에서 유아가 하는 경험들을 교육의 장으로 들여와 교육 활동으로 계획하여 이루어지도록 할 때 효과적이다. 또한 사회교육의 내용을 단순히 이해하는 것에서 끝나는 것이 아니라 실천력과 태도를 기르는 것이 중요하다. 이를 위해서는 다양한 교수-학습 방법을 활용하여 직접 사회적 문제들을 해결해 보게 하는 기회를 제공하는 것이 중요하다.

사회 · 정서적으로 잘 발달된 유아는 자기 자신에 대한 존중감을 바탕으로 자신의 감정과 행동을 조절하고 다른 사람의 감정을 이해하며 협력할 수 있게 된다. 또한 또래들과 긍정적인 놀이 행동을 하며 우정을 발달시키는데, 이것이 향후 학교생활과 사회생활 전반에 지속적인 영향을 미치게 된다(Powell & Dunlap, 2009). 또한 유아는 사회과학적 지식과 관련한 이해의 폭을 넓힘으로써 자신이 속한 사회에 대한 호기심이 늘어 가는데, 이러한 유아들에게 좀 더 관심을 가지고 세상을 바라보는 눈을 키워 주어야 한다.

유아교사가 유아사회교육의 목표와 내용, 수업 운영 전반에 대해 이해하고 있다 하더라도, 실제로 교육이 이루어지는 유아교육 현장에서는 사회교육이 사회성 증진에만 집중하는 경향을 보이고 사회과학 관련 내용들이 소홀하게 다루는 것으로 보고되고 있다(윤정아, 박은혜, 1998; 이경실, 엄정애, 2012; 이명희, 2006; 장희경, 2007). 이는 교사 스스로가 사회과학적 내용에 대한 이해도가 낮고 이에 따라 교육적 소재로서 다루기를 꺼리기 때문이라고 볼 수 있다. 교사는 항상 편향되지 않은 교육적 경험을 주기 위해 노력해야 함을 잊지 말아야 하고, 유아가 사회적 지식과 기술, 태도를 배워 나감에 있어 스스로가 모델링이 되어 줘야 함을 잊지 않아야 한다.

1) 유아사회교육의 목표

유아사회교육은 유아가 자신이 소속된 사회의 일원으로서 유능하게 살아가는 데 필요한 기초적인 능력을 기르는 것을 목적으로 한다. 따라서 사회화에 필요한 기본적인 소양을 기르는 것과 더불어 유아가 살아갈 21세기의 사회적 특성을 고려할 때 필요한 자질을 함양하는 것을 목표로 해야 한다. 국가 수준의 교육과정인 '3~5세 연령별 누리과정'에서 사회교육과 관련된 영역은 '사회관계 영역'으로, 사회교육 관련 목표를 다음과 같이 제시하고 있다. 우선, 사회관계 영역의 목표는 '자신을 존중하고 다른 사람과 더불어 생활하는 능력과 태도를 기른다'이며, 세부 목표는 다음과 같다.

① 자신을 소중하게 여기며, 자율성을 기른다.
② 자신의 감정을 알고, 자신의 감정을 적절하게 표현하고 조절한다.
③ 가족과 화목하게 지내며, 서로 협력한다.
④ 친구, 공동체 구성원들과 서로 돕고, 예의, 규칙 등 사회적 가치를 알고 지킨다.
⑤ 우리 동네, 우리나라, 다른 나라에 관심을 갖는다.

양옥승, 이정란, 이옥주, 황윤세(2010)는 유아사회교육의 근본적인 교육 목표가 사회과학적 지식을 통해 민주시민으로서 필요한 자질을 함양하고 합리적인 생활 태도와 긍정적이고 바람직한 가치관을 형성하도록 하는 것에 있다고 하였다. 또한 손복영(2011)도 사회교육 프로그램을 개발하면서 사회교육 관련 목표를 다양한 영역의 사회과학적 지식을 습득하고 다른 사람과 원만하게 지내기 위한 사회적 기술을 익히며 민주적이고 바람직한 사회적 가치와 태도를 형성하는 것이라고 하였다.

이상의 내용을 종합하면, 유아사회교육의 목표는 '유아가 자신에 대해 긍정적으로 생각하고, 자신과 함께 생활하는 사람들과 원만한 사회적 관계를 맺고, 더불어 생활할 수 있는 능력과 태도를 기르는 것'으로, 간단히 정리하자면 다음과 같다.

① 바람직한 가치와 태도를 발달시킨다.
② 사회적 기술을 발달시킨다.
③ 사회적 지식을 습득한다.

2) 유아사회교육의 내용

유아사회교육의 내용은 유아의 사회·정서적인 발달과 더불어 사회과학적 지식의 기본 개념을 포함해야 한다(장영희, 엄정애, 박수진, 2007). 사회·정서적 발달은 자신과 타인의 감정이나 정서 상태를 이해하는 것, 정서를 스스로 조절하고 바람직한 방법으로 표현하는 것, 자신의 행동을 적당히 규제하는 것, 다른 사람과 관계를 맺고 유지하는 것, 감정을 이입하는 것, 공유, 문제 해결, 규칙 지키기 등의 친사회적 기술과 태도의 발달을 포함한다(Powell & Dunlap, 2009). 그리고 사회과학 지식은 인간 사회의 조직과 발달, 그리고 사회 집단의 구성원으로서의 개인과 관련된 문제들을 다루며, 공동체 생활에 필요한 지식, 기술 및 태도를 습득하게 도와주는 것을 포함한다(조운주, 2014; Mindes, 2006).

 사회적 기술

사회적 기술의 내용은 친사회적 기술과 자기조절 기술, 사회학습 기술로 나눌 수 있으며 이옥주(2006)가 제시한 내용을 기초로 다음과 같이 제시할 수 있다.

내용 범주		내용
친사회적 기술: 타인의 이익을 위해 수행되는 자발적 행동	도와주기	• 타인에게 도움 주기
	양보하기	• 자신의 권리 양보하기
	나누어 주기	• 자신의 물건 나누어 주기
	공유하기	• 자신의 물건 공유하기 • 자신의 생각, 감정, 시간을 타인과 공유하기 • 유치원 물건 공유하기 • 특정인의 관심과 사랑을 타인과 공유하기
	협동하기	• 생각이나 힘을 모아 해결하기 • 어려운 일 함께하기
	협상하기	• 나와 타인의 의견이 다름 알기 • 상황에 적절한 의견이나 대안 제시하기

	자기점검: 자신이 스스로 하는 행동에 대한 지속적인 인지 과정 점검	자기 평가	• 자신이 한 행동에 대해 인식하기 • 자신이 한 행동을 다양한 방법으로 표현하기
자기조절 기술		자기 결정	• 스스로 계획하기 • 자신의 사과와 행동 결과 예측하기 • 스스로 결정하기
	자기통제: 자신의 감정과 욕구 및 행동 조절	정서 조절	• 자신 및 타인의 감정 인식하기 • 자신의 감정 긍정적으로 표현하기 • 분노 감정 다루기 • 거절과 금지 수용하기
		행동 조절	• 계획한 대로 실행하기 • 맡은 일 열심히 하기 • 마무리 잘하기 • 상황에 맞게 욕구 지연시키기
사회학습 기술: 학업 수행 관련 기술	정보 획득 기술		• 정보 탐색하기 • 정보 수집 방법 알기 • 지구본, 지도, 그림, 그래프 등 읽기
	정보 조직 활용 기술		• 비교, 분류, 분석하기 • 해설, 요약, 그래프화하기 • 초보적 형태의 지도 그리기 • 대안 및 결론을 통한 의사결정하기

 사회적 가치와 태도

　유아기에 중요시되는 대표적인 사회적 가치와 태도는 보편적인 것과 개별적인 것으로 대분되며, 최혜순(2012)이 제시한 내용을 기초로 다음과 같이 제시할 수 있다.

내용 범주	내용
보편적 가치	예절, 정직, 절약, 긍정적 사고, 타인 존중, 전통윤리 존중, 청결
개별적 가치	개인의 종교, 개인의 정치적 신념, 개인의 선호

사회과학적 개념

　유아사회교육의 내용으로 사회과학적 개념을 포함하는 것은 실제적인 지식의 전달을 위해서라기보다는 유아가 자신과 자신이 속한 사회의 기본적인 개념을 형성하도록 돕기 위해서이다(이옥주, 2006). 유아기에 다루기 적합한 사회과학적 개념을 조운주(2014), 이영자, 유효순, 이정욱(2001) 등을 참고로 정리하여 범주를 나누고 각각의 내용을 제시하면 다음과 같다.

내용 범주		내용
가족 및 지역사회	가족	• 가족은 기본적인 사회의 구성단위이다. • 가족 구성원들 각자의 역할이 있으며 서로를 존중한다. • 다양한 형태의 가족이 있다.
	지역사회	• 우리 주변에는 우리에게 도움을 주는 사람들이 있다. • 지역사회에는 여러 가지 기관이 있다.
시민의식	규칙	• 안정적으로 함께 살아가기 위해서는 규칙이 필요하다.
	권리와 책임	• 모든 사람은 기본적인 권리(일할 권리, 자신의 의견을 표현할 권리, 자신의 재산을 가질 권리 등)를 가지고 있고, 이는 존중되어야 한다. • 자신의 행동에 책임을 져야 한다.
지리와 환경	위치, 방향, 공간	• 위치, 방향, 공간을 나타내는 용어가 있다.
	지역사회 특성	• 우리가 살고 있는 지역의 지리적 특성(땅으로 된 부분, 물로 덮인 부분, 평평한 곳, 솟아오른 곳 등)은 다양하다.
	사람과 환경의 관계	• 환경에 따라 사람들의 생활방식이 다르다. • 사람들은 편리한 삶을 위해 지리적 환경을 변화시킨다. • 멀리 떨어져 사는 사람들과 교통수단, 통신수단 등을 사용하여 연결된다.
경제	생산과 소비	• 사람들은 욕구 충족을 위해 물품을 생산하거나 서비스를 제공한다. • 우리는 소비자로서 필요한 상품과 서비스를 산다. • 사람들은 다른 형태의 일을 한다.
	자원 부족과 절약	• 갖고 싶은 것이 살아가는 데 반드시 필요한 것인지 고려한다. • 자원은 무한하지 않으므로 아껴 쓰고 절약한다.
	돈	• 돈은 우리가 필요한 것을 사는 데 필요하다.

역사	시간 및 계속성	• 일상적인 시간의 순서를 통해 시간의 흐름을 경험한다. • 시간이 흘러도 가족은 가계를 통해 지속된다. • 중요한 사건, 역사적 인물, 옛날에 사용된 물건들을 통하여 지나간 과거를 알 수 있다.
	변화	• 시간이 지나감에 따라 나와 가족에게 변화가 일어난다. • 옛날 사람들의 생활방식과 현재의 생활방식에는 차이가 있다. • 시간이 지남에 따라 자연도 변화한다.
국제적 이해	국가와 인종	• 세계에는 여러 나라가 있고 사람들의 피부색은 다양하다.
	문화적 차이	• 사람들의 풍습과 생활방식에는 차이가 있다.

　이러한 사회교육 내용에 대한 합의를 통해 3~5세 연령별 누리과정은 사회교육을 위한 교육 내용으로 '나를 알고 존중하기' '나와 다른 사람의 감정 알고 조절하기' '가족을 소중히 여기기' '다른 사람과 더불어 생활하기' '사회에 관심 갖기'를 제시하고 있다(교육과학기술부, 보건복지부, 2013a). 이를 정리하면 다음과 같다.

〈표 2-2〉 누리과정 사회관계 영역의 사회교육 내용

내용 범주	내용	3~5세 연령별 세부 내용		
		3세	4세	5세
나를 알고 존중하기	나를 알고 소중히 여기기	나에 대해 관심을 갖는다.	나에 대해 알아본다.	
		나와 다른 사람의 차이에 관심을 갖는다.	나와 다른 사람의 차이점을 알아본다.	나와 다른 사람의 신체적 · 사회적 · 문화적 차이를 존중한다.
		나를 소중하게 여긴다.	나에 대해 긍정적으로 생각하고 나를 소중하게 여긴다.	
	나의 일 스스로 하기	내가 할 수 있는 일을 알아본다.	내가 할 수 있는 일을 해 본다.	내가 할 수 있는 일을 스스로 한다.
		내가 하고 싶은 일을 선택해 본다.	하고 싶은 일을 계획하고 해 본다.	

나와 다른 사람의 감정 알고 조절하기	나와 다른 사람의 감정 알고 표현하기	자신에게 여러 가지 감정이 있음을 안다.	자신의 감정을 알고 표현한다.	
		다른 사람의 감정에 관심을 갖는다.	다른 사람의 감정을 안다.	다른 사람의 감정을 알고 공감한다.
	나의 감정 조절하기	자신의 감정을 조절해 본다.		자신의 감정을 상황에 맞게 조절한다.
가족을 소중히 여기기	가족과 화목하게 지내기	가족의 소중함을 안다.		가족의 의미와 소중함을 안다.
				가족과 화목하게 지낸다.
	가족과 협력하기	가족 구성원을 알아본다.	가족 구성원의 역할을 알아본다.	다양한 가족구조를 알아본다.
		가족을 위하여 내가 할 수 있는 일을 알아본다.	가족을 위하여 내가 할 수 있는 일을 알아보고 실천한다.	가족은 서로 도와야 함을 알고 실천한다.
다른 사람과 더불어 생활하기	친구와 사이좋게 지내기	친구와 함께 놀이한다.	친구와 협동하며 놀이한다.	
		나와 친구의 의견에 차이가 있음을 안다.	친구와의 갈등을 긍정적인 방법으로 해결한다.	
	공동체에서 화목하게 지내기		도움이 필요할 때 다른 사람과 도움을 주고받는다.	다른 사람과 도움을 주고받고, 서로 협력한다.
		교사 및 주변 사람과 화목하게 지낸다.		
	사회적 가치를 알고 지키기	정직하게 말하고 행동한다.		
		다른 사람의 소유물을 존중한다.	다른 사람의 생각, 행동을 존중한다.	다른 사람을 배려하여 행동한다.
		친구와 어른께 예의 바르게 행동한다.		
		약속과 규칙을 지켜야 함을 안다.	다른 사람과 한 약속이나 공공규칙을 지킨다.	
		자연과 자원을 아끼는 습관을 기른다.		

사회에 관심 갖기	지역사회에 관심 갖고 이해하기	우리 동네의 이름을 안다.	우리 동네에 대해 알아본다.	
		우리 동네 사람들에게 관심을 갖는다.	우리 동네 사람들이 하는 일에 관심을 갖는다.	다양한 직업에 관심을 갖는다.
			물건을 살 때 돈이 필요함을 안다.	일상생활에서 돈의 쓰임을 안다.
	우리나라에 관심 갖고 이해하기	우리나라를 상징하는 것에 관심을 갖는다.	우리나라를 상징하는 것을 안다.	우리나라를 상징하는 것을 알고 예절을 지킨다.
		우리나라의 전통놀이와 풍습에 관심을 갖는다.		우리나라의 전통, 역사, 문화에 관심을 갖는다.
		우리나라에 자부심을 갖는다.		
	세계와 여러 문화에 관심 갖기		세계 여러 나라에 관심을 갖는다.	세계 여러 나라에 관심을 갖고, 서로 협력해야 함을 안다.
			다양한 인종과 문화에 관심을 갖는다.	다양한 인종과 문화를 알아보고 존중한다.

　앞의 누리과정 사회관계 영역의 교육 내용에 기초하여 유아사회교육의 내용을 정리하면, 유아가 자신과 주변인에 대한 긍정적인 인식에 기초하여 유아의 가족과 주변 사람들과 이루어지는 여러 관계를 잘 이해하도록 돕는 데 중점을 두어야 한다. 이를 위해 유아사회교육은 유아가 자신과 자신이 살고 있는 세계에 대한 이해의 범위를 넓히고 유능한 사회 구성원으로서 갖춰야 할 사회적 지식과 기술, 가치와 태도를 배울 수 있도록 다양한 경험을 제공해 주어야 한다. 누리과정의 사회관계 영역의 내용 체계에 따라 다루어야 할 사회적 기술, 가치와 태도, 사회과학의 기본 개념을 살펴보고 관련 경험을 제공하기 위한 활동을 예로 제시하면 다음과 같다.

(1) 나를 알고 존중하기

① 나를 알고 소중히 여기기

'나를 알고 소중히 여기기'는 나를 알아보는 구체적인 활동들을 통해 자신에 대해 충분히 탐색해 봄으로써 긍정적인 자아개념을 갖고 자신을 소중히 여기도록 돕기 위한 내용으로, 나와 다른 사람의 차이 속에서 그 차이를 인정하고 존중하는 태도를 갖는 것도 포함된다. 연령별 교육 내용을 살펴보면 다음과 같다.

내용	3~5세 연령별 세부 내용		
	3세	4세	5세
나를 알고 소중히 여기기	나에 대해 관심을 갖는다.	나에 대해 알아본다.	
	나와 다른 사람의 차이에 관심을 갖는다.	나와 다른 사람의 차이점을 알아본다.	나와 다른 사람의 신체적 · 사회적 · 문화적 차이를 존중한다.
	나를 소중하게 여긴다.	나에 대해 긍정적으로 생각하고 나를 소중하게 여긴다.	

연령별 활동 예시

📋 **나에 대해 알아보기**

3세	'궁금해요' 상자에서 그림카드('이름이 궁금해요' '가족이 궁금해요' '나이가 궁금해요' 등)를 뽑아 자신을 소개하는 활동을 해 본다.
4세	어릴 때와 지금의 모습을 비교하며 그때에는 혼자 할 수 없었지만 지금은 혼자 할 수 있는 것을 그림으로 표현해 본다.
5세	자랑하고 싶은 나의 몸에 대해 이야기 나누며 왜 자랑하고 싶은지 이유를 '나의 손으로' 노래로 개사하여 불러 본다(예: '나의 어깨로 어깨춤 추고, 나의 어깨로 가방을 메고, 나의 어깨로 어부바해 주죠. 우쭈쭈쭈 우쭈쭈쭈쭈').

📋 **나와 다른 사람과의 차이를 알아보기**

3세	'자신이 좋아하는 색깔 옷을 입고 등원하기' 활동을 통해 친구들별로 좋아하는 색깔에 공통점과 차이점이 있음을 경험해 본다.
4세	'자기가 좋아하는 놀이' 그래프 활동을 통해 성별에 따라 선호하는 놀이는 다르더라도, 다른 놀이들에도 관심을 가져 볼 수 있도록 이야기 나눈다.

5세	남자 친구와 여자 친구의 성장 과정을 살펴보며 남자와 여자의 신체적 특징과 생활 방식의 차이를 벤다이어그램에 기록해 본다.

📋 나를 소중히 여기고 다른 사람을 존중하기

3세	자유선택활동 시간에 멋진 모습을 보여 준 친구를 소개하고 칭찬 박수를 선물해 본다.
4세	각자 자기가 엄마 배 속에 있을 때 부모님이 쓴 편지, 육아 일기 등을 소개하며 자신의 소중함을 느껴 본다.
5세	엄마, 아빠의 사랑으로 세상에 태어나는 과정과 관련된 융판 동화를 듣고 탄생 과정을 몸으로 표현해 보며 자신이 소중한 존재임을 느껴 본다.

💭 생각 톡톡! 　유아 자신이 태어난 것 자체가 매우 경이로운 일임을 인식하도록 도울 수 있는 '임신과 출생'과 관련한 활동을 하려고 합니다. 연령별로 어떤 차이를 두어 활동하면 좋을까요?

② 나의 일 스스로 하기

'나의 일 스스로 하기'는 내가 스스로 할 수 있는 일을 알고 이를 실천해 보며 성취감과 책임감을 느껴 보는 경험을 토대로 자신이 할 수 있는 일을 스스로 선택하고 계획하여 실행해 보도록 하는 내용이다. 연령별 교육내용을 살펴보면 다음과 같다.

내용	3~5세 연령별 세부 내용		
	3세	4세	5세
나의 일 스스로 하기	내가 할 수 있는 일을 알아본다.	내가 할 수 있는 일을 해 본다.	내가 할 수 있는 일을 스스로 한다.
	내가 하고 싶은 일을 선택해 본다.	하고 싶은 일을 계획하고 해 본다.	

⬇

연령별 활동 예시

📋 할 수 있는 일 알아보고 해 보기

3세	자신의 옷을 옷걸이에 걸어 정리하고 돌아오는 게임 활동을 해 본다.
4세	가족이 편안하게 지내기 위해 해야 하는 집안일에 대해 이야기 나누고, 내가 할 수 있는 집안일을 정해 상황극을 해 본다.
5세	자신의 물건을 스스로 정리하고 관리하지 않을 때 어떤 일이 생길 것인지 이야기를 나누며 자기 물건을 잘 챙기기 위한 약속을 정하고 실천해 본다.

🗋 하고 싶은 일 선택하고 해 보기

3세	자유선택활동 시간에 하고 싶은 놀이를 스스로 선택하고 놀이해 본다.
4세	자유선택활동 시간에 어떤 놀이를 할지 스스로 결정하여 놀이한 후 평가하는 활동을 지속적으로 해 본다.
5세	엄마 참여 수업을 앞두고 교실을 어떻게 꾸미면 좋을지 계획하고 발표해 본다.

💬 **생각 톡톡!** 연령에 따라 유치원 하루 일과를 생각하면서 스스로 할 수 있는 일이므로, 스스로 할 수 있도록 격려와 칭찬이 필요한 일에는 무엇이 있는지 생각해 보세요.

(2) 나와 다른 사람의 감정 알고 존중하기

① 나와 다른 사람의 감정 알고 표현하기

'나와 다른 사람의 감정 알고 표현하기'는 나에게 여러 가지 감정이 있고 그 감정을 언어적·비언어적으로 표현할 줄 아는 것, 이와 마찬가지로 다른 사람의 감정을 이해하며 공감하도록 돕는 내용이다. 연령별 교육 내용을 살펴보면 다음과 같다.

내용	3~5세 연령별 세부 내용		
	3세	4세	5세
나와 다른 사람의 감정 알고 표현하기	자신에게 여러 가지 감정이 있음을 안다.	자신의 감정을 알고 표현한다.	
	다른 사람의 감정에 관심을 갖는다.	다른 사람의 감정을 안다.	다른 사람의 감정을 알고 공감한다.

⬇

연령별 활동 예시

🗋 다양한 감정 알아보기

3세	동화 『울어도 괜찮아』(윤여림, 변정연 저, 2013)를 듣고 울고 싶을 때는 언제인지, 울고 나면 기분이 어떻게 되는지 이야기 나눈다.
4세	동시 '여러 가지 마음'(안미정)을 듣고 각각의 감정이 생기는 때를 떠올리며 동시를 바꾸어 읊어 본다.
5세	다양한 상황 그림(친구들이 놀리는 모습, 치마를 들추는 모습, 친구와 함께 춤을 추는 모습 등)을 보고, 어떤 기분이 될지 생각하며 기분 바구니에 공을 넣고 오는 게임을 해 본다.

📋 친구의 감정 알아보기

3세	사자의 표정이 접어 올릴 때마다 달라지는 융판 자료를 보며 사자가 어떤 기분인지 이야기 나누어 본다.
4세	동화『세상에서 가장 힘이 센 말』(이현정 저, 2012)를 듣고 친구들의 기분을 좋게 하고 힘을 줄 수 있는 말들을 정해 본다.
5세	잡지에서 다양한 사람의 표정을 오려 붙이고 왜 이런 표정을 짓게 되었을지 말풍선에 이야기를 적어 꾸며 본다.

💬 생각 톡톡! 연령에 따라서 다루어야 하는 감정의 종류는 다르겠지요? 연령별로 이야기 나누기에 적절한 감정의 종류를 나열해 보세요.

② 나의 감정 조절하기

'나의 감정 조절하기'는 사회·문화적으로 수용되는 감정 표현을 알고 상황에 맞게 조절하는 기술을 갖추도록 하는 내용이다. 연령별 교육 내용을 살펴보면 다음과 같다.

내용	3~5세 연령별 세부 내용		
	3세	4세	5세
나의 감정 조절하기	자신의 감정을 조절해 본다.		자신의 감정을 상황에 맞게 조절한다.

⬇

연령별 활동 예시

📋 자기 감정 조절하기

3세	그림카드 속 감정을 표정으로 똑같이 표현했다가 신호 악기의 소리에 맞추어 상반되는 감정을 표현해 본다.
4세	슬프고 힘들 때 감정을 조절하기 위해 기억할 '가족과 함께 가장 행복했던 순간'을 그림으로 표현해 본다.
5세	동화『저리 가! 짜증송아지』(아네테 랑겐 저, 박여명 역, 2011)를 듣고 자신이 짜증을 내는 것은 짜증송아지 때문이므로 그 짜증송아지를 빨리 보내 버릴 수 있는 자신의 방법(노래 부르기, 웃기 등)을 소개해 본다.

💬 생각 톡톡! 자유선택 활동을 하면서 유아들이 자기 감정을 조절하지 못해 다툼이 일어났어요. 이것을 교육활동으로 연계하여 사회교육이 이루어지도록 하려고 합니다. 연령에 따라 활동을 어떻게 계획하면 좋을까요?

(3) 가족을 소중히 여기기

① 가족과 화목하게 지내기

'가족과 화목하게 지내기'는 가족의 의미와 소중함을 알며 가족과 화목하게 지내기 위해 노력하는 방법을 알고 실천해 보는 내용이다. 연령별 교육 내용을 살펴보면 다음과 같다.

내용	3~5세 연령별 세부 내용		
	3세	4세	5세
가족과 화목하게 지내기	가족의 소중함을 안다.		가족의 의미와 소중함을 안다.
			가족과 화목하게 지낸다.

⬇

연령별 활동 예시

📄 가족의 소중함 알기

3세	혼자 놀이할 때와 가족과 함께 놀이할 때의 차이점에 대해 이야기 나누며 가족의 소중함을 느껴 본다.
4세	가족에게 고마움을 표현하는 다양한 방법 중 몸으로 표현하는 방법을 고안해 본다.
5세	동화『우리 엄마』(앤서니브라운 저, 허은미 역, 2005)를 읽고 엄마가 가장 좋을 때, 엄마의 꿈, 엄마 얼굴 그리기, 엄마가 가장 무서울 때, 엄마에게 하고 싶은 말 등을 적어 책을 만들어 본다.

📄 가족과 화목하게 지내기

5세	손수건 하나만 가지고도 가족과 즐겁게 할 수 있는 놀이들을 창안해 본다.

💭 *생각 톡톡!* 가족의 소중함을 알려 주는 다양한 동화책이 있답니다. 연령에 따라 제공할 수 있는 동화책들을 조사해 보아요.

② 가족과 협력하기

'가족과 협력하기'는 유아가 자신의 가족 구성원과 각자의 역할에 대해 알아보며 가정마다 가족 구조에 차이가 있고 그것을 자연스럽게 받아들이는 것, 그리고 가족을 위해 자신이 할 수 있는 일을 찾아보고 실천하며, 이러한 모습이 가족 전체 구성원에게 이어져 가족은 서로 돕고 살아가야 한다는 것을 알아 가도록 하는 내용이다. 연령별 교육 내용을 살펴보면 다음과 같다.

내용	3~5세 연령별 세부 내용		
	3세	4세	5세
가족과 협력하기	가족 구성원을 알아본다.	가족 구성원의 역할을 알아본다.	다양한 가족 구조를 알아본다.
	가족을 위하여 내가 할 수 있는 일을 알아본다.	가족을 위하여 내가 할 수 있는 일을 알아보고 실천한다.	가족은 서로 도와야 함을 알고 실천한다.

연령별 활동 예시

📋 가족 소개하기

3세	우리 가족이 사용하는 물건을 가지고 와서 누구의 물건인지, 언제 사용하는 물건인지 등을 소개해 본다.
4세	'도시바 LED 전구' 광고를 감상하며 가족에게 일어나는 다양한 일과 각자의 역할에 대해 이야기 나눈다.
5세	다양한 가족 형태가 담긴 가족사진을 보며 각 가족에게 어떤 즐겁고 행복한 일들이 일어나고 있을지 상상해서 이야기 나누어 본다.

📋 가족을 위해 도울 수 있는 일 알아보기

3세	가족을 위해 할 수 있는 일을 몸으로 표현해 본다.
4세	우리 집 에너지 절약을 위해 자신이 할 수 있는 일을 생각해 보고 '에너지 지킴이'로서의 역할을 직접 해 보도록 한다.
5세	동화 『아빠! 머리 묶어 주세요』(유진희 저, 2013)를 듣고 가족을 위해서 자신이 할 수 있는 일에 대해 새로운 관점에서 이야기 나누어 본다.

💬 *생각톡톡!* 가족 구성원의 역할 및 구조 등과 관련한 교육을 할 때에는 편견 없이 활동이 이루어져야 합니다. 우리가 흔히 실수할 수 있는 가족과 관련된 편견들을 정리해 보고 조심하기로 해요.

(4) 다른 사람과 더불어 생활하기

① 친구와 사이좋게 지내기

'친구와 사이좋게 지내기'는 친구와 함께 놀이하는 과정에서 서로를 돕는 것이 필요함을 알고 실천하며, 나와 친구들 간에는 의견 차이가 있을 수 있고 그러한 갈

등을 수용, 배려, 양보, 타협 등을 통해 해결하는 능력을 기르도록 하는 내용이다.
연령별 교육 내용을 살펴보면 다음과 같다.

내용	3~5세 연령별 세부 내용		
	3세	4세	5세
친구와 사이좋게 지내기	친구와 함께 놀이한다.	친구와 협동하며 놀이한다.	
	나와 친구의 의견에 차이가 있음을 안다.	친구와의 갈등을 긍정적인 방법으로 해결한다.	

연령별 활동 예시

📑 친구와 함께 놀이하기

3세	강강술래 노래에 맞추어 친구가 움직이는 모습을 보고 따라서 움직여 본다.
4세	개구리가 된 친구가 연잎을 점프하며 시냇물을 건너가도록 연잎을 차례대로 놓아 주는 신체활동을 해 본다.
5세	친구와 사이좋게 놀이하기 위해서는 어떤 노력이 필요한지 이야기 나누며 그 내용을 토대로 '꼭꼭 약속해' 노랫말을 개사하여 불러 본다.

📑 친구와의 갈등 해결하기

3세	친구를 좋아해서 하는 행동이지만 친구가 싫어할 수도 있음을 보여 주는 이야기(예: 친구가 좋아서 껴안아 주었는데, 너무 세게 껴안아서 힘들었던 이야기 등)를 들려준 후 친구에게 싫었다는 것을 솔직하고 당당하게 알려 주는 경험을 해 본다(예: "나를 안아 주는 것은 괜찮은데 너무 세게 하면 내가 불편해." 등)
4세	갈등 상황 그림카드를 보고 갈등이 일어난 이유와 갈등을 어떻게 해결할 수 있을지 토의해 본다.
5세	감정이 나타나도록 얼굴을 꾸며 감정카드를 만든 후 친구에게 다가가 감정카드와 관련된 이야기를 건네 본다(예: "친구야! 네가 놀잇감 정리할 때 나를 도와줘서 고마웠어!" "친구야! 네가 게임을 하다가 나를 세게 밀어서 속상했어." 등).

💬 생각 톡톡! 친구들과 놀이를 하다가 갈등이 나타나는 것은 흔하겠지요? 이때 교사가 갈등을 지혜롭게 해결해 갈 수 있도록 도와줘야 합니다. 연령에 따라 갈등을 해결할 수 있도록 도와주는 상호작용을 직접 해 보세요.

② 공동체에서 화목하게 지내기

'공동체에서 화목하게 지내기'는 교사 및 주변의 다른 사람들과 도움을 주고받으며 협력하여 화목하게 지내고 더불어 살아가는 능력의 기초를 기르도록 하는 내용이다. 연령별 교육 내용을 살펴보면 다음과 같다.

내용	3~5세 연령별 세부 내용		
	3세	4세	5세
공동체에서 화목하게 지내기		도움이 필요할 때 다른 사람과 도움을 주고받는다.	다른 사람과 도움을 주고받고, 서로 협력한다.
	교사 및 주변 사람과 화목하게 지낸다.		

연령별 활동 예시

📄 다른 사람과 도움을 주고받기

4세	몸 여기저기가 편찮으신 할머니, 할아버지에게 안마를 해 드리기 위해 안마 도구들의 특성을 살펴보고 재활용품을 이용하여 안마 도구를 만들어 본다.
5세	도움이 필요한 상황(예: 미술 영역에서 물감이 사방으로 튀었을 때, 옷이 문고리에 걸려 움직이기 어려울 때 등) 그림 자료를 보며 도움을 청하는 방법과 도움을 주는 방법에 대해 이야기 나누고 상황극을 해 본다.

📄 다른 사람과 화목하게 지내기

3세	유치원에서 우리를 위해 애쓰시는 분들에게 감사의 그림편지를 써 본다.
4세	부모님께 보내는 영상편지를 녹화해 본다.
5세	친구의 얼굴 사진 아래에 친구를 기쁘게 하는 칭찬 메세지를 적어 본다.

💬 **생각 톡톡!** 친구들과 도움을 주고받을 때의 인사나 말 등을 상황극을 통해 연습해 보려고 해요. 연령에 따라 어떤 상황을 제시해 주면 좋을까요?

③ 사회적 가치를 알고 지키기

'사회적 가치를 알고 지키기'는 사회적으로 가치 있는 것, 즉 정직, 존중과 배려, 예의, 약속과 공공규칙 지키기, 자연과 자원 보호하기 등의 필요성과 중요성을 알고 실천으로 옮기는 습관을 기르도록 하는 내용이다. 연령별 교육 내용을 살펴보면 다음과 같다.

내용	3~5세 연령별 세부 내용		
	3세	4세	5세
사회적 가치를 알고 지키기		정직하게 말하고 행동한다.	
	다른 사람의 소유물을 존중한다.	다른 사람의 생각, 행동을 존중한다.	다른 사람을 배려하여 행동한다.
		친구와 어른께 예의 바르게 행동한다.	
	약속과 규칙을 지켜야 함을 안다.	다른 사람과 한 약속이나 공공규칙을 지킨다.	
		자연과 자원을 아끼는 습관을 기른다.	

연령별 활동 예시

📄 정직하게 말하고 행동하기

4세	정직하게 이야기를 하면 혼나게 될까 봐 걱정하고 있는 유아의 이야기를 들려준 후, 어떻게 하라고 이야기해 주면 좋을지 토의해 본다.
5세	음식점에 있는 원산지 표시판을 보며 표시판이 필요한 이유와 정직하게 작성하지 않을 때 발생하는 문제들에 대해 이야기 나누어 본다.

📄 다른 사람을 존중하고 배려하기

3세	음식점에서 뛰어다니고 소리를 지르는 친구의 이야기를 듣고, 친구가 잘못하고 있는 행동은 무엇인지, 왜 그러면 안 되는지 등에 대해 이야기 나눈다.
4세	버스와 지하철에 붙어 있는 교통약자의 의미에 대해 이야기 나누고, 교통약자를 만나면 어떤 행동을 해야 하는지 직접 상황극을 해 본다.
5세	유치원에 휠체어를 탄 친구가 방문한다는 편지를 받는다면 다리가 불편한 친구가 유치원을 편하게 돌아다니도록 어떻게 도울 것인지 계획해 본다.

📄 예의 바르게 행동하기

4세	친절함을 보여 주는 승무원의 모습을 회상하며 친절하게 해 주실 때 마음이 어땠는지 이야기 나누고, 우리가 친구들에게 실천해 볼 수 있는 방법(웃는 얼굴로 인사하기, "도와줄까요?"라고 먼저 물어보기 등)을 약속으로 정해 본다.
5세	금연으로 정해진 공공장소에서 담배를 피우시는 어른께 어떻게 예의 바르게 이야기하는 것이 좋을지 상황극을 해 본다.

📋 약속과 공공규칙 지키기

3세	유치원의 바깥놀이터에서 지켜야 하는 약속을 알아보고 약속을 지키지 않으면 어떤 문제가 생길지 생각해 본 후 직접 몸으로 약속을 지켜 놀이해 본다.
4세	우리 집에서 쿵쿵 걷고 뛰어놀아서 아랫집이 불편해할 때 어떻게 문제를 해결할 수 있을지 실천 가능한 방법에 대해 이야기 나눈다.
5세	친구들과 서로의 소중한 몸을 보호하는 약속에 대해 이야기 나누고 약속 표지판을 만들어 본다.

📋 자연과 자원 아끼기

4세	자전거를 타서 얻은 에너지로 밥을 짓는 사람들의 이야기를 듣고 우리의 일상생활에서 몸은 좀 힘들더라도 전기를 사용하지 않는 방법을 생각해 본 후, '불편하지만 행복한 실천'을 계획하여 실행해 본다.
5세	동화『맑은 하늘, 이제 그만』(이욱제 저, 2012)를 듣고 물이 없어 힘들어하는 친구들을 위해 물을 절약하는 약속을 정해 본다.

💭 생각 톡톡! 물 절약의 필요성을 인식하고 실천하는 활동을 해 보려고 해요. 연령별로 적절한 활동을 계획해 보세요.

(5) 사회에 관심 갖기

① 지역사회에 관심 갖고 이해하기

'지역사회에 관심 갖고 이해하기'는 우리 동네의 이름과 특성, 함께 어울려 사는 사람들의 하는 일을 통해 다양한 직업에 관심을 갖도록 돕고, 경제생활을 위해 필요한 돈의 쓰임새 등을 알아보도록 하는 내용이다. 연령별 교육 내용을 살펴보면 다음과 같다.

내용	3~5세 연령별 세부 내용		
	3세	4세	5세
지역사회에 관심 갖고 이해하기	우리 동네의 이름을 안다.	우리 동네에 대해 알아본다.	
	우리 동네 사람들에게 관심을 갖는다.	우리 동네 사람들이 하는 일에 관심을 갖는다.	다양한 직업에 관심을 갖는다.
		물건을 살 때 돈이 필요함을 안다.	일상생활에서 돈의 쓰임을 안다.

연령별 활동 예시

내가 사는 동네 알기

3세	우리 동네를 나타내는 이름의 유래에 대한 이야기를 들어본다.
4세	우리 동네에서 사람들이 많이 찾는 곳(산책로, 공원, 놀이터 등)을 중심으로 우리 동네가 살기 좋은 동네인 이유들을 이야기 나누어 본다.
5세	내가 살고 있는 구/시의 홈페이지를 방문하여 우리 동네에 대해 살펴보고, 자랑하고 싶은 내용을 소개하는 포스터를 만들어 본다.

우리 동네 사람들의 하는 일과 직업 알아보기

3세	동네를 찍은 사진(세탁소, 마트 등)을 보면서 그곳의 특징, 가본 경험 등에 대해 이야기 나눈다.
4세	우리 유치원 주변을 찍은 사진들을 그룹별로 나누어 주고, 그곳을 직접 찾아가서 무엇을 하는 곳인지를 조사해 본다.
5세	어른이 되면 어떤 직업을 갖고 싶은지, 그런 직업을 가지면 하게 되는 일에 대해서 이야기 나누며 '우리 집' 동요를 개사하여 불러 본다(예: 내가 커서 아빠처럼 어른이 되면 소방관이 되어서 불을 끌 거예요. 불 났으면 전화해요. 제가 갑니다. 불났으면 전화해요. 제가 구해요. 불이 나면 119로 전화 주세요).

돈의 필요함과 쓰임새 알기

4세	붕어빵 가게 놀이를 계획하여 역할놀이를 해 보며 돈을 주고받는 경험을 해 본다.
5세	시장놀이를 하면서 가진 돈 내에서 가족들에게 필요한 것을 고려하여 선물을 살 계획을 하고 직접 실행해 본다.

생각 톡톡! 기초적인 경제 개념을 알고 실행해 볼 수 있도록 시장놀이를 계획하려고 해요. 연령에 따라 시장놀이를 어떻게 진행할 것인지에 차이가 있겠지요? 연령별 시장놀이 계획을 세워 보세요.

② 우리나라에 관심 갖고 이해하기

'우리나라에 관심 갖고 이해하기'는 우리나라를 상징하는 것, 전통놀이, 풍습, 역사, 문화 등에 관심을 가짐으로써 우리나라의 고유한 특성을 알고 이로부터 자부심을 느끼도록 하는 내용이다. 연령별 교육내용을 살펴보면 다음과 같다.

내용	3~5세 연령별 세부 내용		
	3세	4세	5세
우리나라에 관심 갖고 이해하기	우리나라를 상징하는 것에 관심을 갖는다.	우리나라를 상징하는 것을 안다.	우리나라를 상징하는 것을 알고 예절을 지킨다.
	우리나라의 전통놀이와 풍습에 관심을 갖는다.		우리나라의 전통, 역사, 문화에 관심을 갖는다.
		우리나라에 자부심을 갖는다.	

연령별 활동 예시

📑 우리나라를 상징하는 것 알기

3세	우리나라 국기 퍼즐 맞추기 활동을 통해 국기 모습을 탐색해 본다.
4세	우리나라 국화와 다른 나라 국화를 이용하여 패턴 놀이를 해 본다.
5세	한글디자인 상품들을 감상하며 한글을 이용해 디자인한 포장지를 만들어 본다.

📑 우리나라 전통놀이와 문화에 관심 갖고 즐기기

3세	우리 민족의 색인 오방색을 소개하고 옛 물건들에서 같은 색깔을 찾아본다.
4세	옛날 음식과 오늘날의 음식을 비교해 보고, 미래의 음식 특성을 상상해 본다.
5세	전통시장을 홍보하는 캠페인을 계획하고 진행해 본다.

📑 우리나라의 자랑거리 알아보기

4세	우리나라를 가장 빛낸 운동선수를 선정하여 해당 선수의 자랑거리를 그림으로 표현해 본다.
5세	우리 고유의 음식인 김치를 세계에 알리는 포스터를 직접 제작해 본다.

💬 생각 톡톡! 우리나라의 놀이 문화들을 조사해서 연령에 따라 직접 해 보기에 적절한 것들로 구분해 보세요.

③ 세계와 여러 문화에 관심 갖기

'세계와 여러 문화에 관심 갖기'는 우리나라에 대한 관심에서 더 나아가 세계 여러 나라에 관심을 갖고 서로 협력해야 함을 알며, 다양한 인종과 문화가 가진 나름의 고유성을 인정하고 존중하도록 하는 것을 내용으로 한다. 연령별 교육 내용을 살펴보면 다음과 같다.

내용	3~5세 연령별 세부 내용		
	3세	4세	5세
세계와 여러 문화에 관심 갖기		세계 여러 나라에 관심을 갖는다.	세계 여러 나라에 관심을 갖고, 서로 협력해야 함을 안다.
		다양한 인종과 문화에 관심을 갖는다.	다양한 인종과 문화를 알아보고 존중한다.

연령별 활동 예시

📋 세계 여러 나라의 소식에 관심 갖기

4세	생일을 축하는 세계 여러 나라의 노래를 감상하며 느낌을 비교해 본다.
5세	유엔국제아동구호기금(UNICEF)의 기아 관련 동영상들을 보며 우리가 도움을 줄 수 있는 방법들을 계획하고 실행해 본다.

📋 다양한 인종과 문화를 이해하고 존중하기

4세	세계 각국의 민속춤을 감상하고 직접 표현해 본다.
5세	피터 브리겔의 〈아이들의 놀이〉 명화를 감상하며 그림 속 사람들의 삶을 생각해 보고, 우리의 삶과 같은 점과 다른 점이 무엇인지 이야기 나누어 본다.

💭 **생각 톡톡!** 세계의 다양한 문화를 미디어를 활용해 쉽게 경험해 볼 수 있답니다. 유아들에게 교육 활동 시 활용할 수 있도록 인터넷 자료를 조사해 보세요.

3) 유아사회교육의 지도 원리

앞서 제시한 유아사회교육의 목표 및 내용을 반영하여 바람직한 사회교육 활동을 구성하고 실행하기 위해 교사가 유의해야 할 사항들을 제시하면 다음과 같다.

첫째, 사회교육은 여러 교과 간의 통합이 이루어진 활동으로 제시되어야 한다. 사회교육이 자칫 너무 설명과 이야기 나누기 중심으로만 진행될 경우 흥미가 지속되는 것에 한계가 있고 유아의 발달 특성을 고려할 때에도 적절하지 않음을 기억해야 한다.

둘째, 유아는 자신의 일상생활과 밀접한 관련이 있는 학습 상황이 제시될 때 흥미와 관심을 가지고 학습에 참여한다. 특히 사회교육의 내용은 유아가 살아가는 환경 속에서 매 순간 다루어지는 부분이므로 더욱더 유아의 생활과 맞닿은 상황들을 교육의 소재로 활용하여 활동을 계획하여야 한다.

셋째, 유아사회교육의 목적과 목표를 달성하기 위해서는 교육 활동을 통한 직접적인 교육도 중요하나, 교사가 생활 전반에서 보여 주는 말과 행동이 모두 유아의 사회·정서적 발달에 영향을 미친다. 따라서 교사 스스로가 유아를 존중하고 소중히 여기고 있음을 적극적으로 표현하고, 교사의 모습이 그대로 유아에게 모델링된다는 점을 기억하여 자신의 행동과 말에 주의를 기울여야 한다.

넷째, 사회교육의 특성상 단순히 이해하는 것만으로 그치지 않고 일상생활에서 습관적으로 행해야 하는 부분이 많으므로 지속적이고 반복적인 교수–학습이 이루어져야 한다.

다섯째, 사회교육이 효과적으로 이루어지기 위해서는 유아교육기관과 가정, 그리고 더 나아가 지역사회 여러 기관과의 연계된 교육이 매우 중요하다. 따라서 가정과 지역사회에 유아교육기관에서의 교육활동을 안내하고 협력을 추구하는 노력이 필요하다.

4) 통합교육을 위한 사회교육의 실제

(1) 동작을 통한 사회교육

연령	3세	활동 형태	대·소집단 활동	유형	게임
활동명	서로 도와서 징검다리를 건너요				

활동 목표	3세 누리과정 관련 요소
• 징검다리를 건너는 경험을 한다. • 친구와 함께 게임을 하며 협동심을 기른다.	• 신체운동·건강: 신체 조절과 기본 운동하기 – 신체 조절하기 • 사회관계: 다른 사람과 더불어 생활하기 – 친구와 사이좋게 지내기

(창의·인성 관련)
• 창의성: 인지적 요소 – 문제해결력
• 인성: 협력 – 긍정적인 상호의존성

활동 자료	파란색 형광 비닐, 돌 모형, 가위, 테이프

활동 방법	1. 교사의 행동을 보며 이야기 나눈다. 　• (징검다리를 건너며) 선생님이 무엇을 하고 있는 것 같니? 　• 왜 그렇게 생각했니? 2. 징검다리에 대해 이야기 나눈다. 　• 선생님이 건넌 이것을 무엇이라고 할까? 　• 강에 돌들이 놓여 우리가 지나갈 수 있게 만들어 놓은 것을 어려운 말로 '징검다리'라고 한단다. 　• 징검다리를 직접 건너 본 적이 있니? 　• 오늘 우리 반에도 징검다리가 생겼단다. 우리가 같이 건너가 보면 어떨까? 3. 징검다리를 건너는 방법을 생각해 본다. 　• 징검다리를 밟으면서 강을 잘 건널 수 있겠니? 　• 그런데 큰일 났네. 비가 많이 와서 개울가에 징검다리가 하나씩 없어지기 시작했어. 　• 이제 돌이 몇 개 남았니? 　• 이렇게 징검다리가 없어진 강을 어떻게 건널 수 있을까? 　• 친구가 옷이 젖지 않고 무사히 강을 건널 수 있는 방법을 생각해 보자. 　• 돌이 2개밖에 없지만, 친구를 위해 돌을 옮겨 준다면 강을 무사히 건널 수 있을까? 　• 그럼 친구들이 잘 건널 수 있도록 돌을 계속 옮겨 줄 수 있겠니? 　• 돌을 어떻게 옮겨 주면 좋을까? 　• 하나의 돌에 올라갔을 때, 다른 돌을 들어서 앞에 다시 놓아 줄 수 있겠구나. 4. 친구가 징검다리를 밟으며 건널 수 있도록 도와준다. 　• 누가 징검다리를 건너는 친구가 되어 볼까? 　• 누가 친구에게 징검다리를 놓아 주겠니? 　• ○○이가 징검다리를 계속 놓아 줘서 강을 무사히 건널 수 있었구나. 5. '친구를 도와 징검다리 건너기' 활동을 회상하며 평가한다. 　• 친구를 위해 징검다리를 놓아 주니 마음이 어땠니? 　• 친구 덕분에 강을 무사히 건너니 마음이 어땠니? 　• 징검다리를 잘 만들어 준 친구에게 어떤 인사를 하고 싶니? 　• 활동을 하면서 뿌듯한 점이 있었니? 　• 만약 친구의 도움이 없었다면 어떻게 되었을까?
활동 시 유의점	1. 징검다리로 사용할 돌 모형은 두께가 두껍지 않고 미끄럽지 않은 소재로 마련하여야 안전사고의 위험이 없다. 2. 징검다리를 건너는 사람과 징검다리를 놓아 주는 사람의 역할을 번갈아 가며 해 볼 수 있도록 한다.
활동 평가	1. 돌을 밟으며 징검다리를 잘 건너는가? 2. 친구와 도움을 주고받는 것에 적극적으로 참여하는가?

확장활동	1. 역할영역에서 유아들과 함께 고양이 놀이터를 구성하여 다양한 몸짓을 자유롭게 표현해 볼 수 있도록 한다. 2. 음률영역에서 '고양이 춤' 감상곡을 들으며 고양이 인형으로 움직임을 표현해 볼 수 있도록 한다.

(2) 언어를 통한 사회교육

연령	4세	활동 형태	대·소집단 활동	유형	언어
활동명	가족이 되었어요				

활동 목표	4세 누리과정 관련 요소
• 결혼의 의미를 이해한다. • 가족 구성원과 나의 관계를 알고 가족의 소중함을 느낀다. • 광고를 감상하며 이야기 꾸미기 활동에 즐겁게 참여한다.	• 의사소통: 말하기 – 낱말과 문장으로 말하기 • 사회관계: 가족을 소중히 여기기 – 가족과 화목하게 지내기

(창의 · 인성 관련)
• 창의성: 동기적 요소 – 호기심 · 흥미
• 인성: 배려 – 가족에 대한 배려

활동 자료	'도시바 LED 전구' 광고 동영상 자료(칸 광고제 아웃도어 부문 GOLD 수상작, 2011), 광고 동영상 캡처 자료(프러포즈하는 장면, 엄마가 임신한 장면, 아빠가 출장 가는 장면, 함께 체조하는 장면, 생일파티 장면), 필기도구
활동 방법	1. 동영상을 감상한다. • 멋진 광고를 뽑는 '칸 국제광고제'라는 광고 대회가 있어. 거기에서 2011년에 상을 받은 광고란다. 어떤 이야기가 담긴 광고인지 함께 볼까? 2. 동영상에 대해 이야기 나눈다. • 광고에 누가 나왔니? • 결혼을 한 후에 어떤 일이 벌어졌니? • 가족은 몇 명이 되었니? • 가족은 무엇을 하며 즐겁게 시간을 보냈니? • 광고를 보고 나니 어떤 느낌이 들었니? 3. 결혼의 의미에 대하여 알아본다. • 결혼이란 무엇일까? • 결혼식에 다녀온 경험이 있니? 누구의 결혼식에 다녀왔니? • 부모님의 결혼 이야기에 대해서 들어본 적이 있니?

	4. 가족이 형성되는 과정과 가족 구성원에 대하여 이야기 나눈다. 　• 가족은 어떻게 만들어지게 되었을까? 　• ○○의 가족은 몇 명이니? 　• 언니(누나, 형, 오빠, 동생)가 있니? 5. 가족의 즐거운 추억을 회상해 보며 가족의 소중함에 대하여 이야기 나눈다. 　• 가족과 함께하며 즐거웠던 경험을 떠올려 보자. 광고에서처럼 가족과 함께 체조해 본 적이 있니? 　• 부모님과 함께 한 일 중에서 재미있었던 일은 무엇이니? 　• 가족에게 고마운 마음을 느낀 적이 있니? 언제였니? 　• 동생과 함께 있을 때 즐거웠던 일은 무엇이니? 　• 동생이 없다면 어떤 기분일 것 같니? 동생이 없다면 어떤 놀이를 하지 못할까? 6. '도시바 LED 전구' 동영상 캡처 자료를 보며, 광고 속의 가족에 대한 이야기 꾸미기 활동을 한다. 　• 어떤 장면인 것 같니? 　• 이 가족은 몇 명이니? 　• 가족과 함께 어떤 놀이를 하고 있니? 　• 기분이 어떨 것 같니? 　• 아빠가 무엇을 하고 있니? 　• 이 사진을 보고 어울리는 이야기를 꾸며 볼까? 　• 사진 속 가족은 어떤 대화를 나눌 것 같니? 7. 활동을 회상하며 평가한다. 　• 우리 가족에 대해서 소중한 마음이 들었니? 　• 광고의 내용을 이야기로 꾸며 보니 어땠니? 　• 이야기를 꾸민 내용 중에서 재미있었던 내용은 무엇이니? 　• 이야기를 꾸미면서 어려운 점은 없었니?
활동 시 유의점	1. 유아들이 광고의 내용을 이해할 수 있도록 흥미, 특성에 따라 광고를 반복해서 보여 줄 수 있다. 2. 이야기 꾸미기 활동 시 유아의 발달 수준에 따라 교사의 개입 정도를 조절하여 진행한다. 3. 언어 활동이므로 소집단 또는 중집단으로 구성하여 활동하면 효과적이다.
활동 평가	1. 결혼의 의미를 알고, 가족의 소중함을 느끼는지 평가한다. 　• 결혼의 의미를 알고, 가족이 생기는 과정을 알고 있는가? 　• 가족을 소중히 하는 태도를 갖고 있는가? 2. 광고를 감상하며 이야기 꾸미기 활동에 적극적으로 참여하는지 평가한다. 　• 광고 속 가족의 모습을 이야기로 꾸며 낼 수 있는가?

확장활동	미술 영역에서 그림자 인형을 만든 후, 역할놀이 영역에서 '가족 이야기' 그림자 극놀이를 할 수 있다.

출처: 교육부(2016)

(3) 미술을 통한 사회교육

연령	5세	활동 형태	대 · 소집단 활동	유형	미술
활동명	김치를 세계에 알려요				

활동 목표	5세 누리과정 관련 요소
• 우리나라 전통 음식인 김치를 알리는 방법을 안다. • 김치 광고지를 만드는 데 필요한 재료와 도구를 다양하게 사용한다. • 우리나라 전통 음식인 김치를 자랑스럽게 여기는 마음을 갖는다.	• 사회관계: 사회에 관심 갖기 - 우리나라에 관심 갖고 이해하기 • 예술경험: 예술적 표현하기 - 미술 활동으로 표현하기

(창의 · 인성 관련)
• 창의성: 인지적 요소 - 사고의 확장
• 인성: 존중 - 자신과 전통문화에 대한 존중

활동 자료	막대인형(외국인 친구), 김치 관련 포스터 자료, 김치 사진 자료, 꾸미기 재료
활동 방법	1. 외국인 친구의 이야기를 들어본다. • 오늘 우리 반에 다니러 온 '피터'를 소개할게. 〈피터 이야기〉 미국에서 온 피터가 한국 음식 중 가장 맛있는 음식이 김치라고 하며 세계의 친구들에게 한국의 김치를 소개해 줄 수 있도록 도와달라고 요청하는 이야기 • 피터가 한국 음식 중 가장 맛있다고 한 것은 무엇이니? • 피터가 우리에게 무엇을 도와달라고 했니? • 피터가 부탁한 것처럼 우리가 김치를 세계 여러 나라에 어떻게 소개할 수 있을까? 2. 김치 포스터를 탐색한다. • 너희에게 보여 주려고 가져온 것이 있단다. • (김치 광고지를 보여 주며) 무엇이 보이니? • 무엇을 알려 주기 위한 것일까? • "김치축제를 보러 오세요."라고 알려 주는 것이란다. • 무엇을 보면서 알 수 있었니?

	• 이런 것은 조금 어려운 말로 포스터라고 한단다.
	• 이 포스터처럼 김치가 맛있다는 것을 알려 주면 어떨까?
	3. 포스터 제작을 계획해 본다.
	   • 세계 여러 나라의 사람들은 우리말을 잘 모를 텐데, 어떻게 김치가 맛있다는 것을 알려 줄 수 있을까?
	   • 그림만으로도 표현할 수 있겠구나.
	   • 그렇다면 포스터에 어떤 그림을 그려 넣으면 좋을까?
	   • 어떤 김치들을 알려 주고 싶니?
	   • 김치만 그려 넣으면 맛있다는 것을 사람들이 알 수 있을까?
	   • 또 포스터에 들어가면 좋겠다고 생각하는 것이 있니?
	   • 사람들에게 잘 보이도록 어떻게 꾸며 주면 좋겠니?
	   • 너희가 생각한 것들로 포스터를 완성해 보기로 하자.
	4. 자유선택 활동 시간에 포스터를 만들어 본다.
	   • 포스터에서 어떤 부분을 그려 보고 싶니?
	   • 무엇으로 꾸며 볼까?
	5. 완성된 포스터를 소개해 본다.
	   • 친구들이 함께 완성한 김치 포스터를 살펴보기로 하자.
	   • 너희가 생각한 것처럼 잘 만들어진 것 같니?
	   • 세계 여러 나라의 친구들이 이것을 본다면 김치가 맛있는 음식이라는 것을 알 수 있겠니?
	   • 피터를 불러서 보여 주고 우리가 만든 포스터를 소개해 주기로 하자.
	6. 김치 홍보 포스터 만들기 활동을 회상하며 평가한다.
	   • 포스터를 직접 만들어 보니 어땠니?
	   • 포스터를 만들면서 가장 기억에 남는 것은 무엇이니? 아쉬운 점은?

활동 시 유의점	1. 포스터에 포함되어야 하는 내용 요소들은 무엇인지 기존 포스터를 통해 탐색해 본 후 포스터 제작 활동을 하는 것이 바람직하다. 2. 외국에 홍보하는 포스터인 만큼 표현하고 싶은 내용을 그림으로 충분히 나타낼 수 있도록 격려한다.
활동 평가	1. 다양한 재료를 이용하여 포스터를 제작하고 꾸미는가? 2. 김치의 특성을 담아 포스터를 제작하는가? 3. 우리나라 고유의 음식인 김치에 대해 자긍심을 느끼는가?
확장활동	1. 김치를 알리는 노래를 만들어 본다. 2. 김치 홍보 포스터를 다른 반에 소개해 본다.

3. 유아음악교육

> ● 예비유아교사의 '생각 톡톡!'
> -
> 톡톡 1. 유아를 대상으로 하는 음악교육 하면 가장 먼저 떠오르는 활동은 무엇인가요?
>
> 톡톡 2. 음악교육을 통해 유아들에게 어떤 변화가 있기를 기대하나요?
>
> 톡톡 3. 유아음악교육을 통해 경험하게 되는 음악적 요소에는 어떤 것들이 있나요?
>
> 톡톡 4. 유아음악교육 시 노래 부르기 지도는 어떻게 하는 것이 효과적일까요?
>
> 톡톡 5. 유아들에게 들려주고 싶은 감상곡에는 어떤 것이 있나요? 왜 이 곡을 선택
>   하게 되었나요?

　음악은 청각이 발달하는 태아기부터 정서적인 안정감과 편안함을 제공하며(문연경, 2013), 인간의 삶을 유지하고 정서를 순화하는 데 있어서 중요한 요소로 알려져 있다(Lehman, 2002). 모든 영유아는 선천적으로 음악적 능력을 가지고 태어나기에 생활 주변에서 들려오는 음악에 반응하고 그 속에서 정서적인 안정과 기쁨을 찾으며 음악 자체를 즐기는 모습을 볼 수 있다(김진영, 엄정애, 이승연, 2008). 따라서 영유아 시기부터 음악적 잠재 능력을 발현시킬 수 있는 기회를 갖는 것은 매우 중요하므로 음악적 능력의 발달을 돕는 적절한 환경과 경험이 필수적으로 이루어져야 한다. 고든(Gordon, 1997)이 만 3~5세가 음악 적성을 형성함에 있어 매우 중요한 시기임을 강조하며 음악 적성은 9세 정도까지 성장 가능성이 있으나 그 이후에는 거의 고정되어 더 이상 변화하기에 어려움이 있다(박은영, 2011에서 재인용)고 할 만큼 영유아 시기의 음악적 경험은 중요하다.

　음악교육이 단순히 영유아의 음악적 소양을 기르기 위한 것만은 아니다. 음악은 자신의 생각과 느낌, 감정을 표현하는 수단일 뿐만 아니라 생활 자체로서 즐거

움을 경험하게 하므로 다양한 음악적 경험은 유아의 사회·정서적 발달을 돕고 창의적 사고, 인지, 사회, 정서, 신체, 언어 등 모든 영역의 발달을 촉진한다(김영연, 2002; 이숙희, 2005). 그러므로 유아에게 음악교육을 해야 하는 이유는 모든 유아를 음악가로 만들기 위함이 아니라 그들이 살아갈 세상에 대한 인식을 키워 주고(김규수, 2012), 음악을 통해 청각적 아름다움을 향유할 수 있도록 돕기 위한 것임을 기억해야 한다.

음악이 가진 교육적 의의를 고려할 때 유아교육기관의 하루 일과 속에 유아가 자연스럽게 청각적 자극을 받을 수 있는 환경이 마련되어야 한다. 이를 위해서는 기본적으로 소리 탐색하기, 노래 부르기, 음악 감상하기, 악기 연주하기 등의 음악 활동이 생활주제를 중심으로 통합적으로 이루어져야 한다. 또한 음률 영역에서 다양한 소리와 악기를 탐색하고 탐구할 수 있도록 매력적인 자료와 교재·교구를 준비해 주는 것이 중요하다(구미란, 2006). 뿐만 아니라 교사가 일상생활에서 음악에 노출되는 기회를 많이 제공하여 유아가 자연스럽게 음악을 듣고 느끼고 표현해 볼 수 있도록 하는 것도 필요하다. 예를 들어, 등·하원 시간이나 정리 및 휴식 시간에 조용한 음악을 들려주는 것, 산책을 하며 주변에서 들려오는 소리에 귀 기울여 보게 하는 것, 찬트를 이용하여 상호작용을 하는 것, 놀이 중에 관련된 동요들을 불러 주는 것 등이다.

이렇듯 유아기에 다양한 음악적 경험이 이루어지도록 환경을 마련해 주는 것이 중요함을 알면서도 유아교육 현장에 있는 일부 교사는 새 노래 지도 활동을 음악교육의 전부로 생각하고 편향된 음악 활동을 하는 것으로 나타나고 있다. 많은 선행 연구(김나연, 2007; 박주연, 이민정, 2014; 방은영, 박찬옥, 2005)에서 유아교사 스스로가 음악을 즐기고 음악교육에 대한 전문적 지식을 가지고 있으며 음악교육의 중요성과 필요성을 인식하고 있을 때 보다 능동적이고 자발적인 수업이 이루어진다고 보고하였다. 따라서 이 절의 학습을 통해 유아에게 음악적 경험을 다채롭게 주는 교사로 거듭 성장하기 바란다.

1) 유아음악교육의 목표

　유아음악교육의 목적은 전문적인 음악가를 양성하는 것이 아니라 삶 속에서 넓고 깊은 음악적 경험을 하고 그것을 향유할 수 있도록 하는 것이다(한국유아교육학회, 1996). 따라서 음악과 관련된 기술적인 능력을 기르는 것이 주된 목표가 되기보다는, 유아가 주변에서 들려오는 소리를 포함한 음악을 친근하게 느끼며 흥미를 갖고, 음악으로 자신의 생각과 느낌을 창의적으로 표현하며 음악 감상을 즐기는 태도를 기르는 등의 심미적 성장이 유아음악교육이 필요한 이유라고 하겠다. 더불어 음악이 가지고 있는 본래의 힘과 음악적 경험으로 인한 부가적인 영향으로 인해 유아들은 창의적 사고를 포함한 전인적 성장과 발달을 이루게 된다. 그러나 음악의 교육적 의의를 실제로 옮기기 위해서는 음악에 대한 교육도 반드시 이루어져야 하며 이 모든 경험이 모아져 유아가 음악을 즐기는 사람으로 성장할 수 있도록 도와야 한다.

　국가 수준의 교육과정인 3~5세 연령별 누리과정에서 음악교육과 관련된 영역은 '예술경험 영역'으로, 그 목표는 '아름다움에 관심을 가지고 예술 경험을 즐기며, 창의적으로 표현하는 능력을 기른다'이다. 세부 목표를 음악교육과 관련하여 제시하면 다음과 같다.

① 자연과 주변 환경에서 발견한 청각적 아름다움과 음악적 요소에 관심을 갖고 탐색한다.
② 자신의 생각과 느낌을 음악, 움직임과 춤, 미술, 극놀이를 통해 창의적으로 표현하는 것을 즐긴다.
③ 자연과 다양한 음악 작품을 감상하며, 풍부한 감성과 심미적 태도를 기른다.

　이 밖에도 MENC(1992)는 음악교육의 목적을 영유아의 음악적 태도 형성과 음악적 행동 증진 그리고 음악적 소양의 향상으로 보았다. 심성경, 이회자, 이선경, 이효숙(2014)은 영유아음악교육의 목적을 신체 · 정서 · 인지 · 언어 · 사회 · 창의 · 심미적 발달로 나누어 제시하고 있는데, 음악의 가치를 인식하고 풍부한 심미적 감각을 지니게 하며, 나아가 제 영역의 조화로운 발달을 돕는 것이 영유아음악교육의 목적이라고 제안한다.

이상의 내용을 종합하여 유아음악교육의 목표를 간단히 정리하면 다음과 같다.

① 자연과 주변 환경에서 들을 수 있는 소리와 음악의 아름다움 및 음악적 요소에 관심을 가지고 탐색한다.
② 자신의 생각과 느낌을 음악을 통해 창의적으로 표현한다.
③ 자연의 소리와 음악 감상을 통해 감성과 심미적 태도를 기른다.

2) 유아음악교육의 내용

유아는 자연과 주변 환경으로부터 수많은 소리에 노출되어 살아가며 유아 자신이 스스로 소리를 만들어 내기도 한다. 이런 소리들이 조화를 이루며 나열될 때 그것은 음악이 되며 그 속에서 아름다움과 즐거움을 느낄 수 있다. 매우 자연스러운 과정이지만 이러한 음악적 능력을 기르기 위해서는 다양한 음악적 경험이 수반되어야 하며 지속적으로 음악적 요소를 인식하고 내면화하는 기회가 필요하다. 예술이 그렇듯, 음악 또한 문화와 정서를 포함하는 것이기에, 이를 고려하여 유아에게 더욱 다양하고 풍부한 음악적 경험을 제공해야 한다.

기본적으로 유아를 위한 음악교육의 내용으로 유아의 발달을 고려하여 음악적 요소 탐색하기, 음악으로 표현하기, 음악 감상하기의 세 가지 내용이 포함될 때 효과적인 음악교육이 진행될 수 있다. 3~5세 누리과정의 음악교육 관련 내용을 살펴보면 유아음악교육의 내용으로서 탐색, 표현, 감상이 모두 반영되고 있음을 알 수 있다. 관련 내용을 구체적으로 살펴보면 다음과 같다.

〈표 2-3〉 누리과정 예술경험 영역의 음악교육 내용(음영 부분)

내용 범주	내용	3~5세 연령별 세부 내용		
		3세	4세	5세
아름다움 찾아보기	음악적 요소 탐색하기	다양한 소리, 음악의 셈여림, 빠르기, 리듬 등에 관심을 갖는다.		다양한 소리, 악기 등으로 음악의 셈여림, 빠르기, 리듬 등을 탐색한다.
	움직임과 춤 요소 탐색하기	움직임과 춤의 모양, 힘, 빠르기 등에 관심을 갖는다.		움직임과 춤의 모양, 힘, 빠르기, 흐름 등을 탐색한다.
	미술적 요소 탐색하기	자연과 사물의 색, 모양, 질감 등에 관심을 갖는다.		자연과 사물에서 색, 모양, 질감, 공간 등을 탐색한다.
예술적 표현하기	음악으로 표현하기	간단한 노래를 듣고 따라 부른다.	노래로 자신의 생각과 느낌을 표현한다.	
		전래동요를 즐겨 부른다.		
		리듬악기로 간단한 리듬을 표현해 본다.	리듬악기를 연주해 본다.	
		간단한 리듬과 노래를 즉흥적으로 만들어 본다.		리듬과 노래 등을 즉흥적으로 만들어 본다.
	움직임과 춤으로 표현하기	신체를 이용하여 주변의 움직임을 자유롭게 표현한다.		신체를 이용하여 주변의 움직임을 다양하게 표현하며 즐긴다.
		움직임과 춤으로 자신의 생각과 느낌을 표현한다.		
		도구를 활용하여 다양한 움직임으로 표현한다.		다양한 도구를 활용하여 창의적으로 움직인다.
	미술 활동으로 표현하기	다양한 미술 활동을 경험해 본다.	다양한 미술 활동으로 자신의 생각과 느낌을 표현한다.	
			협동적인 미술 활동에 참여한다.	협동적인 미술 활동에 참여하여 즐긴다.
		미술 활동에 필요한 재료와 도구에 관심을 가지고 사용한다.	미술 활동에 필요한 재료와 도구를 다양하게 사용한다.	

극놀이로 표현하기	일상생활의 경험을 극놀이로 표현한다.	일상생활의 경험이나 간단한 이야기를 극놀이로 표현한다.	경험이나 이야기를 극놀이로 표현한다.
		소품, 배경, 의상 등을 사용하여 협동적으로 극놀이를 한다.	
통합적으로 표현하기		음악, 움직임과 춤, 미술, 극놀이 등을 통합하여 표현한다.	
	예술 활동에 참여하여 표현 과정을 즐긴다.		예술 활동에 참여하여 창의적으로 표현하는 과정을 즐긴다.
예술 감상하기 / 다양한 예술 감상하기	다양한 음악, 춤, 미술작품, 극놀이 등을 듣거나 본다.	다양한 음악, 춤, 미술작품, 극놀이 등을 듣거나 보고 즐긴다.	
	나와 다른 사람의 예술 표현을 소중히 여긴다.		
전통예술 감상하기	우리나라의 전통예술에 관심을 갖는다.		우리나라의 전통예술에 관심을 갖고 친숙해진다.

예술경험 영역에서 음악교육과 관련된 내용을 살펴보면, 유아를 대상으로 이루어지는 음악교육의 내용은 탐색, 표현, 감상으로 나뉜다.

첫째, 아름다움 탐색하기는 유아를 둘러싼 자연과 일상생활에서 들려오는 다양한 소리 및 음악을 셈여림, 빠르기, 리듬 등의 음악적 요소에 기초하여 인식하고 아름다움을 느껴 보는 경험을 하는 것이다.

둘째, 음악으로 표현하기는 유아가 자신의 생각과 느낌을 음악을 이용하여 자유롭고 창의적으로 표현해 보는 경험을 하는 것이다. 유아가 경험할 수 있는 음악적 표현 방법은 노래 부르기, 리듬악기 연주하기, 리듬과 노래 창작하기, 음악을 움직임과 춤·미술·극놀이 등 다른 예술의 장르와 통합하여 표현하기 등이다.

셋째, 다양한 음악 감상하기는 자신과 타인의 음악적 표현을 소중히 여기며 음악적 요소에 기초해 감상하는 것을 즐기도록 하는 것이다. 유아기에 다양한 음악적 경험은 매우 중요하며, 특히 우리나라의 전통 음악을 접할 수 있는 기회를 제공하는 것이 강조된다.

(1) 아름다움 찾아보기

① 음악적 요소 탐색하기

'음악적 요소 탐색하기'는 유아가 주변에서 들려오는 다양한 소리와 음악을 듣고 그 속에서 셈여림, 빠르기, 리듬 등의 음악적 요소를 인식 및 탐색하도록 하는 내용이다. 연령별 교육 내용을 살펴보면 다음과 같다.

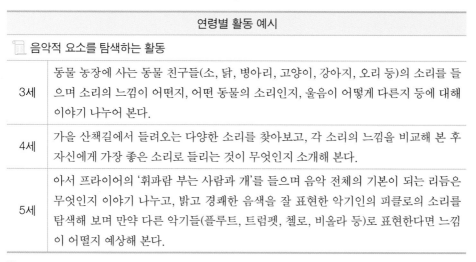

내용	3~5세 연령별 세부 내용		
	3세	4세	5세
음악적 요소 탐색하기	다양한 소리, 음악의 셈여림, 빠르기, 리듬 등에 관심을 갖는다.		다양한 소리, 악기 등으로 음악의 셈여림, 빠르기, 리듬 등을 탐색한다.

연령별 활동 예시

음악적 요소를 탐색하는 활동

3세	동물 농장에 사는 동물 친구들(소, 닭, 병아리, 고양이, 강아지, 오리 등)의 소리를 들으며 소리의 느낌이 어떤지, 어떤 동물의 소리인지, 울음이 어떻게 다른지 등에 대해 이야기 나누어 본다.
4세	가을 산책길에서 들려오는 다양한 소리를 찾아보고, 각 소리의 느낌을 비교해 본 후 자신에게 가장 좋은 소리로 들리는 것이 무엇인지 소개해 본다.
5세	아서 프라이어의 '휘파람 부는 사람과 개'를 들으며 음악 전체의 기본이 되는 리듬은 무엇인지 이야기 나누고, 밝고 경쾌한 음색을 잘 표현한 악기인 피콜로의 소리를 탐색해 보며 만약 다른 악기들(플루트, 트럼펫, 첼로, 비올라 등)로 표현한다면 느낌이 어떨지 예상해 본다.

생각 톡톡! '음악적 요소 탐색하기'와 관련하여 쇼팽의 '겨울바람'을 듣고 만 5세 유아들이 탐색할 수 있는 음악적 요소에는 어떤 것이 있는지 생각해 보세요. 그리고 각각의 음악적 요소를 인식하여 몸으로 표현한다면 어떤 표현이 가능할지 직접 해 보기로 해요.

음악적 요소

1. 셈여림

셈여림은 소리 크기의 차이에 의하여 발생하는 표현력에 대한 것으로 음악의 힘과 관련이 있으며 음악의 세고 여림의 정도, 즉 강약의 정도를 나타내는 것이다. 셈여림의 세부 요소로는 큰 소리-작은 소리, 아주 크게-아주 작게, 갑자기 크게-갑자기 작게, 점점 크게-점점 작게 등의 크고 작음의 변화가 있다.

2. 빠르기

빠르기는 기본박의 속도를 말하나 상대적인 개념으로 단위 박이 진행되는 시간적 상태와 상대적 표현 원리에 따라 결정되는 박의 빠른 정도를 말한다.

3. 멜로디

멜로디(melody)는 높이를 달리하는 음악적 소리들의 연속으로 음높이의 결합에 기초하며, 순차적이고 도약적인 음, 올라가는 음과 내려가는 음의 형태를 가지는 것을 의미한다.

4. 리듬

리듬은 일정한 시간 내 규칙적인 시간의 분할을 뜻하는 것으로 시간적 개념을 일깨워 줌으로써 음악적 의미를 창출해 내는 것이다. 리듬은 음 길이, 음의 간격 등에 따라 형성된다.

5. 형식

형식은 음악에 있어서 구조적이고 조직적인 요소로 '형태를 만드는 힘' '부분을 결합하는 힘'이다. 형식은 악곡을 이루고 있는 구조적 상태로 하나의 주제가 반복, 대조 혹은 변형되어 표현된다.

6. 음색

음색은 소리의 독특한 질 또는 색깔이며 물체의 재료, 크기, 구조 그리고 소리를 내는 방법에 따라 다양하게 나타난다. 주변 환경의 소리, 사람의 목소리, 악기 소리들이 각각 다름을 지각하는 것이 음색이다.

(2) 예술적 표현하기

① 음악으로 표현하기

'음악으로 표현하기'는 자신의 느낌과 생각을 표현하는 하나의 방법으로서 음악을 활용해 보는 경험을 하는 것으로, 노래 부르기, 리듬악기 연주하기, 리듬과 노래 창작하기가 이에 해당된다. 연령별 교육 내용을 살펴보면 다음과 같다.

내용	3~5세 연령별 세부 내용		
	3세	4세	5세
음악으로 표현하기	간단한 노래를 듣고 따라 부른다.	노래로 자신의 생각과 느낌을 표현한다.	
	전래동요를 즐겨 부른다.		
	리듬악기로 간단한 리듬을 표현해 본다.	리듬악기를 연주해 본다.	
	간단한 리듬과 노래를 즉흥적으로 만들어 본다.		리듬과 노래등을 즉흥적으로 만들어 본다.

연령별 활동 예시

📄 **노래 부르기 활동**

3세	짧고 간단한 '내 마음이 기쁘단다' 노래를 불러 보고 일상생활 또는 놀이 속에서 반복적으로 불러 본다.
4세	'우리 집에 왜 왔니?' 노래를 두 그룹으로 나누어 묻고 답하는 형식으로 불러 본다.
5세	'아기 염소' 노래에서 조바꿈을 통해 노래의 느낌이 달라진 것에 대해 이야기 나누며 목소리와 표정으로 느낌을 살려 노래를 불러 본다.

📄 **전래동요 부르기 활동**

3세	반복되는 리듬이나 간단한 노랫말로 이루어진 '가마솥에 누룽지' 전래동요를 신체놀이와 함께 불러 본다.
4세	'꼬방 꼬방' 전래동요를 익히고 바깥놀이터에서 자연물 소꿉놀이를 하며 불러 본다.

5세	'우리 형제' 전래동요를 익히고 모둠별로 노랫말을 바꾸어 완성한 후 메기고 받는 형식으로 불러 본다. 우리 형제 우물가엔 나무 형제 하늘에는 별이 형제 우리 집엔 나와 언니 → 우리 형제 음률영역엔 탬버린 형제 미술영역엔 가위 형제 쌓기영역엔 블록 형제

📋 **리듬악기를 이용한 활동**

3세	신체를 이용하여 말발굽 소리를 만들어 보며 느리게/빠르게, 첫 박을 강하게 등 다양하게 리듬을 만들어 본다.
4세	리듬막대를 이용하여 그림카드를 보며 간단한 리듬을 표현해 보고 평소 익숙한 노래에 맞추어 연주해 본다.
5세	• 낙엽을 밟았을 때 나는 소리들을 다양한 악기(예: 리듬악기, 폐품으로 만든 악기 등)로 표현하여 '낙엽을 밟으며' 노래에 맞추어 연주해 본다. • 노래를 부르며 해당하는 리듬악기를 연주해 본다. 악기놀이 김남연 작사 김명정 작곡

📋 **리듬과 노래 만들기 활동**

3세	'기분 노래'에 맞추어 자신의 현재 기분을 노랫말로 만들어 불러 본다. 기분 노래 김남연 작사 김명정 작곡
4세	'나의 손으로' 노래를 불러 보고 의성어, 의태어를 넣는 부분(디리둥동 디리디리 둥, 쿵쿵쿵쿵 쿵쿵쿵쿵 쿵)을 손과 발이 하는 다른 행동의 의성어, 의태어로 바꾸어서 불러 본다.
5세	열심히 일하는 개미를 응원하는 베짱이의 노래를 상상하여 불러 본다.

💬 **생각 톡톡!** 생활주제 '나와 가족'과 연계하여 부를 수 있는 동요들을 얼마나 알고 있나요? 찬트, 창작동요, 전래동요 등 다양한 노래를 찾아서 만 3~5세 연령별로 나열해 보세요.

음악교육의 내용에 따른 교수-학습 방법

음악교육의 내용은 크게 노래 부르기, 악기 연주하기, 음악 감상하기, 신체 표현하기로 나뉜다. 각각의 내용에 따라 효과적인 교수-학습을 위한 매우 일반적인 절차를 소개하면 다음과 같다.

1. 노래 부르기

① 다양한 매체를 활용하여 노래를 소개한다.

② 교사가 육성으로 노래를 불러 준다.

③ 가락을 들려준다.

④ 한 가지 소리로 불러 본다.

⑤ 여러 번 반복하여 노래를 불러 본다.

⑥ 활동을 회상하며 평가한다.

2. 악기 연주하기

① 동요를 회상하며 불러 본다.

② 연주할 악기를 소개한다.

③ 연주 방법을 정한다.

④ 악기를 나누어 주고 직접 연주해 본다.

⑤ 리듬악기의 종류 또는 방법을 바꾸어서 연주해 본다.

⑥ 악기를 정리한다.

⑦ 활동을 회상하며 평가한다.

3. 음악 감상하기

① 다양한 매체를 활용하여 감상할 음악을 소개한다.

② 음악을 감상한 후 생각과 느낌에 대해 이야기 나눈다.

③ 음악의 곡명과 작곡가를 알아본다.

④ 한 번 더 음악을 감상한다.

⑤ 음악에 대한 생각과 느낌을 다양한 방법으로 표현한다.

⑥ 활동을 회상하며 평가한다.

4. 신체 표현하기

① 음악을 감상하고 생각과 느낌을 이야기 나눈다.

② 음악적 요소에 대하여 인식하고 이야기 나눈다.

③ 음악에 맞추어 몸을 움직이는 계획을 해 본다.

④ 음악을 들으며 몸을 자유롭게 움직여 본다.

⑤ 신체 표현을 했던 것을 회상하며 평가한다.

② 통합적으로 표현하기

'통합적으로 표현하기'는 유아가 음악을 중심으로 움직임과 춤, 미술, 극놀이 등 예술의 다양한 장르를 오가며 통합적인 활동 경험을 통해 자신의 생각과 느낌을 좀 더 창의적으로 표현하는 것으로, 연령별 교육 내용을 살펴보면 다음과 같다.

내용	3~5세 연령별 세부 내용		
	3세	4세	5세
통합적으로 표현하기		음악, 움직임과 춤, 미술, 극놀이 등을 통합하여 표현한다.	
	예술 활동에 참여하여 표현과정을 즐긴다.		예술 활동에 참여하여 창의적으로 표현하는 과정을 즐긴다.

연령별 활동 예시

📋 음악, 움직임과 춤, 미술의 통합적 표현 활동

4세	'유모레스크' 음악을 감상한 후 바닥에 그려진 선을 따라 걸으며 음악의 느낌을 움직임으로 표현해 본다.
5세	아서 프라이어의 '휘파람 부는 사람과 개' 음악에 맞추어 음악 스토리를 들으며 음악 속 강아지와 강아지 주인이 산책을 하는 상황을 상상하여 신체로 표현해 본다. 〈음악 스토리 예시 '산책'〉 **00:00** 어느 화창한 봄날, 강아지를 키우는 주인이 강아지를 데리고 가벼운 발걸음으로 산책을 떠나요. **00:10** 출발! 따뜻한 햇살, 살랑거리는 봄바람에 입에서는 저절로 휘파람 소리가 만들어져요. 삐릴리리~ **00:29** 산책길에 이웃을 만났어요. "안녕하세요! 잘 지내셨죠? 오늘 날씨가 참 좋네요!" 강아지도 반가워서 꼬리를 흔들어요. **00:45** 강아지가 향기로운 꽃에 다가가요. "킁킁." 강아지가 여기저기에 있는 꽃들을 둘러보고 있어요. "킁킁." 기분이 좋은가 봐요. 주인에게도 꽃들을 보라며 꼬리를 흔들어요. **01:10** 또다시 산책을 가요. 두리번두리번 모든 것이 아름답게 느껴져요. 매일 보던 분수가 오늘은 음악에 맞춰 춤을 추고 있는 것 같아요. **01:27** 산책을 나온 사람들이 무척 많아요. 모두 얼굴에는 미소가 가득해요. 바쁘게 일하던 사람들도 나무 아래에서 잠깐 쉬었다 가요. **01:56** 강아지가 산책 나온 다른 강아지들을 보고 반가워해요. 그리고는 그 강아지들에게 달려가요. 주인은 그것도 모르고 하늘을 바라보며 걸어요. "오늘 하늘은 참 아름답구나!" 그러다 강아지를 찾아요. "어디 갔니? 이리 오렴!"

📋 창의적 표현 과정을 즐기는 활동

3세	비발디의 '사계' 중 '가을'을 들으며 손으로 밀가루풀 그림을 그려 가을 하늘을 표현해 본다.
4세	드가의 〈무대 위의 발레 연습〉 명화를 감상하며 그림 속 등장인물의 움직임을 표현해 본 후, 차이코프스키의 '백조의 호수' 중 '왈츠'를 감상하며 그림 속 발레리나의 움직임을 상상하고 표현해 본다.
5세	동화 『나무늘보야 헤엄쳐』(앤턴불 저, 이명희 역, 1995)를 읽고 음악극*으로 각색하여 표현해 본다. * 장은희, 김명정, 박경숙(2009)을 참고하여 재구성.

💭 생각 톡톡! ① 음악을 들으며 인식한 음악적 요소 또는 느낀 것을 신체로 표현할 때, 표현을 용이하게 하며 효과를 극대화하기 위해 활용하면 좋은 소품들에는 어떤 것들이 있을까요?
② 자신의 느낌과 생각을 음악으로, 또는 음악과 미술, 동작, 극놀이 등을 통합한 형태로 창의적으로 표현할 수 있도록 활동을 계획하고 진행하였답니다. 그러나 흥미를 보이지도 않고 참여하는 것을 꺼리는 유아는 어떻게 지도해야 할까요?

(3) 예술 감상하기

① 다양한 예술 감상하기

'다양한 예술 감상하기'는 유아가 다양한 음악 작품을 즐겨 듣는 기회를 통하여 심미감을 느끼고 자신을 포함한 누군가의 표현이 그 나름의 의미가 있고 소중하다는 것을 인식하도록 하는 내용이다. 연령별 교육 내용을 살펴보면 다음과 같다.

내용	3~5세 연령별 세부 내용		
	3세	4세	5세
다양한 예술 감상하기	다양한 음악, 춤, 미술작품, 극놀이 등을 듣거나 본다.	다양한 음악, 춤, 미술작품, 극놀이 등을 듣거나 보고 즐긴다.	
	나와 다른 사람의 예술 표현을 소중히 여긴다.		

연령별 활동 예시		

📋 다양한 예술 감상 활동

3세	바깥놀이터로 이동할 때 행진곡을 들려주어 음악에 맞추어 걸어가 보도록 한다.

4세	'어린이 난타' '노래극' 등의 공연을 감상하고 가장 기억에 남은 부분을 그림으로 표현해 본다.
5세	세계 여러 나라의 민속음악(스위스 알프스 지방의 요들, 보헤미아 폴카, 미국 흑인 영가, 브라질 삼바 등)을 감상하며 느낌을 비교해 본다.

📄 나와 다른 사람의 예술 표현 감상 활동

3세	왕벌이 되어 림스키코르사코프의 '왕벌의 비행'에 맞추어 신체 표현을 해 본 후 친구들의 모습에 대해 이야기 나눈다.
4세	그룹을 나누어 '흰 눈 사이로' 음악에 맞춰 리듬악기를 어떻게 연주할 것인지 정하고 직접 연주한 것을 녹화하여 서로 비교해 본다.
5세	파헬벨의 '캐논'과 숙명가야금연주단의 '캐논변주곡'을 비교하여 감상해 보며 공통점과 차이점들에 대해 이야기 나누고 각각의 곡이 가진 장점을 소개해 본다.

💭 **생각 톡톡!** 유아교육기관의 하루 일과를 생각하면서 배경음악이 있으면 좋을 시간과 각각의 시간에 어울리는 음악을 정리해 보세요. 예를 들어, 등원하는 시간에 들려주면 좋은 음악에는 어떤 것이 있을까요?

② 전통예술 감상하기

다양한 음악적 경험을 제공함에 있어서 우리 고유의 문화나 삶이 담긴 전통음악을 감상하고 즐기도록 하여 유아 시기부터 우리의 음악에 관심을 갖고 친숙해지도록 하는 것은 매우 중요하다. 이러한 경험이 일회성으로 그치지 않고 지속적이고 자연스럽게 이루어지도록 할 필요가 있다. 연령별 교육 내용을 살펴보면 다음과 같다.

내용	3~5세 연령별 세부 내용		
	3세	4세	5세
전통예술 감상하기	우리나라의 전통예술에 관심을 갖는다.		우리나라의 전통예술에 관심을 갖고 친숙해진다.

⬇

연령별 활동 예시

📄 전통예술 감상 활동

3세	우리나라 악기 중 꽹과리, 징, 장구의 소리를 탐색하고 이 악기로 연주한 곡을 감상해 본다.

4세	우리 반이 가장 좋아하는 전래동요를 선정하여 다른 반 친구들에게 그 노래를 홍보하는 포스터 자료를 만들어 본다.
5세	우리나라 북청사자놀음을 감상하고 음악에 맞추어 사자처럼 움직여 본다.

💭 **생각 톡톡!** 우리나라의 전통악기에 대해 알아보고 소개하는 활동을 하려고 해요. 연령에 따라 어떤 활동을 하면 좋을까요? 다양한 활동 유형(이야기 나누기, 동화, 동시, 신체, 게임, 미술 등)으로 계획해 보기로 해요.

3) 유아음악교육의 지도 원리

앞에서 제시한 유아음악교육의 목표 및 내용을 반영하여 바람직한 음악 활동을 구성하고 실행하기 위해 교사가 유의해야 할 기본적인 구성 및 지도 원리를 소개하면 다음과 같다.

첫째, 음악교육은 대·소집단 활동과 자유선택 활동으로 계획적으로 이루어짐과 동시에 하루 일과 속에서 자연스럽게 이루어질 수 있으므로 활동 시간 내에 완벽히 목표를 이루고자 무리하지 않는다. 그렇지 않으면 오히려 음악을 즐기지 못하게 만들 수 있다.

둘째, 유아음악교육의 대표적인 접근 방법인 노래 부르기, 악기 연주하기, 음악 감상하기, 신체 표현하기가 골고루 이루어질 수 있도록 한다.

셋째, 음악 활동을 위한 음악을 선정할 때에는 반드시 발달에 적합한지 고려해야 한다.

넷째, 음악교육 본연의 가치를 살리기 위해서는 교사가 음악적 요소를 포함한 음악 전반에 대한 기본적인 지식을 갖추어 활동을 계획함에 있어서 적합성을 확인해야 한다.

다섯째, 교사가 음악 활동에 적극적으로 참여하는 모습을 보일 때, 유아도 더욱 흥미와 관심을 갖고 활동에 참여하여 즐길 수 있다.

여섯째, 음악교육의 접근 방법 간 통합, 음악 교과와 타 교과 간 통합 등을 지향하여 흥미와 관심의 폭을 넓히고 유아가 사고의 영역을 더욱 확장할 수 있도록 돕는다.

일곱째, 음률 영역의 환경을 주기적으로 변화시키고 매력적인 교재·교구를 제공하여 자발적으로 놀이에 참여해 볼 수 있는 여건을 마련해 주어야 한다.

여덟째, 음악 활동을 함에 있어서 유아들의 놀이가 안전한 공간에서 마음껏 이루어질 수 있도록 시공간적 환경이 적절한지 고려해야 한다.

아홉째, 유아가 음악을 즐기도록 하기 위해서는 다양한 음악적 경험 속에서 각 유아의 표현 양식과 참여 방식에 대해 개방적이어야 하며 격려를 통해 흥미가 지속될 수 있도록 해야 한다.

열째, 음악 활동에 대해 유아들의 흥미와 관심이 지속되도록 교수 자료를 다양하게 활용하는 것이 중요하다.

4) 통합교육을 위한 음악교육의 실제

(1) 미술을 통한 음악교육

연령	3세	활동 형태	대 · 소집단 활동	유형	음악
활동명	미술작품 속에서 들리는 소리를 표현해요				

활동 목표	3세 누리과정 관련 요소
• 미술작품 속 상황으로부터 들을 수 있는 소리를 예상한다. • 미술작품과 관련된 소리를 폐품악기를 이용하여 표현한다.	• 예술경험: 예술 감상하기 – 다양한 예술 감상하기 • 예술경험: 예술적 표현하기 – 음악으로 표현하기 • 의사소통: 말하기 – 느낌, 생각, 경험 말하기

(창의 · 인성 관련)
• 창의성: 성향적 요소 – 다양성
• 인성: 협력 – 긍정적인 상호의존성

활동 자료	 쇠라 〈서커스〉, 폐품악기
활동 방법	1. 폐품악기의 소리를 탐색한다. 　• 친구들이 만든 악기들을 같이 살펴보기로 하자. 　• 이것은 어떻게 소리를 내는 악기였니? 　• 어떤 소리가 나니?

	• 이 소리를 들으니 무엇이 떠오르니?
	• 이 악기들을 이용해서 재미있는 미술 감상을 해 보면 어떨까?
	2. 미술작품을 감상한다.
	• (쇠라의 〈서커스〉를 제시하며) 그림 속에서 어떤 일이 벌어진 것 같니?
	• 사람들이 무엇을 하고 있니?
	• 서커스를 하는 사람들의 모습이구나.
	• 너희도 서커스를 본 적이 있니?
	• 서커스를 할 때 어떤 소리들을 들을 수 있을까?
	• 그림 속 사람들의 모습을 보니 어떤 소리가 날 것 같니?
	3. 폐품악기를 이용하여 그림 속 소리를 표현해 본다.
	• 그 소리를 우리가 만든 악기로도 표현할 수 있을까?
	• 어떤 악기로 소리를 내어 보고 싶니?
	• 그림을 보며 친구가 연주해 주는 악기 소리를 들어보자.
	• 악기로 어떤 소리를 만든 것 같니?
	• 또 다른 악기로 서커스에서 나는 소리들을 만들어 볼 친구가 있니?
	• 그림 속에서 이렇게 다양한 소리가 들려올 수 있구나.
	4. 그림 속 소리 만들기 활동을 평가해 본다.
	• 친구들이 들려주는 악기 소리를 들으며 그림을 감상해 보니 어땠니?
	• 서커스에서 들려오는 소리를 악기로 만들어 보니 어땠니?
	• 친구들이 만든 소리들 중에 어떤 것이 가장 기억에 남니?
활동 시 유의점	1. 사전에 폐품을 활용한 악기들을 다양하게 만들어 보고 소리를 탐색하는 기회를 갖는다. 2. 미술작품을 감상하며 그림 속에서 어떤 일이 벌어졌고, 어떤 소리를 들을 수 있는지 구체적으로 이야기 나눠 본다. 3. 폐품악기의 소리가 정확히 일치하지 않더라도 표현하고자 한 의도를 파악하고 격려해 준다.
활동 평가	1. 미술작품을 감상하며 그림 속 상황을 이해하는지 평가한다. 2. 폐품악기로 다양한 소리를 표현해 낼 수 있는지 평가한다.
확장활동	소리에 대해 이야기 나눌 수 있는 명화들을 추가적으로 제공하여 악기로 연주해 보도록 한다.

(2) 동작을 통한 음악교육

연령	만 4세	활동 형태	대 · 소집단 활동	유형	게임
활동명	* '휘파람 부는 사람과 개'에 맞추어 친구와 함께 산책해요				

활동 목표	4세 누리과정 관련 요소
• 음악을 감상하며 음색의 차이를 느낀다. • 음악 스토리를 감상하며 자신의 느낌을 신체로 표현한다. • 친구와 함께 신체 표현을 하는 것을 즐긴다.	• 예술경험: 아름다움 찾아보기 – 음악적 요소 탐색하기 • 예술경험: 예술적 표현하기 – 움직임과 춤으로 표현하기 • 의사소통: 말하기 – 느낌, 생각, 경험 말하기

(창의 · 인성 관련)
• 창의성: 동기적 요소 – 호기심, 흥미
• 인성: 협력 – 긍정적인 상호의존성

활동 자료	스토리텔링 테이블 동화 자료, 음원(프라이어의 '휘파람 부는 사람과 개')
활동 방법	1. 산책을 나가 본 경험에 대해 이야기 나눈다. • 가족과 함께 산책을 나가 본 적이 있니? • 어떤 곳에서 산책을 해 보았니? • 산책을 나갔을 때 무엇을 보았니? • 산책할 때 기분이 어땠니? 2. 음악 스토리 '산책'을 들어본다. • 지금부터 산책을 나온 개와 그 개의 주인에 대한 이야기를 음악과 함께 들려줄게. 귀 기울여 들어보기로 하자. 〈음악 스토리 예시 '산책'〉 **00:00** 어느 화창한 봄날, 강아지를 키우는 주인이 강아지를 데리고 가벼운 발걸음으로 산책을 떠나요. **00:10** 출발! 따뜻한 햇살, 살랑거리는 봄바람에 입에서는 저절로 휘파람 소리가 만들어져요. 삐릴리리~ **00:29** 산책길에 이웃을 만났어요. "안녕하세요! 잘 지내셨죠? 오늘 날씨가 참 좋네요!" 강아지도 반가워서 꼬리를 흔들어요. **00:45** 강아지가 향기로운 꽃에 다가가요. "킁킁." 강아지가 여기저기에 있는 꽃들을 둘러보고 있어요. "킁킁." 기분이 좋은가 봐요. 주인에게도 꽃들을 보라며 꼬리를 흔들어요. **01:10** 또다시 산책을 가요. 두리번두리번 모든 것이 아름답게 느껴져요. 매일 보던 분수가 오늘은 음악에 맞춰 춤을 추고 있는 것 같아요. **01:27** 산책을 나온 사람들이 무척 많아요. 모두 얼굴에는 미소가 가득해요. 바쁘게 일하던 사람들도 나무 아래에서 잠깐 쉬었다 가요.

01:56	강아지가 산책 나온 다른 강아지들을 보고 반가워해요. 그러고는 그 강아지들에게 달려가요. 주인은 그것도 모르고 하늘을 바라보며 걸어요. "오늘 하늘은 참 아름답구나!" 그러다 강아지를 찾아요. "어디 갔니? 이리 오렴!"

3. 음악 스토리를 회상하며 이야기 속 음악적 요소를 탐색한다.
- 음악을 들어보니 어떤 느낌이 들었니?
- 이야기 속 주인공의 기분은 어때 보이니?
- 강아지의 기분은 어땠니?
- 음악 속에서도 강아지의 주인과 강아지가 좋은 기분이라는 것을 느낄 수 있었니?
- 어떤 부분에서 그런 느낌이 들었니?

4. 음악을 다시 들으며 느낌을 이야기 나눈다.
- 다시 음악을 들어보니 어땠니?
- 음악을 들으며 가장 기억에 남는 부분은 어디니?
- 이 이야기가 있는 음악은 프라이어라는 작곡가가 만든 '휘파람 부는 사람과 개'라는 곡이란다.
- 어떤 악기의 소리가 들렸니?
- 악기가 들려주는 소리가 강아지 주인과 강아지의 기분을 잘 표현해 주고 있는 것 같니?
- 왜 그렇게 생각했니?

5. 음악 스토리 '산책'에 맞추어 신체 표현을 해 본다.
- 너희가 이야기 속 주인공이 되어 보면 어떨까?
- 강아지와 함께 산책을 하고 있는 사람이 된다면 어떻게 표현할 수 있을까?
- 산책을 하는 강아지는 어떻게 표현할 수 있을까?
- 산책길에서 이 음악에 맞추어 어떻게 걷고 싶니?
- 주인과 강아지의 발걸음을 떠올리며 음악에 맞추어 걸어 보기로 하자.

6. 활동을 회상하며 평가한다.
- 오늘 감상해 본 음악 스토리는 어떤 내용이었니?
- 음악 스토리에서 가장 기억에 남는 부분은 어디니?
- 음악 스토리를 들으며 신체 표현을 해 보니 너희의 기분이 어떻게 변했니?
- 음악 스토리에 맞추어 신체 표현을 하면서 가장 재미있었던/어려웠던 것은 무엇이니?

활동 시 유의점	1. 산책을 하는 강아지와 그 주인을 창의적으로 표현할 수 있도록 한다. 2. 사전에 음률 영역에서 유아가 자유롭게 감상할 수 있는 기회를 주도록 한다.

활동 평가	1. 음악적 요소 중 음색을 인식하고 그 느낌을 동작으로 적절하게 표현하는지 평가한다. 2. 친구와 함께 신체 표현 활동에 즐겁게 참여하는지 평가한다.
확장활동	1. 산책을 하며 일어날 여러 상황을 상상하며 그림으로 표현해 본다. 2. 강아지 외에 다른 동물들의 산책길 모습을 음악에 맞추어 신체로 표현해 본다.

(3) 언어를 통한 음악교육

연령	만 5세	활동 형태	대 · 소집단 활동	유형	음악
활동명	우리 형제				

활동 목표	5세 누리과정 관련 요소
• 전래동요를 자진모리장단에 맞추어 흥겹게 부른다. • 노랫말을 바꾸어 부른다.	• 사회관계: 가족을 소중히 여기기 – 가족과 화목하게 지내기 • 예술경험: 예술적 표현하기 – 음악으로 표현하기 • 의사소통: 말하기 – 느낌, 생각, 경험 말하기

(창의 · 인성 관련)
• 창의성: 성향적 요소 – 개방성
• 인성: 협력 – 긍정적인 상호의존성

활동 자료	융판자료, 가사판, 장구, 빈 카드(노랫말 바꾸기용)

활동 방법	1. 융판자료를 보며 이야기를 나눈다.
	  • 여기에 무엇이 있니?
	  • 우물가에 나무 한 그루가 우뚝하니 서 있네. 나무 혼자 있으면 느낌이 어떨까?
	  • 나무가 외롭지 않도록 어떻게 해 주면 좋겠니?
	  • 나무 한 그루를 데려와 나무 형제를 만들어 주면 어떨까?
	  • 하늘에도 외로운 친구가 있네. 누구일까?
	  • 외로운 별에게도 형제를 만들어 줄까?
	  • 우리 집에는 누가누가 함께 있을까?
	  • 너희는 누가 함께 있어서 외롭지 않니?
	  • 형제가 함께 있어서 외롭지 않다고 알려 주는 노래를 들어보자.
	2. 노래를 들어본다.
	  • 노래를 들어보니 어떻니?
	  • 지금 들은 노래는 평소에 부르던 노래와 어떻게 다른 것 같니?
	  • 장구 장단에 맞추어 다시 한 번 더 들어보기로 하자.
	  • 이 노래의 제목은 '우리 형제'란다.

	3. 한 가지 소리를 넣어 부르며 음을 익힌다. 　• 장구에 맞춰서 한 가지 소리를 넣어 불러 보자. 어떤 한 가지 소리로 불러 볼까? 　• ○○이가 말한 대로 '아'(음, 오, 랄, ……)로 불러 볼까? 또 다른 한 가지 　　소리로 불러 볼까? 4. 노랫말을 넣어 여러 번 부른다. 　• 이제는 노랫말을 넣어서 불러 보자. 　• 노래를 직접 불러 보니 어떻니? 　• 노래를 부르기에 어려운 부분이 있니? 그 부분만 다시 불러 볼까? 5. 노랫말을 바꿔 불러 본다. 　• 노래가 익숙해졌으니, 노랫말을 다양하게 바꿔 불러 보면 어떨까? 　• 어떤 부분을 바꾸어서 불러 볼까? 　• 우리 반에 있는 놀잇감들 중에서 하나만 있지 않고 형제들이 여럿 모여 　　있는 것에는 무엇이 있을까? 　• 블록 형제를 어디 속에 있는 블록 형제라고 불러 보면 좋을까? 　• 또 어떤 형제를 노랫말에 넣으면 좋겠니? 　• 완성된 노래를 보니 어떻니? 　• 너희가 완성한 노랫말로 함께 불러 보기로 하자. 6. 노래를 부른 후 활동에 대한 평가를 한다. 　• 전래동요를 장구 장단에 맞추어 불러 보니 어땠니? 　• 노랫말을 바꾸어서 불러 보니 어땠니? 　• 너희가 바꾼 노랫말 중에서 가장 기억에 남는 것은 무엇이었니?
활동 시 유의점	1. 노래가 익숙해진 후에 노랫말을 바꿔 불러 보도록 한다. 2. 다양한 상황으로부터 노랫말을 가져와 개사해 볼 수 있도록 한다.
활동 평가	1. 장단에 맞추어 흥겹게 노래를 부르는지 평가한다. 2. 노랫말을 다양하게 바꾸어 노래를 부르는지 평가한다.
확장활동	1. 유아별로 노랫말을 바꾼 것을 모아 '우리 형제' 노래집을 완성한다. 2. 자진모리장단을 스스로 연주하며 노래를 불러 본다.

4. 유아미술교육

예비유아교사의 '생각 톡톡!'

톡톡 1. 유아를 대상으로 하는 미술교육 하면 가장 먼저 떠오르는 활동은 무엇인가요?

톡톡 2. 미술교육을 통해 유아들에게 어떤 변화가 있기를 기대하나요?

톡톡 3. 유아미술교육을 통해 경험하게 되는 미적 요소와 원리에는 어떤 것들이 있나요?

톡톡 4. 유아미술교육 시 감상활동 지도는 어떻게 하는 것이 효과적인가요?

톡톡 5. 유아들에게 소개해 주고 싶은 미술작품이 있나요? 왜 그 작품을 선택했나요?

미술이란 시각적 · 조형적 방법으로 사람의 생각이나 감정 등을 나타내는 예술의 한 종류이다. 미술은 우리 생활의 한 부분으로 자리 잡고 있다. 생활하면서 흔히 사용하는 컵과 그릇 등 일상생활 용품 속에도 다양한 디자인이 적용되고 있으며, 휴대폰, 노트북, 냉장고와 같은 여러 전자제품에도 미술이 활용되고 있다.

유아들의 생활에서도 마찬가지이다. 유아들이 즐겨 찾는 그림책에는 다양한 기법의 삽화가 그려져 있으며, 유아들의 교재 · 교구도 다양한 색채와 형태로 구성되어 있다. 미술은 우리 주변 환경을 좀 더 풍요롭게 해 주고 시각적인 즐거움을 제공하는데, 이처럼 우리의 삶에서 미술의 역할은 매우 중요하다.

미술교육은 자신의 느낌이나 생각을 조형적으로 표현하고 이해하는 배움의 과정이며, 조형 활동, 이해 활동, 감상 활동을 통해 예술가적 품성을 기르는 교육이다(백중열, 2013). 인간은 자신의 생각과 느낌을 표현하려는 기본 욕구를 지닌다.

유아 역시 마찬가지이다. 특히 유아는 성인에 비해 상대적으로 의사표현 능력이 부족하기 때문에 미술과 동작, 음악 등 다양한 표현 활동을 통해 자신의 생각과 느낌을 표현한다. 유아는 미술 활동 과정에서 자신의 생각과 느낌을 자유롭게 표현하는 기회를 갖고, 자신의 작품뿐만 아니라 다른 사람의 작품을 감상하는 기회를 갖는다. 그리고 미술 활동을 하면서 대·소근육의 발달도 이루어진다. 미술 활동은 유아의 전인발달을 돕는 것이다.

유아기에는 자연스럽고 자발적으로 자신의 생각과 느낌을 표현할 수 있도록 기회를 마련해 주는 것이 필요하다. 따라서 결과 위주의 평가는 지양하고, 유아가 다양한 재료를 이용해 창의적인 표현 기회를 경험할 수 있도록 해야 한다. 유아기 미술교육에서는 유아가 미술 자체를 즐길 수 있도록 해 주어야 한다.

미술 활동은 유아의 생활이고 욕구이며, 삶의 표현이자 기록이다(양경희, 2008). 유아기부터 일상생활에서 미술을 즐길 수 있도록 해야 한다. 유아기 미술 활동은 유아에게 친숙한 생활 경험을 바탕으로 통합되어 전개될 때 매우 효과적이다. 주변의 익숙한 환경 속에서 아름다움을 탐색할 기회를 마련하고 이를 다양한 방법으로 표현하도록 하며, 아름다움을 감상할 기회가 주어져야 한다.

즉, 유아기 미술교육은 유아의 삶에서 아름다움을 탐색할 수 있도록 하고, 다양한 재료로 창의적인 표현을 할 수 있도록 배려하며, 이를 감상하고 즐길 수 있도록 기회를 마련하는 데 그 목적이 있다.

1) 유아미술교육의 목표

유아가 일상생활에서 아름다움을 느끼고 다양한 미술 작품을 감상할 기회를 제공받고, 창의적으로 표현하는 과정을 통해 심미적 성장을 이루는 것이 유아미술교육이 필요한 이유라고 할 수 있다. 따라서 유아미술교육의 목표는 유아가 일상생활에서 아름다움을 탐색하고 미술을 통해 자신의 생각을 창의적으로 표현하도록 하며, 아름다움을 감상하는 심미적 태도를 발달시키는 것이라 할 수 있다.

국가 수준의 교육과정인 3~5세 연령별 누리과정에서 미술교육과 관련된 영역은 '예술경험 영역'이다. 예술경험 영역의 목표는 '아름다움을 가지고 예술경험을 즐기며, 창의적으로 표현하는 능력을 기른다'이며, '아름다움 찾아보기' '예술적 표현하기' '예술 감상하기'로 이루어져 있다. 내용별 목표는 다음과 같다.

① 자연과 주변 환경에서 발견한 아름다움과 예술적 요소에 관심을 갖고 탐색한다.

② 자신의 생각과 느낌을 음악, 움직임과 춤, 미술, 극놀이를 통해 창의적으로 표현하는 것을 즐긴다.

③ 자연과 다양한 예술 작품을 감상하며, 풍부한 감성과 심미적 태도를 기른다.

이 밖에도 로웬펠드(Lowenfeld, 1947)는 미술교육의 목표를 유아의 지적 · 창의적 성장에 두었으며, 코스터(Koster, 2012)는 심미감 발달, 감각인식 능력 발달, 미적 요소 인식 발달, 시지각 능력 발달, 창의적 표현 능력 발달이라고 하였다. 한편, 아이젠버그와 자롱고(Isenberg & Jalongo, 2001)는 유아미술교육의 목표가 감각지각 능력 및 상상력 증진, 미술 능력 신장, 미술 해석 이해라고 하였다.

이상의 내용을 종합하여 유아미술교육의 목표를 정리하면 다음과 같다.

① 자연과 주변 환경의 미적 요소에 관심을 갖고 탐색한다.

② 자신의 생각과 느낌을 미술을 통해 창의적으로 표현한다.

③ 미술작품 감상을 통해 감성과 심미적 태도를 기른다.

2) 유아미술교육의 내용

유아미술교육의 내용은 일상생활에서 미술을 탐색하게 하고, 표현의 기회를 제공하며, 다양한 형태의 미술을 감상할 기회를 제공하는 것을 포함해야 한다. 누리교육과정에서는 이러한 내용을 바탕으로 유아미술교육의 내용 체계를 탐색, 표현, 감상으로 제시한다.

누리과정의 미술교육 관련 내용인 예술경험 영역을 살펴보면 유아미술교육의 내용으로서 탐색, 표현, 감상이 모두 반영되고 있음을 알 수 있다. 예술경험 영역에서의 관련 내용을 구체적으로 살펴보면 다음과 같다.

〈표 2-4〉 누리과정 예술경험 영역의 미술교육 내용(음영 부분)

내용 범주	내용	3~5세 연령별 세부 내용		
		3세	4세	5세
아름다움 찾아보기	음악적 요소 탐색하기	다양한 소리, 음악의 셈여림, 빠르기, 리듬 등에 관심을 갖는다.		다양한 소리, 악기 등으로 음악의 셈여림, 빠르기, 리듬 등을 탐색한다.
	움직임과 춤 요소 탐색하기	움직임과 춤의 모양, 힘, 빠르기 등에 관심을 갖는다.		움직임과 춤의 모양, 힘, 빠르기, 흐름 등을 탐색한다.
	미술적 요소 탐색하기	자연과 사물의 색, 모양, 질감 등에 관심을 갖는다.		자연과 사물에서 색, 모양, 질감, 공간 등을 탐색한다.
예술적 표현하기	음악으로 표현하기	간단한 노래를 듣고 따라 부른다.	노래로 자신의 생각과 느낌을 표현한다.	
		전래동요를 즐겨 부른다.		
		리듬악기로 간단한 리듬을 표현해 본다.	리듬악기를 연주해 본다.	
		간단한 리듬과 노래를 즉흥적으로 만들어 본다.		리듬과 노래 등을 즉흥적 으로 만들어 본다.
	움직임과 춤으로 표현하기	신체를 이용하여 주변의 움직임을 자유롭게 표현한다.		신체를 이용하여 주변의 움직임을 다양하게 표현하며 즐긴다.
		움직임과 춤으로 자신의 생각과 느낌을 표현한다.		
		도구를 활용하여 다양한 움직임으로 표현한다.		다양한 도구를 활용 하여 창의적으로 움직인다.
	미술 활동으로 표현하기	다양한 미술 활동을 경험해 본다.	다양한 미술 활동으로 자신의 생각과 느낌을 표현한다.	
			협동적인 미술 활동에 참여한다.	협동적인 미술 활동에 참여하여 즐긴다.
		미술 활동에 필요한 재료와 도구에 관심을 가지고 사용한다.	미술 활동에 필요한 재료와 도구를 다양하게 사용한다.	
	극놀이로 표현하기	일상생활의 경험을 극놀이로 표현한다.	일상생활의 경험이나 간단한 이야기를 극놀이로 표현한다.	경험이나 이야기를 극놀이로 표현한다.

			소품, 배경, 의상 등을 사용하여 협동적으로 극놀이를 한다.	
	통합적으로 표현하기		음악, 움직임과 춤, 미술, 극놀이 등을 통합하여 표현한다.	
		예술 활동에 참여하여 표현 과정을 즐긴다.		예술 활동에 참여하여 창의적으로 표현하는 과정을 즐긴다.
예술 감상하기	다양한 예술 감상하기	다양한 음악, 춤, 미술작품, 극놀이 등을 듣거나 본다.	다양한 음악, 춤, 미술작품, 극놀이 등을 듣거나 보고 즐긴다.	
		나와 다른 사람의 예술 표현을 소중히 여긴다.		
	전통예술 감상하기	우리나라의 전통예술에 관심을 갖는다.		우리나라의 전통예술에 관심을 갖고 친숙해진다.

예술경험 영역의 교육 내용에 기초하여 유아미술교육의 내용을 정리하면 '아름다움 찾아보기' '예술적 표현하기' '예술 감상하기'의 세 가지 내용 범주로 나뉘고, 내용 체계는 '탐색' '표현' '감상'으로 정리할 수 있다.

탐색이란 경험을 통해 주변의 미술적 요소를 느껴 보는 것과 함께 여러 가지 미술 재료와 도구를 탐색하는 것을 말한다. 유아는 오감을 통해 탐색 능력을 기를 수 있다. 감각기관을 통해 주변의 환경을 탐색하는 데 있어 중요한 점은 대상의 미적인 아름다움과 미적 요소, 원리를 지각하도록 하는 것이다. 탐색이 제대로 이루어졌을 때 다양한 표현이 이루어진다.

표현이란 유아가 경험을 통해 보고 느낀 것을 자유롭게 표현하는 것으로 미술교육에 있어 핵심이다. 유아는 여러 가지 도구와 재료를 이용해 자신의 생각과 느낌을 창의적으로 표현하게 된다. 어떠한 도구로 무슨 색을 이용해 표현할 것인지 결정하게 되며 이러한 과정에서 다양한 미적 요소와 원리가 나타난다. 교사는 유아가 허용적인 분위기에서 창의적인 표현을 할 수 있도록 배려해야 한다. 유아들이 표현 활동으로 평면 활동과 입체 활동을 골고루 경험할 수 있도록 한다.

감상이란 유아의 생활에서 아름다움을 인식하고 이해하는 것을 뜻한다. 유아가 생활에서 만나는 자연환경부터 시작해 유아교육기관 및 주변에서 아름다움을 찾아보고 그것이 왜 아름다운지 생각해 보는 것에서부터 감상은 시작된다.

예술경험 영역의 내용 중 미술과 관련된 내용을 알아보면 다음과 같다.

(1) 아름다움 찾아보기

① 미술적 요소 탐색하기

'미술적 요소 탐색하기'란 감각을 통해 주변 환경을 알아 가는 과정으로, 유아는 탐색을 통해 자연과 사물의 특징을 알아 갈 수 있다. 유아는 자연과 생활 속 사물을 통해 접하는 미술적 요소를 지각하고 아름다움을 느끼고 미술적 요소를 발견할 수 있다. 3~5세 연령별 세부 내용 및 연령별 활동의 예시를 같이 살펴보면 다음과 같다.

내용	3~5세 연령별 세부 내용		
	3세	4세	5세
미술적 요소 탐색하기	자연과 사물의 색, 모양, 질감 등에 관심을 갖는다.		자연과 사물에서 색, 모양, 질감, 공간 등을 탐색한다.

⬇

연령별 활동 예시

📋 미술적 요소를 탐색하는 활동

3세	다양한 모양의 나뭇잎을 수집하여 모양과 무늬를 관찰하고, 수집한 나뭇잎으로 나뭇잎 왕관을 만든다.
4세	쑥을 뜯어 말린 후 생쑥과 말린 쑥의 색, 형태, 질감 등을 비교해 보고, 말린 쑥은 주머니에 넣어 향기주머니를 만들어 꾸민다.
5세	다양한 형태 및 색깔의 꽃과 나뭇잎을 수집하여 절구에 넣어 찧어 본 후, 채취한 자연물의 즙을 이용해 손수건 물들이기 활동을 한다.

🗨 **생각 톡톡!** '점토'를 가지고 미술적 요소를 탐색하고자 한다면 어떤 활동을 할 수 있을지 연령별로 생각해 보세요.

미적 요소와 원리

미적 요소와 원리는 유아가 아름다움에 대해 주관적인 판단을 하도록 돕는다.

미적 요소는 색, 선, 형태, 질감, 공간, 명암 등으로, 미술 작품을 만드는 데 있어 사용되는 기본 요소를 의미한다. 미적원리는 미적 요소를 조직하는 방법으로, 강조, 균형, 움직임, 조화와 같은 원리를 의미한다. 교사는 유아가 생활에서 미적 요소와 원리를 경험할 수 있도록 미술 활동을 계획해야 한다.

내용 범주		내용
미적 요소	색	• 색은 빛을 통해 물체에서 보이는 것이다. • 색은 그림의 분위기와 감정을 나타낸다. 따뜻함, 차가움 같은 느낌이나 즐거움, 화남 등의 감정이 색을 통해 표현될 수 있다.
	선	• 선은 점의 연속으로 나타나며, 형태를 표현한다. • 선에는 직선과 곡선이 있으며 각 선의 방향에 따라 부드러움, 힘, 운동성 등 다양한 느낌을 나타낸다. • 유아와 함께 선의 형태, 길이, 굵기 등에 관해 이야기를 나눌 수 있다.
	형태	• 형태는 선, 면을 통해 만들어지며 평면 및 입체로 나타날 수 있다. • 유아와 함께 모양과 크기에 대해 알아보며 다양한 형태에 대한 이해를 돕는다.
	질감	• 질감이란 만졌을 때 느낄 수 있는 것으로, 대상이 어떠한 느낌으로 표현되었는가를 포함한다. • 촉각을 통해 다양한 질감을 느껴 볼 수 있고 시각으로도 대상의 질감이 어떠할 것인지 상상해 볼 수 있다.
	공간	• 공간을 통해 평면 작품에서 입체감과 원근감을 느낄 수 있다. • 유아와 함께 위치를 나타내는 표현을 사용해 공간감을 이해할 수 있다.
	명암	• 명암이란 밝고 어두움을 뜻한다. • 유아와 함께 작품 속의 가장 밝은 부분과 가장 어두운 부분을 찾아볼 수 있다.
미적 원리	강조	• 강조란 작품 속의 어떠한 대상을 두드러지게 표현하는 것이다.
	균형	• 균형은 시각적 안정감을 주는 미적 원리이다. • 균형에는 대칭적 균형과 비대칭적 균형이 있다.
	움직임	• 움직임이란 작품 속에서 대상이 움직인다고 여기도록 하는 것이다.
	조화	• 조화란 대상이 작품 속에서 잘 어우러지는 것이다.

(2) 예술적 표현하기

① 미술 활동으로 표현하기

유아미술교육에서의 표현은 자신의 생각과 느낌을 창의적으로 표현하는 것을 의미한다. 미술 재료와 도구를 가지고 창의적으로 표현하는 활동은 미술교육에 있어서 매우 중요하다. 창의적인 표현을 위해서 유아가 다양한 재료와 도구를 사용할 수 있도록 교사가 환경을 마련해 주는 것이 필요하다. 미술 활동에서 자유로운 표현의 기회를 제공하고 표현 과정에서 즐거움을 느끼도록 해야 한다. 3~5세 연령별 세부 내용 및 연령별 활동의 예시를 같이 살펴보면 다음과 같다.

내용	3~5세 연령별 세부 내용		
	3세	4세	5세
미술 활동으로 표현하기	다양한 미술 활동을 경험해 본다.	다양한 미술 활동으로 자신의 생각과 느낌을 표현한다.	
		협동적인 미술 활동에 참여한다.	협동적인 미술 활동에 참여하여 즐긴다.
	미술 활동에 필요한 재료와 도구에 관심을 가지고 사용한다.	미술 활동에 필요한 재료와 도구를 다양하게 사용한다.	

연령별 활동 예시

📖 미술 활동

3세	손바닥과 발바닥에 물감을 묻혀 큰 사이즈의 전지에 찍기 활동을 한다.
4세	나뭇가지, 작은 나뭇조각 등 자연물 재료를 탐색하고 이를 이용해 '내가 좋아하는 동물'을 꾸며 본다.
5세	동화 『빨간 끈』(마곳 블레어 저, 이경우 역, 2002)을 감상한 후 도화지에 빨간 실을 다양한 모양으로 붙여 상상되는 그림을 이어 그린다.

📖 협동적인 미술 활동

4세	유아교육기관 주변의 모습을 나누어 그린 후 '우리 동네 지도'를 꾸며 본다.
5세	나뭇잎과 돌멩이를 이용해 협동하여 바깥놀이터에 '자연놀이터'를 꾸미고, 자연놀이터 이름도 '풀잎과 꽃잎' 등 자연물로 꾸며 본다.

📋 다양한 재료와 도구를 활용한 미술 활동

3세	상자에 도화지를 넣고 물감을 묻힌 구슬을 여러 방향으로 굴리며 구슬 그림을 그린다.
4세	나뭇잎, 골판지, 동전 등의 물체 위에 종이를 올려놓고 색연필로 문지르는 프로타주 활동을 한다.
5세	마블링 물감을 탐색한 후 물 위에 뿌려 입으로 바람을 불거나 막대로 저어서 다양한 무늬를 만들어 도화지에 찍어 본다.

💬 **생각 톡톡!** 새로운 재료와 도구를 사용하는 미술 활동은 무엇이 있는지 조사하여 발표해 보세요.

② 통합적으로 표현하기

'통합적으로 표현하기'는 다양한 표현 활동이 서로 통합적으로 이루어지도록 하는 내용으로, 유아가 음악, 움직임과 춤, 미술, 극놀이를 통합적으로 표현함으로써 풍부한 표현력을 갖도록 한다. 이러한 과정을 통해 유아는 예술 전반에 흥미를 가지고 창의적 표현을 즐기게 된다. 3~5세 연령별 세부 내용 및 연령별 활동의 예시를 같이 살펴보면 다음과 같다.

내용	3~5세 연령별 세부 내용		
	3세	4세	5세
통합적으로 표현하기		음악, 움직임과 춤, 미술, 극놀이 등을 통합하여 표현한다.	
	예술 활동에 참여하여 표현 과정을 즐긴다.		예술 활동에 참여하여 창의적으로 표현하는 과정을 즐긴다.

⬇

연령별 활동 예시

📋 음악, 움직임과 춤, 미술의 통합적 표현 활동

4세	다양한 빠르기의 음악을 감상하고 음악에 따라 밀가루 풀을 비닐 장판에 문지르며 느낌을 표현한다.
5세	이중섭의 〈아이들과 끈〉 명화를 감상하고 실제 끈을 이용해 명화 속 장면을 신체로 표현한다.

📋 창의적 표현 과정을 즐기는 활동

3세	모루, 스펀지, 종이 등 다양한 질감의 재료에 물감을 묻혀 자유롭게 색을 찍어 표현한다.
4세	연근, 피망, 양파 등의 채소를 반으로 잘라 단면에 물감을 묻혀 찍기 활동을 한다.
5세	나뭇잎, 돌멩이, 나뭇가지, 꽃잎 등 자연물을 이용해 콜라주 활동을 한다.

💬 생각 톡톡! '통합적으로 표현하기'와 관련하여 음악과 미술을 통합해서 어떤 활동을 할 수 있을지 연령별로 생각해 보세요.

(3) 예술 감상하기

① 다양한 예술 감상하기

'다양한 예술 감상하기'에서는 유아가 다양한 음악, 춤, 미술 작품, 극놀이 등을 보고 즐기며, 자신뿐 아니라 다른 사람의 예술 표현을 소중히 여기는 태도를 기르도록 한다. 3~5세 연령별 세부 내용 및 연령별 활동의 예시를 같이 살펴보면 다음과 같다.

내용	3~5세 연령별 세부 내용		
	3세	4세	5세
다양한 예술 감상하기	다양한 음악, 춤, 미술 작품, 극놀이 등을 듣거나 본다.	다양한 음악, 춤, 미술 작품, 극놀이 등을 듣거나 보고 즐긴다.	
	나와 다른 사람의 예술 표현을 소중히 여긴다.		

⬇

연령별 활동 예시

📋 다양한 예술 감상 활동

3세	뭉크의 〈절규〉 작품을 감상한 후 느낌을 이야기 나누며 작품 속 사람의 표정을 따라 해 본다.
4세	반 고흐의 〈해바라기〉 작품을 감상하고, 색과 느낌은 어떤지 이야기 나눈다.
5세	김득신의 〈파적도〉 작품 속의 선, 움직임 등 다양한 미적 요소를 감상하고 느낌에 대해 이야기 나눈다.

📗 낱말과 문장 듣고 뜻 이해하기

3세	나와 친구의 작품을 감상하며 표현 방법이 다양할 수 있다는 점을 알고, 알고 싶은 점이 무엇인지 찾아보며 작품을 소중히 여긴다.
4세	마네의 명화 〈피리 부는 소년〉을 감상하며 그림 속의 인물, 색, 손과 발의 위치 등을 알아보고 피리를 이용해 같은 모습으로 흉내 내어 본다.
5세	장욱진의 〈자동차가 있는 풍경〉을 감상하고 그 느낌에 대해서 이야기 나눈다.

💭 *생각 톡톡!* '다양한 예술 감상하기'와 관련하여 '자동차가 있는 풍경'을 감상한 후 어떠한 미술 표현 활동으로 연계할 수 있을지 생각해 보세요.

② 전통예술 감상하기

'전통예술 감상하기'는 과거로부터 내려오는 우리나라 전통예술에 관심을 갖게 하는 내용이다. 현대사회에서는 전통예술에 대한 경험이 충분하지 않으므로 이에 관심을 갖게 하고 친숙함을 갖도록 하는 것이 중요하다. 3~5세 연령별 세부 내용 및 연령별 활동의 예시를 같이 살펴보면 다음과 같다.

내용	3~5세 연령별 세부 내용		
	3세	4세	5세
전통예술 감상하기	우리나라의 전통예술에 관심을 갖는다.		우리나라의 전통예술에 관심을 갖고 친숙해진다.

⬇

연령별 활동 예시

📗 전통예술 감상 활동

3세	우리나라 전통 탈을 감상하고 하회탈에 볼클레이를 붙여 본다.
4세	『그림 그리는 새』(김미혜, 한태희 저, 2007) 그림책을 감상하고 동화 속 단청 모양을 탐색한 후 전통 무늬 도장을 찍어 본다.
5세	우리나라 전통문양 십장생에 대해 알아보고 친구들과 함께 협동화로 십장생 병풍을 만든다.

💭 *생각 톡톡!* 신사임당의 〈초충도〉를 보고 어떤 미술 활동을 계획할 수 있을지 생각해 보세요.

펠드먼의 미술 감상 4단계

펠드먼(Feldman, 1970)은 효과적인 미술 감상 지도의 4단계로 서술하기, 분석하기, 해석하기, 평가하기를 제시하였다.

단계	내용
서술하기	작품을 관찰하고 작품 속에 무엇이 표현되어 있는지 서술하는 단계이다. • 예: 이 작품을 자세히 보고 무엇이 보이는지 이야기해 보자.
분석하기	작품 속의 미술 요소 및 원리를 분석하는 단계이다. • 예: 어떤 색이 보이니? / 사람들이 모두 어디를 보고 있니?
해석하기	작가의 의도를 해석하는 단계이다. • 예: 왜 이 그림을 그렸을까? / 왜 이렇게 표현했을까?
평가하기	작품의 가치를 판단하는 단계이다. • 예: 이 작품에서 어떤 점이 마음에 드니? / 작품의 제목을 다시 짓는다면 어떻게 짓고 싶니?

3) 유아미술교육의 지도 원리

유아미술교육의 목표 및 내용을 반영하여 바람직한 미술 활동을 구성하고 실행하기 위해 교사는 다음의 기본적인 구성 및 지도 원리를 유의해야 한다.

첫째, 유아의 창의적 표현을 장려하는 미술 환경을 제공한다. 유아교육기관에서 교사는 유아의 창의적 표현을 장려하는 환경을 제공할 수 있다. 다양한 재료와 도구의 마련으로 유아가 자신의 생각과 느낌을 다양한 방법으로 표현할 수 있도록 환경을 마련한다. 그리고 충분한 시간을 제공하고 허용적인 분위기를 조성하며, 유아마다 똑같은 결과물이 나오지 않도록 창의적인 표현을 격려한다.

둘째, 미술 활동 결과뿐 아니라 과정이 중요함을 느끼도록 한다. 미술 활동을 계획할 때 획일적인 결과가 나오는 활동은 지양한다. 교사는 유아가 미술 작품을 표현하는 과정 자체에 즐거움을 느낄 수 있도록 활동을 계획한다. 완성된 결과물을 가지고 평가를 하는 것도 주의해야 한다. 작품을 소개할 때는 유아가 어떤 재료와 도구를 이용해 표현하였는지에 초점을 맞추어 소개하도록 한다.

셋째, 미술 활동이 다른 교과와 통합되도록 지도한다. 유아는 일상생활에서 경험한 내용뿐 아니라, 음악을 감상하거나, 그림책을 읽은 후에도 이를 미술 활동으로 연계하여 표현하도록 지도할 수 있다. 또한 과학 활동으로 물과 기름이 섞이지 않는 현상을 관찰한 후 마블링 미술 활동으로 연계할 수도 있다.

넷째, 좋은 미술 작품을 감상할 수 있는 기회를 제공한다. 미술관 견학뿐만 아니라 유아교육기관 내에서 유아가 아름다움을 느낄 수 있도록 기회를 제공할 필요가 있다. 미술 작품 인쇄물이나 영상물, 그림책을 활용할 수도 있고, 아이들의 작품을 게시하여 자신의 작품과 친구의 작품을 감상할 기회를 제공할 수도 있다.

다섯째, 유아의 연령과 발달을 고려하여 활동을 계획한다. 만 3세 유아와 만 5세 유아는 발달 특성이 다르므로 미술 활동도 차이가 있어야 한다. 만 3세는 구체적인 표상이 이루어지기 어려운 연령이므로 활동 과정 자체에 흥미를 느끼고 참여할 수 있도록 활동을 계획해야 한다. 만 5세를 대상으로는 자신의 생각을 창의적으로 표현할 수 있도록 기회를 마련해 주고 협동 작업의 기회도 마련해 줄 수 있다.

4) 통합교육을 위한 미술교육의 실제

(1) 음악을 통한 미술교육

연령	만 3세	활동 형태	대 · 소집단 활동	유형	미술
활동명	음악을 듣고 물풀 그림으로 표현해요.				
활동 목표			3세 누리과정 관련 요소		
• 물풀을 이용해 느낌을 창의적으로 표현한다. • 음악의 빠르기에 관심을 갖는다.			• 예술경험: 예술적 표현하기 – 미술 활동으로 표현하기 • 예술경험: 예술 감상하기 – 다양한 예술 감상하기		
(창의 · 인성 관련) • 창의성: – 인지적 요소: 사고의 확장 　　　　　– 동기적 요소: 몰입 • 인성: 존중 – 다른 사람들과 다른 문화에 대한 존중					
활동 자료	빠른 음악(림스키사르코프–'땅벌의 비행'), 느린 음악(차이코프스키–'꽃의 왈츠)', 스타카토 음악(고세–'가보트'), 색 물풀, 전지				

활동 방법	1. 다양한 빠르기의 음악을 감상한다.
	• '땅벌의 비행'을 같이 들어보니 느낌이 어떻니?
	• '꽃의 왈츠'는 어떤 느낌이니?
	• '땅벌의 비행'과 '꽃의 왈츠'는 어떤 점이 다르게 느껴졌니?
	2. 음악을 듣고 그림으로 어떻게 표현할 수 있을지 이야기 나눈다.
	• 빠른 음악을 선으로 표현한다면 어떻게 표현할 수 있을까?
	• 느린 음악은 어떻게 표현할 수 있을까?
	• '가보트'처럼 끊어지는 음악도 표현할 수 있을까?
	3. 물풀을 소개하며 사용 방법을 알아본다.
	• 색 물풀을 이용해 종이에 그림을 그릴 수 있을까?
	• 우리가 들은 음악들도 물풀 그림으로 표현할 수 있을까?
	• 물풀을 사용하여 그림을 그릴 때 지켜야 할 약속은 무엇이 있을까?
	4. 음악을 감상하며 물풀 그림으로 느낌을 표현한다.
	• 음악을 다시 듣고 물풀 그림으로 표현해 보자.
	• '가보트'를 물풀 그림으로 표현해 보자.
	5. 완성된 그림을 살펴보며 이야기 나눈다.
	• '땅벌의 비행'을 듣고 표현한 물풀 그림을 친구들에게 소개해 보자.
	• 친구의 그림을 보니 느낌이 어떻니?
	• 다르게 표현한 친구 있니?
	• 물풀 그림으로 표현해 보니까 어땠니?
활동 시 유의점	1. 여러 색깔의 물풀을 제공하여 다양한 표현이 나올 수 있도록 한다. 2. 창의적으로 표현할 수 있도록 허용적인 분위기를 마련한다.
활동 평가	1. 물풀을 이용해 그림을 창의적으로 표현하였는지 평가한다. 2. 음악의 빠르기에 관심을 가지고 감상하는지 평가한다.
확장활동	음률 영역에서 음악을 듣고 스카프를 이용해 신체 표현 활동으로 연계할 수 있다.

(2) 과학을 통한 미술교육

연령	만 4세	활동 형태	대·소집단 활동	유형	미술
활동명	손수건에 자연물의 색물을 들여요				

활동 목표	4세 누리과정 관련 요소
• 자연물의 색을 이용해 아름다움을 표현할 수 있다. • 자연물의 다양한 색에 관심을 가진다.	• 예술경험: 예술적 표현하기 – 미술 활동으 로 표현하기 • 자연탐구: 과학적 탐구하기 – 생명체와 자 연환경 알아보기

(창의 · 인성 관련)
• 창의성: 인지적 요소 − 사고의 확장
• 인성: 협력 − 긍정적인 상호의존성

활동 자료	자연물(꽃잎, 나뭇잎), 흰 손수건, 숟가락
활동 방법	1. 산책을 하면서 꽃잎과 나뭇잎을 탐색한 후 수집한다. 　• 우리 주변의 색깔을 가진 자연물은 무엇이 있을까? 　• 꽃잎은 어떤 색이니? 2. 자연물에서 색을 내는 방법에 대해 이야기 나눈다. 　• 어떻게 하면 자연물에서 색을 가져올 수 있을까? 　• 천을 대고 숟가락으로 두드려 보자. 　• 이번에는 문질러서 색물을 내어 볼까? 3. 자연물에서 우러난 색을 관찰한다. 　• 어떤 색물이 나왔니? 　• 꽃잎의 색과 색물의 색은 같아 보이니? 4. 손수건에 자연물의 색물을 들이는 염색 활동을 한다. 　• 손수건을 접어서 자연물의 색물을 들여 보자. 　• 숟가락으로 두드려서 색물을 내어 보자. 　• 진하게 색을 표현하고 싶은 친구는 문질러서 색물을 내어 볼까? 5. 완성된 작품을 감상하며 이야기 나눈다. 　• 완성된 작품을 친구들에게 소개해 볼까? 　• 손수건 작품을 보니 느낌이 어떻니?
활동 시 유의점	1. 자연물 색물을 들인 손수건은 그늘에서 건조시킨다. 2. 두드리기와 문지르기 등을 이용하여 색의 농도를 조절할 수 있도록 한다.
활동 평가	1. 자연물의 색을 이용해 아름다움을 표현할 수 있는지 평가한다. 2. 자연물의 색에 관심을 가졌는지 평가한다.
확장활동	미술 영역에서 밀가루 점토에 자연물의 색물을 넣어 밀가루 반죽 놀이를 할 수 있다.

(3) 언어를 통한 미술교육

연령	만 5세	활동 형태	대 · 소집단 활동	유형	미술
활동명	그림책의 뒷이야기를 짓고 그림으로 꾸며요				

활동 목표	5세 누리과정 관련 요소
• 끈을 이용해 자신의 생각을 창의적으로 표현한다. • 이야기의 뒷이야기를 지을 수 있다.	• 예술경험: 예술적 표현하기 – 미술 활동으로 표현하기 • 의사소통: 듣기 – 동요, 동시, 동화 듣고 이해하기

(창의 · 인성 관련)
• 창의성: 성향적 요소 – 개방성
• 인성: 존중 – 다른 사람들과 다른 문화에 대한 존중

활동 자료	『빨간 끈』그림책 * 그림책이 절판된 경우에는 도서관에서 대여하거나 책 소개 페이지를 인용하여 스토리텔링 형식으로 감상할 수 있다.
활동 방법	1. 『빨간 끈』그림책을 감상한다. 　서랍에서 나온 빨간 끈이 고양이 몸에 엉키고, 아이들은 빨간 끈으로 줄넘기 놀이를 하고, 빨랫줄이 되는가 하면 서커스의 외줄이 되기도 합니다. 2. 그림책 내용을 회상하며 빨간 끈에 대해 이야기 나눈다. 　• 서랍에서 나온 빨간 끈은 어떻게 되었니? 　• 가장 기억에 남는 빨간 끈은 무엇이었니? 3. 그림책의 마지막 장면을 회상하며 뒷이야기를 지어 본다. 　• 다음에는 빨간 끈이 어디로 갔을까? 　• 어떤 이야기가 이어질지 지어 볼 수 있을까? 4. 동화의 뒷이야기를 빨간 끈을 이용해 그림으로 표현한다. 　• 빨간 끈이 어떻게 변신했을지 그림으로 표현해 보자. 5. 완성된 작품을 친구들에게 소개한다. 　• 빨간 끈 뒷이야기를 친구에게 소개해 줄 수 있겠니? 　• 어떤 그림인지 소개해 보자. 6. 활동을 회상하며 이야기 나눈다. 　• 빨간 끈을 이용해 활동해 보았는데 어떤 점이 재미있었니?
활동 시 유의점	1. 완성된 작품들을 빨간 끈으로 이어 공동 작품으로 게시할 수 있다. 2. 빨간 끈을 다양한 모양으로 구부리거나 접어 표현할 수 있도록 한다.
활동 평가	1. 끈을 이용해 자신의 생각을 창의적으로 표현하였는지 평가한다. 2. 이야기의 뒷이야기를 지을 수 있는지 평가한다.
확장활동	신체 활동으로 빨간 끈을 이용해 다양한 모양 만들기를 할 수 있다.

5. 유아동작교육

> 예비유아교사의 '생각 톡톡!'
> --
> 톡톡 1. 유아를 대상으로 하는 동작교육 하면 가장 먼저 떠오르는 활동은 무엇인가요?
>
> 톡톡 2. 동작교육을 통해 유아들에게 어떤 변화가 있기를 기대하나요?
>
> 톡톡 3. 유아기에 경험해야 할 기본 동작에는 어떤 것들이 있나요?
>
> 톡톡 4. 동작의 기본 요소에는 무엇이 있나요? 동작의 기본 요소를 다양하게 활용해 보도록 하는 것은 왜 중요할까요?
>
> 톡톡 5. 동작 활동을 구조적 신체 활동과 창의적 신체 표현 활동으로 구분하였을 때, 각각에 해당하는 활동에는 무엇이 있을까요?

유아는 태내기부터 끊임없이 움직이며, 그들의 활발한 움직임은 몸과 마음의 건강함을 의미한다. 또한 그들에게 움직임은 세상을 알아 가고 세상과 소통하는 중요한 수단이 된다. 유아는 자신의 욕구와 감정을 움직임으로 표현하고 해소하며, 그들의 움직임은 호기심의 표현으로서 움직임을 통해 주변 세계를 탐색하고 알아 가기 때문이다. 따라서 유아가 자신의 잠재적 움직임 능력을 인식하고, 유능하고 효과적으로 움직일 수 있도록 교육할 필요가 있다(Pica, 2010).

유아동작교육은 인간의 움직임에 수반되는 동작의 기본 원리와 요소를 배우도록 하고 이를 토대로 유아의 느낌이나 감정의 표현 방법을 교수하는 것을 포함한다(김은심, 2007). 이는 동작교육이 유아의 기본 운동 능력과 움직임을 통한 표현 능력의 발달을 위한 교육임을 의미한다. 또한 유아동작교육을 '동작을 위한 교육'과 '동작을 통한 교육'으로 구분하였을 때(Gallahue, 1996), '동작을 위한 교육'은 신체운동 능력 발달을 촉진하고, '동작을 통한 교육'은 동작을 통해 사회·정서, 인지, 창의성 등의 발달을 추구한다. 즉, 유아동작교육은 유아의 전인발달 측면에서 그 교육적 가치를 논할 수 있다(김은심, 2007).

유아기는 운동 기능이 급속도로 발달하는 시기로, 이 시기의 기본적인 운동 기능의 경험이 이후에 더욱 복합적인 능력을 성취하는 데 결정적인 영향을 미친다. 그리고 자신의 신체를 다양하게 움직여 보는 경험은 신체에 대한 긍정적 인식 및 자아존중감 형성에 영향을 미칠 뿐만 아니라 친구와 함께하는 기회를 통해 타인 인식 및 사회적 기술 증진에도 영향을 미친다. 또한 유아는 신체를 이용한 다양한 동작 활동에 참여함으로써 자연 및 사회 현상의 개념이나 수, 색, 공간, 시간, 어휘력 등의 기본적인 인지 개념을 학습하게 된다. 창의성 발달 측면에서도 동작교육은 매우 중요한 가치를 지니는데, 움직임을 탐색한 후 다양하고 독창적인 방법으로 표현해 보거나 상상하는 바를 움직임으로 자유롭게 표현해 보도록 함으로써 유아의 창의성 발달을 촉진할 수 있다.

유아동작교육의 이러한 교육적 가치에도 불구하고 현대사회는 과거에 비해 유아의 신체 움직임이 제한되는 환경이 조성되어 가고 있으며, 유아교육 현장에서도 역시 앉아서 하는 교구 활동과 학습 위주의 실내 활동이 증가하고 있다(심성경, 송화진, 변길희, 2011). 또한 유아교사들은 동작교육의 필요성은 인식하나 동작교육에 대한 지식 및 자신감 부족 등의 이유로 유아동작교육을 제대로 실시하지 못하고 있다(신소명, 2007; 이정수, 이지영, 2012).

따라서 이 절에서 이전의 유아동작교육 교과에서 배운 지식, 기술, 태도를 점검해 봄으로써 유아동작교육의 이론적 기초를 공고히 하고, 실제 수업에 대한 자신감을 기를 수 있기를 기대한다.

1) 유아동작교육의 목표

초창기 유아동작교육은 음악에 맞추어 동일한 율동을 따라 하거나 체육 활동을 하는 것에 중점을 두었으나, 1990년대 중반으로 오면서 창의적 신체 표현 활동에 중점을 두어 이루어지는 경향이 높았다. 그러나 최근의 동작교육은 유아의 전인 발달 측면에서 그 목적이 논의되고 있으며, 특히 기초 체력 향상을 위한 기본 운동 능력 발달과 자신의 생각 및 느낌을 표현하도록 하는 표현 능력 발달이라는 두 가지 측면에서 강조되고 있다. 또한 궁극적으로는 다양한 동작 활동을 통해 정서적 안정감과 즐거움을 느끼고 심미감을 발달시키는 것을 목적으로 한다. 따라서 유아동작교육의 목표는 특정 동작 기술을 가르치고 획일적으로 따라 하게 하는 것이 아니라, 기본 운동 능력을 발달시켜 자신의 신체를 표현 수단으로서 적극적으로 활용하게 하는 것에 중점을 둘 필요가 있다.

국가 수준의 교육과정인 3~5세 연령별 누리과정에서 동작교육과 관련된 영역은 기본 운동 능력 발달 측면의 '신체운동 · 건강' 영역과 표현 능력 발달 측면의 '예술 경험' 영역으로, 이를 토대로 동작교육의 목표를 살펴보면 다음과 같다.

우선, '신체운동 · 건강'의 목표는 '기본 운동 능력과 건강하고 안전한 생활 습관을 기른다'이며, 세부 목표는 다음과 같다.

① 감각 능력을 기르고 자신의 신체를 긍정적으로 인식한다.
② 신체를 조절하고 기본 운동 능력을 기른다.
③ 신체 활동에 즐겁게 참여한다.
④ 건강한 생활 습관을 기른다.
⑤ 안전한 생활 습관을 기른다.

이들 목표 중 동작교육과 관련한 목표는 '감각 능력을 기르고 자신의 신체를 긍정적으로 인식한다' '신체를 조절하고 기본 운동 능력을 기른다' '신체 활동에 즐겁게 참여한다'이다.

다음으로, '예술 경험' 영역의 목표는 '아름다움에 관심을 가지고 예술 경험을 즐기며 창의적으로 표현하는 능력을 기른다'이며, 세부 목표는 다음과 같다.

① 자연과 주변 환경에서 발견한 아름다움 및 예술적 요소에 관심을 갖고 탐색한다.
② 자신의 생각과 느낌을 음악, 움직임과 춤, 미술, 극놀이를 통해 창의적으로 표현하는 것을 즐긴다.
③ 자연과 다양한 예술 작품을 감상하며, 풍부한 감성과 심미적 태도를 기른다.

따라서 이를 토대로 유아동작교육의 목표를 다음과 같이 정리할 수 있다.

① 신체적 특성을 이해하고 자신의 신체에 대해 긍정적 인식을 갖도록 한다.
② 여러 가지 움직임 요소를 경험해 봄으로써 신체 조절력과 기본 운동 능력을 기른다.
③ 자신의 생각과 느낌을 움직임과 춤을 통해 창의적으로 표현하는 능력을 기른다.

2) 유아동작교육의 내용

동작교육의 내용은 그 의도에 따라 기능적 동작과 표현적 동작으로 구분할 수 있다(Wall & Murray, 1994). 기능적 동작이 동작 기술 증진, 신체 단련, 체력 향상 이 목적이라면, 표현적 동작은 새로운 생각을 창출해 내고 자신의 생각을 다른 사람에게 전달하는 것이 목적이다. 최근의 유아동작교육에서는 이 둘의 통합적이고 균형적인 활용이 강조되고 있는 추세이다. 이에 심성경, 이선경, 변길희, 김나림, 박주희(2015)는 '동작 감상하기'를 추가하여 유아동작교육의 내용을 기본운동 동작하기, 표현 동작하기, 동작 감상하기로 구분하고 있다.

 유아동작교육의 내용

1. 기본운동 동작하기

기본운동 동작하기는 신체를 효율적으로 움직이는 데 필요한 운동 능력을 키우고자 하는 것으로 이를 통해 기초 체력을 형성하고 이후의 보다 정교하고 복합적인 운동 능력을 발달시키는 기초가 된다. 기본운동 동작하기는 제자리에서 움직이는 비이동 동작, 장소를 옮기면서 움직이는 이동 동작, 도구를 사용하여 움직이는 조작적 동작으로 구분된다. 이 세 가지 유형별 동작의 예를 살펴보면 다음과 같다.

① 비이동 동작: 구부리기, 뻗기, 흔들기, 떨기, 회전하기 등
② 이동 동작: 걷기, 달리기, 두 발 모아 뛰기, 호핑, 스키핑, 갤로핑 등
③ 조작적 동작: 던지기, 받기, 차기, 굴리기 등

2. 표현 동작하기

표현 동작하기는 자신의 생각과 느낌을 동작으로 다양하게 표현하는 것으로, 구조적 표현 동작하기, 반구조적 표현 동작하기, 창의적 표현 동작하기로 구분된다.

① 구조적 표현 동작: 노랫말이나 음악의 주제에 의해 특별하게 정해진 대로 움직이는 동작이며, 주로 교사의 시범이나 지시에 따라 유아가 따라 해 보는 형태로 이루어진다(예: '머리, 어깨, 무릎, 발' '왼발, 오른발', 대부분의 손 유희, 호키포키).

② 반구조적 표현 동작하기: 부분적으로는 정해진 지시에 따라야 하지만, 창의적으로 자유롭게 움직일 수 있는 부분이 있는 활동이다(예: '그대로 멈춰라').

③ 창의적 표현 동작하기: '~처럼 해 보는' 또는 '~이 되어 보는'과 같은 상상적이고 창의적인 가작 행동이 일어나는 동작 활동으로, 일정한 형식 없이 자신의 느낌, 생각, 감정 등의 내적 상태와 분위기를 자신의 스타일로 표현하는 활동이다. 사진이나 비디오 또는 명화와 같은 시각적 자료, 동화와 동시, 동극 대본과 같은 문학적 자료, 다양한 악기나 주변의 소리와 같은 청각적 자료 등을 활용할 필요가 있다(예: '곰 사냥을 떠나자' 이야기를 듣고 표현하기, '아기 코끼리의 걸음마' 음악을 듣고 '빠르기'와 같은 음악적 요소에 따라 표현하기, 빗방울이 떨어지는 모습 표현하기).

3. 동작 감상하기

동작 감상하기는 자신과 다른 사람의 춤과 움직임을 감상함으로써 심미감을 기르고, 서로 다른 표현을 존중하는 태도를 기르도록 하는 활동이다. 또한 동작 감상 활동은 새로운 동작 표현을 이끌 수 있다(예: 춤 감상하기, 리듬체조 감상하기, 뮤지컬 감상하기, 전통 춤 감상하기).

출처: 심성경, 이선경, 변길희, 김나림, 박주희(2015).

누리과정도 이 세 가지 동작교육 내용을 모두 포함하며, 기본운동 동작하기는 신체운동·건강 영역에서, 표현 동작하기와 동작 감상하기는 예술 경험 영역에서 중점적으로 다루어지고 있다. 누리과정의 신체운동·건강 영역 및 예술경험 영역에서 동작교육과 관련한 교육 내용을 살펴보면 다음과 같다.

〈표 2-5〉 누리과정 신체운동 · 건강 영역의 동작교육 내용(음영 부분)

내용범주	내용	3~5세 연령별 세부 내용		
		3세	4세	5세
신체 인식하기	감각능력 기르고 활용하기	감각적 차이를 경험한다.	감각적 차이를 구분한다.	감각으로 대상이나 사물의 특성과 차이를 구분한다.
		감각기관을 인식하고, 활용해 본다.	여러 감각기관을 협응하여 활용한다.	
	신체를 인식하고 움직이기	신체 각 부분의 명칭을 알고, 움직임에 관심을 갖는다.	신체 각 부분의 특성을 이해하고 활용하여 움직인다.	
		자신의 신체를 긍정적으로 인식하고 움직인다.		
신체 조절과 기본 운동하기	신체 조절하기	신체 균형을 유지해 본다.	다양한 자세와 움직임에서 신체 균형을 유지한다.	
		공간, 힘, 시간 등의 움직임 요소를 경험한다.	공간, 힘, 시간 등의 움직임 요소를 활용하여 움직인다.	
		신체 각 부분의 움직임을 조절해 본다.	신체 각 부분을 협응하여 움직임을 조절한다.	
		눈과 손을 협응하여 소근육을 조절해 본다.		
				도구를 활용하여 여러 가지 조작운동을 한다.
	기본 운동하기	걷기, 달리기 등 이동 운동을 한다.	걷기, 달리기, 뛰기 등 다양한 이동운동을 한다.	
		제자리에서 몸을 움직여 본다.	제자리에서 몸을 다양하게 움직인다.	
신체 활동에 참여하기	자발적으로 신체 활동에 참여하기	신체 활동에 자발적으로 참여한다.	신체 활동에 자발적이고 지속적으로 참여한다.	
		다른 사람과 함께 하는 신체 활동에 참여한다.		
			자신과 다른 사람의 운동 능력의 차이에 관심을 갖는다.	자신과 다른 사람의 운동 능력의 차이를 이해한다.

바깥에서 신체 활동하기	규칙적으로 바깥에서 신체 활동을 한다.
기구를 이용하여 신체 활동하기	여러 가지 기구를 이용하여 신체 활동을 한다.

〈표 2-6〉 누리과정 예술 경험 영역의 동작교육 내용(음영 부분)

내용 범주	내용	3~5세 연령별 세부 내용		
		3세	4세	5세
아름다움 찾아보기	음악적 요소 탐색하기	다양한 소리, 음악의 셈여림, 빠르기, 리듬 등에 관심을 갖는다.		다양한 소리, 악기 등으로 음악의 셈여림, 빠르기, 리듬 등을 탐색한다.
	움직임과 춤 요소 탐색하기	움직임과 춤의 모양, 힘, 빠르기 등에 관심을 갖는다.		움직임과 춤의 모양, 힘, 빠르기, 흐름 등을 탐색한다.
	미술적 요소 탐색하기	자연과 사물의 색, 모양, 질감 등에 관심을 갖는다.		자연과 사물에서 색, 모양, 질감, 공간 등을 탐색한다.
예술적 표현하기	음악으로 표현하기	간단한 노래를 듣고 따라 부른다.	노래로 자신의 생각과 느낌을 표현한다.	
		전래동요를 즐겨 부른다.		
		리듬악기로 간단한 리듬을 표현해 본다.	리듬악기를 연주해 본다.	
		간단한 리듬과 노래를 즉흥적으로 만들어 본다.		리듬과 노래 등을 즉흥적으로 만들어 본다.
	움직임과 춤으로 표현하기	신체를 이용하여 주변의 움직임을 자유롭게 표현한다.		신체를 이용하여 주변의 움직임을 다양하게 표현하며 즐긴다.
		움직임과 춤으로 자신의 생각과 느낌을 표현한다.		
		도구를 활용하여 다양한 움직임으로 표현한다.		다양한 도구를 활용하여 창의적으로 움직인다.

	미술 활동으로 표현하기	다양한 미술 활동을 경험해 본다.	다양한 미술 활동으로 자신의 생각과 느낌을 표현한다.	
			협동적인 미술 활동에 참여한다.	협동적인 미술 활동에 참여하여 즐긴다.
		미술 활동에 필요한 재료와 도구에 관심을 가지고 사용한다.	미술 활동에 필요한 재료와 도구를 다양하게 사용한다.	
	극놀이로 표현하기	일상생활의 경험을 극놀이로 표현한다.	일상생활의 경험이나 간단한 이야기를 극놀이로 표현한다.	경험이나 이야기를 극놀이로 표현한다.
			소품, 배경, 의상 등을 사용하여 협동적으로 극놀이를 한다.	
	통합적으로 표현하기		음악, 움직임과 춤, 미술, 극놀이 등을 통합하여 표현한다.	
		예술 활동에 참여하여 표현 과정을 즐긴다.		예술 활동에 참여하여 창의적으로 표현하는 과정을 즐긴다.
예술 감상하기	다양한 예술 감상하기	다양한 음악, 춤, 미술 작품, 극놀이 등을 듣거나 본다.	다양한 음악, 춤, 미술 작품, 극놀이 등을 듣거나 보고 즐긴다.	
		나와 다른 사람의 예술 표현을 소중히 여긴다.		
	전통예술 감상하기	우리나라의 전통예술에 관심을 갖는다.		우리나라의 전통예술에 관심을 갖고 친숙해진다.

위 누리과정 신체운동·건강 영역과 예술 경험 영역에서 제시하고 있는 유아동 작교육의 연령별 세부 내용과 활동 예시를 살펴보면 다음과 같다.

(1) 신체 인식하기

① 신체를 인식하고 움직이기

'신체를 인식하고 움직이기'는 유아가 자신의 신체 특성을 인식하고 다양한 움 직임 활동을 통해 신체에 대한 긍정적 인식을 갖게 하는 내용이다. 유아가 신체 각 부분을 움직여 봄으로써 신체 각 부분의 명칭, 구조, 기능을 알 뿐만 아니라 신체 각 부분의 특성을 활용하여 더욱 다양하고 적절하게 움직일 수 있도록 한다. 그리고 발달에 적합한 신체 움직임 기회를 통해 성공적인 경험을 함으로써 자신의 신체 능력을 긍정적으로 인식하도록 하는 내용을 포함한다.

내용	3~5세 연령별 세부 내용		
	3세	4세	5세
신체를 인식하고 움직이기	신체 각 부분의 명칭을 알고, 움직임에 관심을 갖는다.	신체 각 부분의 특성을 이해하고 활용하여 움직인다.	
	자신의 신체를 긍정적으로 인식하고 움직인다.		

연령별 활동 예시	
📋 신체 각 부분의 명칭 및 움직임과 특성	
3세	'눈은 어디 있나' 노래를 팔, 다리, 엉덩이, 허리 등의 신체 부분 명칭을 넣어 불러 보고, 각 신체 부위를 자유롭게 움직여 본다.
4세	우리 몸에서 돌릴 수 있는 부분을 찾아서 자유롭게 돌려 본다.
5세	친구와 함께 몸으로 숫자 만들기 활동을 해 본다. 동일한 숫자이지만 몸을 다양하게 움직여 여러 가지 방식으로 표현해 본다.
📋 신체의 긍정적 인식과 움직임	
3세	유니바 한 개를 건너가 본다.
4세	유니바를 2개 쌓은 후 양발 모아 뛰기로 건너가 본다.
5세	낮고 폭이 좁은 뜀틀을 양팔로 짚고 양발을 벌려 넘어 본다.

💬 **생각 톡톡!** 신체 각 부분의 움직임을 탐색해 보고 다양하게 움직여 봅시다. 그리고 유아들과 함께 해 볼 수 있는 신체 움직임에는 어떤 것들이 있는지 생각해 봅시다.

(2) 신체 조절과 기본 운동하기

① 신체 조절하기

'신체 조절하기'는 '신체 균형과 유지', '움직임 요소의 경험과 활용', '움직임의 조절과 협응', '눈과 손의 협응과 소근육 조절'의 네 가지 내용으로 구성되어 있으며, '눈과 손의 협응과 소근육 조절'을 제외한 세 가지 내용이 동작교육과 관련한 내용이라 할 수 있다. 따라서 '신체 조절하기'는 움직임의 요소를 고려한 몸의 조정 및 균형 유지 능력을 키우도록 하는 내용이다. 무엇보다도 공간, 시간, 힘, 관계 등의 움직임 요소를 다양하게 활용하여 움직여 보는 활동에 중점을 둔다.

 동작의 기본 요소(움직임 요소)

라반(Lavan, 1963)은 인간의 움직임을 신체, 노력, 공간, 관계로 구분하여 분석하였는데, 이는 동작의 기본 요소라 할 수 있다. 인간이 움직이기 위해서는 움직일 수 있는 '신체', 몸을 움직이려는 '노력', 움직일 수 있는 '공간'이 있어야 하며, 몸을 움직이며 '관계'가 형성되므로 이를 중심으로 동작을 분석하고 이해해야 한다. 이러한 라반의 원리를 기초로 하여 연구된 동작의 기본 요소에 대한 주제와 내용을 소개하면 다음과 같다.

요소	주제	개념
신체 (body)	신체 부분	신체 안(근육, 뼈, 심장 등)과 신체 밖(신체 각 부분)
	신체 모양	신체 형태(크고 비틀어진 모양, 낮고 구부러진, 곧게 뻗은)
	신체 동작	이동 동작과 비이동 동작
공간 (space)	장소	자기 공간, 일반 공간
	높낮이	높게, 낮게, 중간으로
	방향	앞, 뒤, 옆, 위, 아래, 안, 밖, 사선
	범위	크고 작은 영역
	진로	바닥 모양(곡선, 직선, 지그재그), 여러 가지 도형
시간 (time)	속도	빠르게, 느리게
	지속성	길게, 짧게
힘 (force)	세기	세게, 약하게
	무게	무거운, 가벼운
	흐름	탄력 있게, 유연하게
관계 (relation)	신체–신체	서로 만나고 헤어지고, 위쪽 또는 아래쪽에, 앞 또는 뒤에, 멀리 또는 가까이
	신체–사물	소도구(스카프, 훌라후프, 공 등), 큰 장비(구조물, 의자 등)와의 관계
	사람–사람	공간 속에서 서로 연결되어 있는 관계, 서로의 동작 유사성에 있어서의 관계, 동작이 일어나는 시기에 따른 관계

내용	3~5세 연령별 세부 내용		
	3세	4세	5세
신체 조절하기	신체 균형을 유지해 본다.	다양한 자세와 움직임에서 신체 균형을 유지한다.	
	공간, 힘, 시간 등의 움직임 요소를 경험한다.	공간, 힘, 시간 등의 움직임 요소를 활용하여 움직인다.	
	신체 각 부분의 움직임을 조절해 본다.	신체 각 부분을 협응하여 움직임을 조절한다.	

연령별 활동 예시

📋 신체 균형과 유지

3세	바닥에 붙은 마스킹테이프 선 위를 밟으며 걸어가 본다.
4세	높이가 낮고 폭이 넓은 평균대 위를 양팔을 벌려 균형을 잡고 걸어가 본다.
5세	바구니에 있는 물건을 떨어트리지 않고 장애물(평균대, 유니바 등)을 건너 목적지까지 가지고 가는 게임을 해 본다.

📋 움직임 요소의 경험과 활용

3세	교사가 치는 북의 세기에 따라 북 위의 콩이 되어 위로 뛰어 본다.
4세	교사가 들려주는 이야기에 맞게 나비의 움직임을 상상하며 빠르게 혹은 느리게, 높게 혹은 낮게, 움직이기 혹은 멈추기 등 날아가는 다양한 모습을 흉내 내 본다.
5세	무선 조종 로봇이 되어 친구가 지시하는 방향, 움직임, 빠르기에 알맞게 움직여 본다.

📋 움직임의 조절과 협응

3세	유아들이 함께 낙하산 천의 모서리를 빙 둘러서 잡고 교사의 신호에 따라 상하좌우로 흔들기와 멈추기를 해 본다.
4세	양손으로 훌라후프를 잡고 앞으로 돌린 후 멈춰 있는 훌라후프를 넘어 본다.
5세	양손으로 훌라후프를 잡고 앞으로 돌린 후 훌라후프를 양발 모아 깡충 뛰어넘어 본다.

💬 **생각 톡톡!** 움직임 요소를 지도할 때 효과적인 음악에는 어떤 것들이 있을지 조사해 보고, 움직임 요소에 따른 음악 목록을 작성해 봅시다.

② 기본 운동하기

'기본 운동하기'는 이동 동작과 비이동 동작을 다양하게 경험해 보도록 하는 내용으로, 유아기의 충분한 기본 운동 경험은 이후 운동 능력 발달에 기초가 된다는 측면에서 중요하다. 이동 동작은 공간을 이동하면서 이루어지는 동작으로, 걷기, 달리기, 점프, 홉핑(앙감질), 말뛰기(galloping), 미끄러지기, 뛰어넘기, 스킵 등의 움직임이 있다. 비이동 동작은 구부리기, 뻗기, 회전하기, 흔들기, 꼬기, 재빨리 피하기, 지탱하기, 밀기, 당기기 등의 움직임이 있다. 이러한 기본 동작들을 속도와 방향에 변화를 주어 다양하게 해 볼 수 있도록 해야 한다.

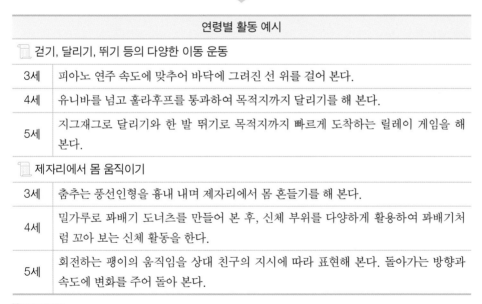

내용	3~5세 연령별 세부 내용		
	3세	4세	5세
기본 운동하기	걷기, 달리기 등 이동 운동을 한다.	걷기, 달리기, 뛰기 등 다양한 이동 운동을 한다.	
	제자리에서 몸을 움직여 본다.	제자리에서 몸을 다양하게 움직인다.	

연령별 활동 예시

📋 걷기, 달리기, 뛰기 등의 다양한 이동 운동

3세	피아노 연주 속도에 맞추어 바닥에 그려진 선 위를 걸어 본다.
4세	유니바를 넘고 홀라후프를 통과하여 목적지까지 달리기를 해 본다.
5세	지그재그로 달리기와 한 발 뛰기로 목적지까지 빠르게 도착하는 릴레이 게임을 해 본다.

📋 제자리에서 몸 움직이기

3세	춤추는 풍선인형을 흉내 내며 제자리에서 몸 흔들기를 해 본다.
4세	밀가루로 꽈배기 도너츠를 만들어 본 후, 신체 부위를 다양하게 활용하여 꽈배기처럼 꼬아 보는 신체 활동을 한다.
5세	회전하는 팽이의 움직임을 상대 친구의 지시에 따라 표현해 본다. 돌아가는 방향과 속도에 변화를 주어 돌아 본다.

🗨 *생각 톡톡!* 기본운동 동작의 세 가지 유형에 따른 각각의 움직임을 직접 해 보고, 연령에 따라 가능한 기본운동 동작에는 어떤 것들이 있을지 생각해 봅시다.

(3) 신체 활동에 참여하기

① 자발적으로 신체 활동에 참여하기

'자발적으로 신체 활동에 참여하기'는 유아가 신체 활동에 자발적으로 참여하고, 다른 사람과 함께 참여하는 경험을 갖고, 서로의 운동 능력의 차이에 관심과 이해를 갖도록 하는 내용을 포함한다. 이를 통해 신체 활동의 즐거움을 느끼고 자신의 신체 운동 능력에 대해 자신감을 느끼도록 하는 것이 중요하다.

내용	3~5세 연령별 세부 내용		
	3세	4세	5세
자발적으로 신체 활동에 참여하기	신체 활동에 자발적으로 참여한다.	신체 활동에 자발적이고 지속적으로 참여한다.	
	다른 사람과 함께 하는 신체 활동에 참여한다.		
		자신과 다른 사람의 운동능력의 차이에 관심을 갖는다.	자신과 다른 사람의 운동 능력의 차이를 이해한다.

⬇

연령별 활동 예시

📋 신체 활동의 자발적 참여

3세	'그대로 멈춰라' 동요에 맞추어 자유롭게 움직이고 멈추는 활동을 해 본다.
4세	'무궁화 꽃이 피었습니다' 게임을 해 본다.
5세	친구들과 함께 보자기의 네 모서리를 각각 잡고 보자기 위의 공을 멀리 튕겨 보내는 게임을 해 본다.

📋 다른 사람과 함께하는 신체 활동

3세	친구들과 함께 기차놀이, 대문놀이를 해 본다.
4세	친구와 마주보고 친구 모습을 거울처럼 흉내 내기 활동을 해 본다.
5세	친구들과 함께 규칙을 지켜 '꼬리잡기' '얼음 땡' 등의 신체 게임을 해 본다.

📋 운동 능력의 차이에 대한 관심과 이해

4세	달리기, 앞으로 구르기, 한 발 뛰기, 양발 모아 뛰기, 멀리뛰기 등 자신이 잘 할 수 있는 방법을 선택하여 목적지까지 다녀오는 신체 활동을 해 본다.

5세	두 명의 유아가 양쪽에서 고무줄을 잡고 친구들과 림보게임을 해 본다. 유아들의 운동 능력 차이에 따라 고무줄의 높이를 조절하며 지속적으로 해 본다.

💬 **생각 톡톡!** 운동 능력이 부족한 유아들을 어떻게 지도하고 격려할 수 있을지 생각해 봅시다.

② 바깥에서 신체 활동하기

'바깥에서 신체 활동하기'는 유치원의 실외놀이터, 인근 공원이나 놀이터 등에서 신체 활동을 하도록 하는 내용으로, 이를 통해 유아의 스트레스 해소 및 신체 발달과 운동 능력 증진에 의의가 있다. 누리과정 편성 지침에서는 신체운동을 위한 1일 1시간 이상의 바깥놀이 시간을 규칙적으로 마련하도록 할 것을 명시하고 있으며, 본 내용은 이에 대한 반영이라 볼 수 있다. 바깥놀이 신체 활동의 경우, 보통 주제와 관련 없이 동적인 활동 위주로 운영되는 경우가 많다. 그러나 가급적 주제와 관련하여 다양한 신체 활동을 계획하고, 동적-정적, 집단-개별의 균형적인 활동이 운영되도록 할 필요가 있다.

내용	3~5세 연령별 세부 내용		
	3세	4세	5세
바깥에서 신체 활동하기	규칙적으로 바깥에서 신체 활동을 한다.		

연령별 활동 예시

📋 바깥에서의 신체 활동

3세	경사가 완만한 미끄럼틀이나 소형의 탈것을 타 본다.
4세	공, 홀라후프, 줄넘기 등의 운동 놀이 기구를 활용하여 자유롭게 놀이한다.
5세	암벽등반, 원숭이 팔 건너기, 철봉에 매달리기 등의 모험 놀이를 목표를 정해서 지속적으로 해 본다.

💬 **생각 톡톡!** 바깥에서 쉽게 할 수 있는 신체 활동들을 생각해 봅시다. 그리고 바깥놀이에서 신체 활동 시 발생할 수 있는 안전사고 유형을 조사해 유아들과 정해야 할 약속을 생각해 봅시다.

③ 기구를 이용하여 신체 활동하기

'기구를 이용하여 신체 활동하기'는 다양한 기구를 활용하여 신체 활동을 하도록 함으로써 대근육 운동 능력과 신체 조절 및 방어 대처 능력을 기르도록 하는 내용이다. 공, 훌라후프, 줄넘기, 제기, 굴렁쇠 등의 소도구 및 평균대, 뜀틀, 유니바, 매트 등의 운동 놀이 기구를 활용할 수 있다. 교사는 유아의 발달에 알맞은 기구를 선택해야 할 뿐만 아니라 연령 및 발달에 적합하게 난이도 조절을 해야 하며, 사전에 기구 사용 방법에 대한 안내가 반드시 있어야 한다.

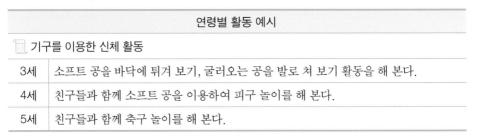

내용	3~5세 연령별 세부 내용		
	3세	4세	5세
기구를 이용하여 신체 활동하기	여러 가지 기구를 이용하여 신체 활동을 한다.		

연령별 활동 예시	
🗒 기구를 이용한 신체 활동	
3세	소프트 공을 바닥에 튀겨 보기, 굴러오는 공을 발로 쳐 보기 활동을 해 본다.
4세	친구들과 함께 소프트 공을 이용하여 피구 놀이를 해 본다.
5세	친구들과 함께 축구 놀이를 해 본다.

💬 *생각 톡톡!* 유아들의 신체 활동에 활용할 수 있는 기구에는 어떤 것들이 있는지 조사해 보고, 각 기구 사용 시의 안전 수칙을 생각해 봅시다.

(4) 아름다움 찾아보기

① 움직임과 춤 요소 탐색하기

'움직임과 춤 요소 탐색하기'는 사람, 사물, 자연의 움직임에 주의를 기울여 탐색함으로써 움직임의 아름다움을 느끼고, 아름다움을 만들어 내는 움직임 요소들(신체, 힘, 시간, 공간, 관계 등)의 특징을 발견하도록 하는 내용이다. 이는 움직임과 춤으로 표현하고 감상하는 능력의 토대가 되는데, 움직임과 춤 요소를 더 잘 느낄 수 있도록 음악을 활용할 수 있다.

내용	3~5세 연령별 세부 내용		
	3세	4세	5세
움직임과 춤 요소 탐색하기	움직임과 춤의 모양, 힘, 빠르기 등에 관심을 갖는다.		움직임과 춤의 모양, 힘, 빠르기, 흐름 등을 탐색한다.

연령별 활동 예시	
📄 움직임과 춤의 요소를 탐색하는 활동	
3세	나비의 날갯짓 모습을 관찰하고 따라해 본다.
4세	군인들의 행진 모습을 관찰하며 일반적인 걷기 동작과의 차이점을 탐색해 본 후, 그 모습을 따라해 본다.
5세	발리댄스를 관찰하고 발리댄스의 특징적인 움직임에 대해 이야기 나눈 후, 음악에 맞추어 발리댄스를 춰 본다.

💬 **생각 톡톡!** 동작의 요소들을 떠올려 보고, 한 가지 동작을 정하여 움직임 요소에 변화를 주어 움직여 봅시다.

(5) 예술적 표현하기

① 움직임과 춤으로 표현하기

'움직임과 춤으로 표현하기'는 생활 주변의 생물, 사물, 상황 등의 움직임뿐만 아니라 자신의 생각과 느낌을 움직임과 춤으로 표현해 보도록 하는 내용이다. 또한 여러 가지 도구를 활용하여 표현해 보는 활동을 포함한다. 무엇보다도 허용적인 분위기를 조성함으로써 자유로운 표현을 할 수 있도록 해 주어야 하며, 다양한 동작과 움직임의 요소를 활용하여 보다 아름답고 창의적인 움직임과 춤으로 표현할 수 있도록 하는 데 중점을 둔다. 유아가 구체적이고 창의적인 표현을 할 수 있도록 하기 위해 교사는 동작이나 공간과 관련한 어휘를 정확하게 사용해야 하며, 유아들의 움직임을 사실적인 언어로 묘사해 줄 필요가 있다. 또한 시각, 문학, 청각, 실물 등의 자료를 적극적으로 활용할 필요가 있으며, 동작 활동을 위한 충분한 공간을 확보해야 한다. 한편, 획일적이거나 흉내 내는 식의 동작 표현이 되지 않도록 유의해야 하며, 유아의 개별성을 존중함으로써 활동을 즐기고 성취감을 느낄 수 있도록 해야 한다.

내용	3~5세 연령별 세부 내용		
	3세	4세	5세
움직임과 춤으로 표현하기	신체를 이용하여 주변의 움직임을 자유롭게 표현한다.		신체를 이용하여 주변의 움직임을 다양하게 표현하며 즐긴다.
	움직임과 춤으로 자신의 생각과 느낌을 표현한다.		
	도구를 활용하여 다양한 움직임으로 표현한다.		다양한 도구를 활용하여 창의적으로 움직인다.

연령별 활동 예시

🗒 주변의 움직임 표현 활동

3세	어항 속 물고기나 햄스터 등 기관에서 키우고 있는 생물의 움직임을 직접 관찰한 후 자유롭게 표현해 본다.
4세	스포츠 사진이나 스포츠 조각상의 모습을 자세히 관찰한 후 따라서 표현해 본다.
5세	불꽃놀이 동영상을 감상하며 불꽃이 퍼지는 모습을 자세히 탐색한 후 친구들과 함께 모둠으로 표현해 본다.

🗒 생각과 느낌의 움직임 · 춤 표현 활동

3세	토끼와 거북이 이야기를 듣고 이야기 속 토끼와 거북이의 움직임을 자유롭게 표현해 본다.
4세	동물의 사육제 중 한 가지 음악을 선택하여 감상한 후, 음악에 어울리는 동물의 움직임을 상상하며 표현해 본다.
5세	다양한 빗소리를 들으며 생각과 느낌에 따라 빗방울이 되어 창의적으로 신체 표현을 해 본다.

🗒 도구를 활용한 움직임 활동

3세	음악을 들으며 스카프를 빠르게 혹은 느리게, 넓게 혹은 좁게, 세게 혹은 약하게 등 다양하게 흔들어 본다.
4세	비가 내리는 모습을 관찰한 후 비가 내리는 다양한 모습을 리본테이프로 표현해 본다.
5세	공을 활용한 리듬체조를 감상하며 공을 활용한 다양한 동작을 탐색한 후, 팀을 이루어 창의적인 공 리듬체조를 새롭게 구성해서 표현해 본다.

▷ **생각 톡톡!** 유아의 생활 주변에서 재미있는 움직임을 가진 생물이나 사물, 상황 등을 찾아봅시다. 그리고 움직임 표현 시 유아들이 사용할 수 있는 도구들을 생각해 봅시다.

② 통합적으로 표현하기

동작교육 측면에서 '통합적으로 표현하기'는 움직임과 춤을 중심으로 다른 예술 활동이 통합되어 이루어지도록 하는 내용이다. 또한 동작 활동 내에서 표현과 감상이 통합되어 이루어지는 것도 포함한다. 이러한 예술 통합 활동은 동일한 생활 주제나 개념을 중심으로 이루어질 수 있다.

내용	3~5세 연령별 세부 내용		
	3세	4세	5세
통합적으로 표현하기		음악, 움직임과 춤, 미술, 극놀이 등을 통합하여 표현한다.	
	예술 활동에 참여하여 표현 과정을 즐긴다.		예술 활동에 참여하여 창의적으로 표현하는 과정을 즐긴다.

⬇

연령별 활동 예시	
음악, 움직임과 춤, 미술의 통합적 표현 활동	
4세	로봇의 움직임을 탐색한 후, 장구 소리의 리듬에 맞추어 로봇의 움직임을 표현해 본다.
5세	여러 가지 탈(동화 『아무도 모를 거야 내가 누군지』(김향금 저, 1999) 속 각시탈, 양반탈, 할미탈, 말뚝이탈, 네눈박이탈)의 성격을 동작으로 표현해 보고 탈 이야기를 새롭게 구성한 후, 필요한 탈을 만들고 역할을 정하여 탈춤 공연을 해 본다.
창의적 표현 과정을 즐기는 활동	
3세	『곰 사냥을 떠나자』(마이클 로젠 저, 공경희 역, 2017) 그림책을 보고 소리 및 움직임을 흉내 내는 어휘 '사각서걱', '덤벙텀벙' '처벅철벅' '바스락부시럭' '살금' 등을 몸으로 표현해 본다.
4세	김득신의 〈파적도〉 명화를 감상하고 작품 속 인물 및 동물의 모습을 자유롭게 표현해 본다.
5세	짧은 공익광고를 감상하고 공익광고의 의미에 대해 이야기 나눈다. 모둠별로 광고 스토리를 구성한 후, 필요한 소품 및 의상을 준비하고 역할에 따른 동작을 정하여 우리만의 공익광고를 제작해 본다.

🗨 **생각 톡톡!** 동작과 음악, 동작과 미술, 동작과 문학의 통합 활동을 각각 떠올려 봅시다.

(6) 예술 감상하기

① 다양한 예술 감상하기

동작교육 측면에서 살펴볼 때, '다양한 예술 감상하기'는 유아가 다양한 춤을 보고 즐기는 활동을 통하여 심미감을 느끼고 서로의 표현을 존중하며 춤 감상에 지속적인 관심과 흥미를 갖도록 하기 위한 내용이다. 일상에서 다양한 춤을 감상할 기회를 제공해야 하는데, 전문가의 춤뿐만 아니라 유치원 친구들의 율동이나 춤도 감상해 보도록 할 수 있다. 직접 가서 볼 수 없을 경우에는 질 높은 영상이나 사진 자료를 활용할 수도 있다. 유아들이 감상을 좀 더 잘할 수 있도록 하기 위해서 교사는 생활주제와 관련되고 유아의 발달에 적합한 작품을 선정할 필요가 있으며, 움직임의 요소와 관련된 발문을 통해 춤의 아름다움, 독특한 표현을 탐색할 수 있도록 한다. 춤 감상 후에 느낀 점을 친구들과 공유할 기회를 갖도록 하는 것은 매우 중요하나, 교사가 작품을 평가하는 식의 표현은 지양해야 한다.

내용	3~5세 연령별 세부 내용		
	3세	4세	5세
다양한 예술 감상하기	다양한 음악, 춤, 미술 작품, 극놀이 등을 듣거나 본다.	다양한 음악, 춤, 미술 작품, 극놀이 등을 듣거나 보고 즐긴다.	
	나와 다른 사람의 예술 표현을 소중히 여긴다.		

연령별 활동 예시

📋 **다양한 예술 감상 활동**

3세	발레를 감상하고 발끝으로 서서 이동해 본다.
4세	필리핀 전통 춤인 티니클링을 감상하고 단순한 티니클링 동작에 따라 친구들과 함께 움직여 본다.
5세	세계 여러 나라의 민속춤(태국의 람용, 일본의 가부키, 스페인의 플라밍고, 하와이의 훌라, 독일의 왈츠 등)을 감상하며 움직임의 요소(모양, 빠르기, 흐름, 힘 등)를 비교해 보고, 춤에서 표현하려고 한 것과 연상되는 것 등에 대해 이야기 나눈다.

📋 나와 다른 사람의 예술 표현 감상 활동

3세	형님반의 춤 공연을 감상하고, 궁금한 점이나 표현 방법의 독특한 점을 찾아본다.
4세	김연아 선수의 피겨스케이팅 모습을 감상하며 움직임 요소를 탐색해 보고 느낌을 이야기 나눈다.
5세	여러 유형의 춤(비보이 춤, 탈춤, 발레, 밸리댄스 등)을 감상하고 각 춤의 특징적인 움직임에 대해 이야기 나눈다.

💬 **생각 톡톡!** 유아들이 감상할 수 있는 춤의 종류들을 조사해 봅시다. 그리고 전통 춤뿐만 아니라 비보이나 댄스 가수의 춤의 교육적 활용에 대해서 토의해 봅시다.

② 전통 예술 감상하기

'전통 예술 감상하기'는 우리나라 고유의 전통 춤을 자연스럽게 접할 기회를 충분히 제공함으로써 전통 춤에 관심을 갖고 친숙해질 수 있도록 하기 위한 내용이다. 유아기는 전통 춤에 친숙해지기 위한 중요한 시기이므로, 전통 춤 공연을 직접 관람할 수 있는 기회가 부족하다면 영상이나 사진, 문학 자료 등을 활용하여 전통 춤을 자주 접할 수 있도록 하는 것이 중요하다.

내용	3~5세 연령별 세부 내용		
	3세	4세	5세
전통 예술 감상하기	우리나라의 전통 예술에 관심을 갖는다.		우리나라의 전통 예술에 관심을 갖고 친숙해진다.

연령별 활동 예시

📋 전통 예술 감상 활동

3세	역할놀이 영역에 탈춤 영상을 틀고(또는 탈춤 사진을 부착하고) 여러 가지 탈과 한삼을 배치하여 탈춤을 춰 볼 수 있도록 한다.
4세	강강술래를 감상하고 다양한 빠르기의 노래에 맞추어 강강술래를 해 본다.
5세	부채춤을 감상하고 친구들과 함께 부채춤 동작을 구성하여 공연해 본다.

💬 **생각 톡톡!** 우리나라 전통 춤을 조사해 보고, 각 춤의 특징을 찾아봅시다.

3) 유아동작교육의 지도 원리

앞서 제시한 유아동작교육의 목표 및 내용을 반영하여 바람직한 동작 활동을 구성하고 실행하기 위해 교사가 유의해야 할 기본적인 구성 및 지도 원리를 소개하면 다음과 같다.

첫째, 자신의 생각과 느낌을 자유롭게 동작으로 표현해 볼 수 있도록 한다. 즉, 교사의 시범이나 지시에 따라 동작을 획일적으로 따라 하게 하는 식의 동작교육을 지양한다. 또한 허용적인 태도로 편안한 분위기를 조성하여 유아들이 마음껏 표현해 볼 수 있도록 한다.

둘째, 동작으로 표현해 보도록 하기 전에 충분한 탐색과 관찰 시간을 제공한다. 특정 대상의 움직임을 표현해 보도록 하기에 앞서 실물, 동영상, 사진 자료 등을 활용하여 그 대상의 움직임을 자세히 관찰하고 이야기 나누어 보는 기회를 제공한다.

셋째, 움직임을 가장 잘 표현할 수 있는 적절한 도구를 활용한다. 파도의 움직임을 표현할 경우, 몸으로 표현할 수도 있지만 스카프나 리본 끈을 활용할 경우 유연한 파도의 움직임을 더욱 잘 표현할 수 있다.

넷째, 문학, 음악, 미술 등의 다른 예술 유형과 통합한 창의적 동작 표현 활동을 계획한다. 문학, 음악, 미술 작품을 감상한 후 그 느낌을 동작으로 표현해 본다거나, 이야기나 음악에 맞추어 움직여 보는 등의 활용을 계획하면 효과적이다.

다섯째, 움직임의 요소에 변화를 주어 여러 기본 동작을 충분히 경험해 보는 기회를 제공한다. 다양한 이동 동작, 비이동 동작을 경험해 보도록 할 뿐만 아니라, 힘(노력), 공간, 시간, 관계 등의 동작의 기본 요소에 다양한 변화를 주어 움직여 볼 수 있도록 해야 한다.

여섯째, 전이 시간이나 장소 이동 시 동작 활동을 적극적으로 활용한다. 즉, 단위 수업을 계획하여 동작 수업을 할 수도 있으나, 유아교육기관의 일과 속에서 자연스럽게 동작 활동을 해 보는 기회를 제공할 수 있다. 전이 시간에 모여 앉아 간단한 손 유희를 한다거나, 바깥놀이 이동 시 나비처럼 또는 개미처럼 움직이며 이동하기 등을 해 볼 수 있다.

일곱째, 안전사고에 유의하여 활동을 계획한다. 동작 활동은 유아들의 움직임이 크고 빈번하게 일어나는 만큼, 유아들이 부딪히지 않도록 충분한 공간 및 안전한 공간을 확보할 필요가 있다. 또한 도구를 사용할 때 안전 수칙 및 도구 사용 방법을 명확히 알려 주어야 하고, 동작 활동 시 지켜야 할 약속을 사전에 정해서 안전하게 활동할 수 있도록 한다.

4) 통합교육을 위한 동작교육의 실제

(1) 음악을 통한 동작교육

연령	3세	활동 형태	대 · 소집단 활동	유형	신체
활동명	음악에 맞추어 이동해요				

활동 목표	3세 누리과정 관련 요소
• 음악의 특성에 따른 움직임 표현에 관심을 갖는다. • 기본 동작 및 움직임 요소를 활용하여 움직여 본다.	• 신체운동 · 건강 – 신체 조절과 기본 운동하기 • 신체운동 · 건강 – 기본 운동하기 • 예술경험: 예술 감상하기 – 다양한 예술 감상하기

(창의 · 인성 관련)
• 창의성: 인지적 요소 – 유추/은유적 사고
• 인성: 존중 – 다른 사람들과 다른 문화에 대한 존중

활동 자료	고섹의 '가보트' 피아노 연주 음악, 바닥 선을 그리기 위한 색깔 테이프

활동 방법	1. 고섹의 '가보트' 피아노 연주를 감상한다.
	  • 어떤 음악이 들리는지 잘 들어보자.
	  • 이 음악을 들어본 적이 있니?
	  • 어떤 악기 소리인 것 같니?
	  • 이 음악을 들으니 어떤 느낌이 드니?
	  • 이 음악을 들으며 무엇을 하고 싶니?
	  • 이 음악에 맞추어 몸을 움직여 보면 어떨까?
	2. 음악에 알맞은 다양한 움직임을 탐색해 본다.
	  • (음악을 부분씩 들려주며) 이 부분에서는 어떻게 움직이고 싶니?
	  • ○○이는 왜 그렇게 움직였니?
	  • 또 다른 방법으로 움직여 보고 싶은 친구 있니?
	  • 음악이 멈추었을 때는 어떻게 하면 좋을까?

	• 음악이 빠를 때(느릴 때, 톡톡 튈 때, 센 소리, 약한 소리 등)는 어떻게 움직일 수 있을까?
	3. '가보트' 음악에 맞추어 선을 따라 이동해 본다.
	• 바닥에 무엇이 그려져 있니?
	• 음악을 들으며 이 선을 따라 이동해 볼 거야.
	• 친구들이 음악에 맞추어 어떻게 움직이는지 잘 감상해 보자.
	• ○○이는 음악에 맞추어 걷기도 하고, 한 발 뛰기도 하고, 두 발 점프도 했구나.
	• 음악에 맞추어 걸어가기만 해 보면 어떨까?
	• 두 발 점프만 하며 이동하면 어떨까?
	4. 활동을 회상하고 평가한다.
	• 음악에 맞추어 선을 따라 움직여 보니 어땠니?
	• 어떤 동작들을 해 보았니?
	• 어떻게 움직일 때 가장 재미있었니?
	• 또 다른 음악에 맞추어서도 해 볼 수 있겠니?
활동 시 유의점	1. 선 따라 이동 시, 처음에는 한 명씩 해 보도록 한 후 모둠별로 줄을 지어 이동해 보도록 할 수 있다. 2. 교사가 피아노를 직접 연주하며 활동하면 필요한 부분만 반복하여 연주할 수 있어 더욱 효과적이다. 3. 유아들이 이동할 선의 모양은 직선, 곡선을 다양하게 활용하여 구성할 수 있으나, 처음에는 직선으로 제시함으로써 유아들이 움직임 요소에 집중할 수 있도록 한다.
활동 평가	1. 음악에 적절한 움직임 표현에 즐겁게 참여하는지 평가한다. 2. 다양한 기본 동작 및 움직임 요소를 활용하여 움직이는지 평가한다.
확장활동	1. 한 가지 동작을 다양하게 변화를 주어 이동해 보는 활동으로 확장할 수 있다. 2. 드보르작의 '유모레스크' 음악으로 활동을 해 볼 수 있다.

(2) 미술을 통한 동작교육

연령	만 4세	활동 형태	대 · 소집단 활동	유형	신체
활동명	스포츠 조각상이 되어 봐요!				

활동 목표	4세 누리과정 관련 요소
• 스포츠 조각상에 관심을 갖는다. • 조각상의 움직임을 따라서 표현할 수 있다. • 조각상에 어울리는 움직임을 창의적으로 표현할 수 있다.	• 신체운동 · 건강: 신체 조절과 기본 운동하기 – 기본 운동하기 • 예술경험: 예술적 표현하기 – 움직임과 춤으로 표현하기 • 예술경험: 예술 감상하기 – 다양한 예술 감상하기

(창의 · 인성 관련)
• 창의성: 인지적 요소 – 사고의 확장 및 수렴
• 인성: 협력 – 긍정적인 상호의존성

활동 자료	테니스 조각상 사진
활동 방법	1. 알고 있는 스포츠 종목에 대해 이야기 나눈다. 　• 너희가 알고 있는 운동에는 어떤 것들이 있니? 　• 그 운동을 해 본 적이 있니? 　• 어디에서 보았니? 　• 어떻게 하는 운동이니? 2. 테니스 스포츠 조각상 사진을 감상하며 신체의 모양 및 움직임 요소를 탐색한다. 　• (조각상 사진을 보여 주며) 이 조각상의 사람은 어떤 운동을 하고 있니? 　• 몸의 모양을 잘 살펴보자. 　• 팔(다리, 머리, 허리 등)을 어떻게 하고 있니? 　• 힘이 어떻게 느껴지니? 　• 빠르기는 어떤 것 같니? 3. 사진 속 스포츠 조각상을 표현해 본다. 　• 테니스하는 조각상의 모습을 우리도 표현해 보자. 　• 몸을 어떻게 해야 할까? 　• (유아들의 표현을 보며) 한쪽 팔은 구부리고 다른 한쪽 팔은 위로 쭉 뻗었구나. 　• ○○이는 다리를 살짝 구부리고 있구나. 　• ○○이는 이 조각상을 표현하며 어떻게 하려고 노력했니? 　• 조각상의 움직임을 표현해 보니 어떻니? 　• 표현하기 힘든 부분이 있었니?

	4. 친구와 함께 새로운 스포츠 조각상을 표현해 본다. • 이번에는 짝 친구와 함께 해 볼까? 한 명의 친구는 이 조각상의 모습을 표현하고, 다른 친구는 이 조각상과 어울리는 움직임을 표현해 보자. • ○○이는 이 조각상 앞에서 무엇을 하는 모습을 표현했니? • 상대편 선수의 모습을 표현했구나. 상대편 선수는 어떻게 하고 있니? 5. 활동을 회상하고 평가한다. • 오늘 스포츠 조각상의 움직임을 표현해 보았는데 어땠니? • 짝 친구와 새로운 조각상을 표현해 보는 건 어땠니? • 다음에는 어떤 운동을 표현해 보고 싶니?
활동 시 유의점	1. 단순히 대표적인 스포츠 동작을 따라 해 보는 것이 아니라, 조각상의 신체 모습을 자세히 탐색하고 세밀한 표현 또한 할 수 있도록 상호작용한다. 2. 사전에 테니스 운동 경기를 관람하거나 영상으로 시청할 기회를 주면 효과적이다.
활동 평가	1. 스포츠 조각상에 관심을 갖고 탐색하고 동작의 주요 특징을 발견할 수 있는지 평가한다. 2. 스포츠 조각상의 동작을 세밀하게 표현할 수 있는지 평가한다. 3. 조각상에 어울리는 새로운 동작을 창의적으로 표현할 수 있는지 평가한다.
확장활동	1. 씨름이나 야구, 농구 등 여러 명이 함께 하는 스포츠 조각상을 활용하여 활동해 본다. 2. 스포츠 동작을 그림이나 찰흙 등으로 표현해 보는 미술 활동을 해 볼 수 있다. 3. 유아들이 표현한 조각상의 모습을 사진으로 찍어 이야기 짓기 활동으로 확장할 수 있다.

(3) 과학을 통한 동작교육

연령	만 5세	활동 형태	대 · 소집단 활동	유형	신체
활동명	빗방울이 되어 보자!				

활동 목표	5세 누리과정 관련 요소
• 날씨 변화에 관심을 갖고 비가 내리는 모습을 탐색한다. • 이야기에 따라 비가 내리는 모습을 창의적으로 신체 표현을 할 수 있다.	• 자연탐구: 과학적 탐구하기 – 자연현상 알아보기 • 예술경험: 예술적 표현하기 – 움직임과 춤으로 표현하기 • 의사소통: 듣기 – 이야기 듣고 이해하기

(창의 · 인성 관련)
• 창의성: 성향적 요소 – 개방성
• 인성: 존중 – 다른 사람들과 다른 문화에 대한 존중

활동 자료	비 내리는 영상, 빗방울 머리띠, 배경음악

활동 방법	1. 비에 대한 경험을 이야기 나눈다. 　• 요즘 날씨가 어떻니? 　• 비는 어떻게 해서 내리는 걸까? 　• 비가 오면 기분이 어떻니? 왜? 　• 비가 오는 날 무엇을 하고 싶니? 2. 영상 자료를 보며 비가 내리는 모습을 관찰한다. 　• 비가 내리는 모습을 자세히 살펴본 적이 있니? 　• 비가 내리는 모습을 담은 영상을 감상해 보자. 　• 비가 어떻게 내리고 있니? 　• 비가 세게(약하게) 내리고 있구나. 　• 비가 어디에 내리고 있니? 　• 나뭇잎에 내리는 빗방울(물웅덩이에 내리는 빗방울, 유리창에 내리는 빗 　　방울)의 모습이 어떻니? 　• 바람이 불어오고 있어. 비가 어떻게 내리고 있니? 3. 다양한 빗방울의 움직임을 신체로 표현해 본다. 　• 빗방울 머리띠를 하고, 비가 오는 모습을 몸으로 표현해 보자. 　• ○○이는 어떻게 비가 오는 모습을 표현했니? 　• 비가 세게(약하게) 올 때는 어떻게 표현하면 좋을까? 　• 바람이 이쪽에서 저쪽으로 불 때 비가 오는 모습은 어떻게 표현할 수 있 　　을까? 　• 물웅덩이에 떨어지는 빗방울의 모습은 어떨까? 　• 유리창에 빠르게(천천히) 내려서 미끄러지는 빗방울의 모습은? 　• 유리창에 세게 내려서 튕겨지는 빗방울의 모습은? 　• 나뭇잎에 맺힌 빗방울의 모습은? 4. 이야기에 따라 빗방울의 움직임을 신체로 표현해 본다. 　• 선생님이 들려주는 빗방울의 여행 이야기에 맞추어 몸을 움직여 볼 거야. 　• 먼저, 손으로만 표현해 보자. 　• 위험하지 않게 활동하려면 어떻게 해야 할까?(정해진 구역에서만 활동하 　　기, 친구들과 부딪히지 않도록 조심하기 등)

> **빗방울의 여행**
>
> 하늘 높이 구름 속에 빗방울들이 옹기종기 모여 있어요.
> 점점 더 많은 빗방울들이 모여져 조금씩 비가 내려요.
> 톡…… 톡…… 톡……
> 물웅덩이에 톡…… 톡…… 톡……
> 나뭇잎에도 톡, 쭉~
> 유리창에도 톡하고 떨어져 미끄러져요. 톡, 쭈르르륵~

점점 비가 세게 내리기 시작해요.

투두둑, 투두둑, 투두둑

쏴아, 쏴아, 쏴아······

바람이 오른쪽으로 세게 불어요.

바람이 왼쪽으로도 세게 불어요.

커다란 물웅덩이 위에도 세찬 비가 내려요.

나뭇잎 위에도 세찬 비가······

유리창 위에도 세찬 비가······

한참을 내리던 세찬 비가 조금씩 조금씩 약해지고 있어요.

바람도 이제 불지 않아요.

아주 조금씩 톡······ 톡······

빗방울들이 땅속 깊은 곳으로 스며들어요.

5. 활동을 회상하고 평가한다.
- 비가 내리는 모습을 몸으로 표현해 보니 어땠니?
- 언제 가장 재미있었니?
- 힘들었던 점은 무엇이었니?
- 어떤 친구의 표현이 가장 기억에 남니?
- 다음에는 어떤 이야기도 넣어서 표현해 보고 싶니?

활동 시 유의점	1. 장마철에 이 활동을 하면 효과적이다. 2. 인터넷을 통해 비가 내리는 다양한 모습을 담은 영상을 수집하여 편집 후 활용하도록 한다. 3. 빗방울의 여행 이야기는 유아들과 새롭게 구성하여 활동할 수도 있다. 4. 움직일 수 있는 공간을 색깔테이프나 카페트 등으로 표시하여 정해진 구역에서만 신체 표현을 할 수 있도록 한다. 5. 이야기에 알맞은 배경음악을 제공하여 활동하면 더욱 효과적이다.
활동 평가	1. 날씨 변화에 관심을 갖고 비가 내리는 다양한 모습을 주의 깊게 관찰하는지 평가한다. 2. 비가 내리는 모습을 자신의 신체 각 부분을 다양하게 활용하여 표현할 수 있는지 평가한다. 3. 이야기에 맞추어 창의적으로 신체 표현을 할 수 있는지 평가한다.
확장활동	1. 비가 내리는 다양한 모습을 알맞은 동작으로 표현한 후 사진으로 찍어 이야기책을 만들어 볼 수 있다. 2. 모둠별로 짧은 비 이야기를 지어 신체 활동을 해 보도록 한다. 3. 이야기에 맞추어 리본테이프나 스카프 등으로 움직임을 표현해 보는 활동을 할 수 있다.

6. 유아수학교육

예비유아교사의 '생각 톡톡!'

톡톡 1. 여러분은 수학을 좋아하나요? 예비유아교사가 수학적 소양을 갖도록 하는 것은 왜 중요할까요?

톡톡 2. 유아를 대상으로 하는 수학교육 하면 가장 먼저 떠오르는 활동은 무엇인가요?

톡톡 3. 수학교육을 통해 유아들에게 어떤 변화가 있기를 기대하나요?

톡톡 4. 유아에게 가르쳐야 할 수학 내용 지식은 무엇이 있나요?

21세기 정보화 사회에서는 많은 정보를 논리적으로 분석할 수 있는 능력과 문제 해결능력이 요구된다. 지식의 양적 축적보다는 문제들을 논리적이고 합리적인 절차와 방법에 따라 해결하는 힘이 필요한 것이다. 미국수학교사협의회(National Council of Teachers Mathematics: NCTM)는 수학을 "사물의 현상을 수학적으로 관찰하고 사고하는 능력과 태도를 기르게 하며, 문제를 합리적이고 논리적으로 해결하는 능력을 신장시키는 학문"이라고 규정하였다. 현대사회를 살아가는 데 있어 필요한 능력인 것이다.

수학은 우리가 살아가는 일상생활 및 자연현상 속 질서와 규칙을 정의하고, 이를 통해 논리정연한 의사소통 및 문제 해결 능력을 배양하는 학문이다. 갈수록 복잡해지고 불확실성이 높아지고 있는 지금 시대에 논리적으로 현상의 규칙성을 찾아내는 수학의 역할은 매우 중요하다. 수학은 우리의 삶과 밀접한 관계를 맺고 있기에 현대사회의 특성상 전공자뿐 아니라 모든 사람에게 수학적 능력과 성향이 요구된다.

그러나 여전히 많은 사람이 '수학'이라고 하면 수학 공식을 떠올리며 어렵고 부담스럽다고 생각하는 경우가 많다. 그러나 우리는 일상생활에서 수학을 사용하고 있다. 가게에 가서 물건을 고르고 계산하며, 지하철 노선도를 보며 시간을 계산하는 등 생활 속에서 '수학'을 사용하고 있는 것이다. 또한 생활 속 뉴스에서도 취업률, 이직률, 판매율 등 통계 자료를 제시할 때 수학이 사용되고 있다.

우리의 생활에서 친숙하게 사용되고 있는 수학은 유아기부터 다양한 수학적 상황을 만나면서 자연스럽게 발달한다. 수학적 능력은 어린 시기부터 생활 속 다양한 수학적 경험을 통해 길러지는데, 유아는 일상생활 속에서 자연스럽게 수학적 문제를 해결하는 경험을 한다. 유아기는 수학적 능력을 기름과 동시에 수학에 대한 태도를 형성해 가는 시기이기 때문에 수학교육에 있어 매우 중요하다. 따라서 유아기부터 수학교육의 중요성과 가치를 이해하고 유아에게 적절한 수학 활동과 수학 경험을 제공해야 한다.

1) 유아수학교육의 목표

유아수학교육에서는 수학 지식의 학습보다는 수학에 대해 자연스러운 흥미를 유발하고 비형식적 방법으로 수학 지식, 수학적 과정 기술, 수학적 태도를 기를 수 있는 놀이를 통한 방법을 강조하고 있다. 따라서 일상생활 속에서 수학적 문제를 해결할 수 있는 '수학적 힘(mathematical power)'을 기르는 것을 수학교육의 방향으로 제시하고 있다.

국가 수준의 교육과정인 3~5세 연령별 누리과정에서 수학교육과 관련된 영역은 '자연탐구 영역'으로, 수학교육 관련 목표를 다음과 같이 제시하고 있다. 우선, 자연탐구 영역의 목표는 '호기심을 가지고 주변 세계를 탐구하며 일상생활 속에서 수학적 · 과학적으로 생각하는 능력과 태도를 기른다'이며, 이 중 수학과 관련된 세부 목표는 다음과 같다.

① 호기심을 가지고 주변 세계를 탐구하며 일상생활 속에서 수학적 · 과학적으로 생각하는 능력과 태도를 기른다.
② 생활 속의 여러 상황과 문제를 논리 · 수학적으로 이해하고 해결하기 위한 기초 능력을 기른다.

미국유아교육협회와 미국수학교사협의회(NAEYC & NCTM, 2002)에서는 유아수학교육이 일상생활 속에서 수학적 문제를 해결하고 수학적 언어를 사용하여 서로의 생각을 의사소통하는 등의 방법을 통해 수학 개념과 수학 절차가 이해되어 수행되어야 한다고 주장한다. 이은영(2010)은 수학적 지식을 습득하기, 수학과정 기술을 습득하기, 수학적 가치를 인식하고 수학에 대한 긍정적인 태도를 형성하기를 목표로 제시하였다. 여러 단체와 학자의 의견을 종합하여 유아수학교육의 목표를 정리하면 다음과 같다.

① 유아기에 적합한 수학내용 지식을 이해한다.
② 수학적 과정 기술을 발달시킨다.
③ 수학적 태도를 긍정적으로 발달시킨다.

2) 유아수학교육의 내용

유아수학교육 내용은 유아의 생활 속 수학적 경험이 가능한 모든 것으로 수학내용 지식, 수학적 과정 기술, 수학적 태도가 포함된다. 보통 수학교육의 내용을 지식적인 측면에 치우쳐 생각할 수 있으나, 유아들을 대상으로 하는 수학교육의 내용에서는 지식보다는 기술, 태도 측면에 더욱 중점을 둘 필요가 있다.

누리과정의 수학교육 관련 내용 영역인 자연탐구 영역을 살펴보았을 때 유아수학교육의 내용으로서 지식, 기술, 태도 측면이 모두 반영되고 있다. 누리과정의 자연탐구 영역에서 수학교육과 관련한 교육 내용을 살펴보면 다음과 같다.

〈표 2-7〉 누리과정 자연탐구 영역의 수학교육 내용

내용 범주	내용	연령별 세부 내용		
		3세	4세	5세
탐구하는 태도 기르기	호기심을 유지하고 확장하기	주변 사물과 자연세계에 호기심을 갖는다.	주변 사물과 자연세계에 지속적으로 호기심을 갖는다.	주변 사물과 자연세계에 지속적으로 호기심을 갖고 알고자 한다.
	탐구 과정 즐기기	궁금한 점을 알아보는 과정에 흥미를 갖는다.	궁금한 점을 알아보는 탐구 과정에 관심을 갖고 참여한다.	궁금한 점을 알아보는 탐구 과정에 참여하고 즐긴다.
				탐구 과정에서 서로 다른 생각에 관심을 갖는다.
	탐구 기술 활용하기		일상생활의 문제를 해결하는 과정에서 탐색, 관찰 등의 방법을 활용해 본다.	일상생활의 문제를 해결하는 과정에서 탐색, 관찰, 비교, 예측 등의 탐구 기술을 활용해 본다.
수학적 탐구하기	수와 연산의 기초 개념 알아보기	생활 속에서 수에 관심을 갖는다.		생활 속에서 사용되는 수의 여러 가지 의미를 안다.
		구체물 수량의 많고 적음을 비교한다.	구체물 수량에서 '같다' '더 많다' '더 적다'의 관계를 안다.	구체물 수량의 부분과 전체 관계를 알아본다.
		5개가량의 구체물을 세어 보고 수량에 관심을 갖는다.	10개가량의 구체물을 세어 보고 수량을 알아본다.	20개가량의 구체물을 세어 보고 수량을 알아본다.
				구체물을 가지고 더하고 빼는 경험을 해 본다.
	공간과 도형의 기초 개념 알아보기	나를 중심으로 앞, 뒤, 옆, 위, 아래를 알아본다.	위치와 방향을 여러 가지 방법으로 나타내 본다.	
				여러 방향에서 물체를 보고 그 차이점을 비교해 본다.

	물체의 모양에 관심을 갖는다.	기본 도형의 특성을 인식한다.	기본 도형의 공통점과 차이점을 알아본다.
		기본 도형을 사용하여 여러 가지 모양을 구성해 본다.	
기초적인 측정하기	두 물체의 길이, 크기를 비교해 본다.	일상생활에서 길이, 크기, 무게 등을 비교해 본다.	일상생활에서 길이, 크기, 무게, 들이 등의 속성을 비교하고 순서를 지어 본다.
			임의 측정 단위를 사용하며 길이, 면적, 들이 등을 재 본다.
규칙성 이해하기	생활 주변에서 반복되는 규칙성에 관심을 갖는다.	생활 주변에서 반복되는 규칙성을 알아본다.	생활 주변에서 반복되는 규칙성을 알고 다음에 올 것을 예측해 본다.
		반복되는 규칙성을 인식하고 모방한다.	스스로 규칙성을 만들어 본다.
기초적인 자료 수집과 결과 나타내기	필요한 정보나 자료를 수집한다.		
	같은 것끼리 짝을 짓는다.	한 가지 기준으로 자료를 분류해 본다.	한 가지 기준으로 분류한 자료를 다른 기준으로 재분류해 본다.
			그림, 사진, 기호나 숫자를 사용해 그래프로 나타내 본다.

자연탐구 영역의 내용은 크게 '탐구하는 태도 기르기' '수학적 탐구하기' '과학적 탐구하기'의 세 가지 내용 범주로 나뉘는데, '탐구하는 태도 기르기'와 '수학적 탐구하기'가 유아수학교육과 관련된 내용 범주라 할 수 있다. 수학교육의 내용을 수학교육의 목표에 따라 지식, 기술, 태도의 세 가지 측면으로 구분하였을 때 '탐구하는 태도 기르기' 내용 범주는 과정 기술 및 태도와 관련된 내용이며, '수학적 탐구하기' 내용 범주는 지식과 관련된 내용이라 할 수 있다. 이에 따른 자세한 수학교육 내용을 살펴보면 다음과 같다.

(1) 탐구하는 태도 기르기

① 호기심을 유지하고 확장하기

'호기심을 유지하고 확장하기'는 유아가 탐구하는 태도를 기르는 데 필요한 기초 성향을 갖도록 하는 내용으로, 유아가 생활 속에서 경험한 사물이나 현상에 대해 호기심을 갖는 것부터 시작하여 호기심을 유지하며 궁금증을 해결해 보는 태도를 갖는 내용을 포함한다.

내용	3~5세 연령별 세부 내용		
	3세	4세	5세
호기심을 유지하고 확장하기	주변 사물과 자연세계에 호기심을 갖는다.	주변 사물과 자연세계에 지속적으로 호기심을 갖는다.	주변 사물과 자연세계에 지속적으로 호기심을 갖고 알고자 한다.

연령별 활동 예시	
3세	단풍잎과 은행잎의 모양을 관찰하면서 동그라미, 세모, 네모 등 유아가 알고 있는 어떤 모양과 닮았는지 살펴본다.
4세	여러 종류의 나뭇잎을 모아서 비슷한 모양끼리 나뭇잎을 나누어 본다.
5세	다양한 종류의 나뭇잎을 수집한 후 색, 모양, 무늬 등 나뭇잎의 특성을 파악하고 기준을 정하여 분류해 본 후 이를 친구에게 소개해 본다.

💭 **생각 톡톡!** '호기심을 유지하고 확장하기'와 관련하여 나뭇가지를 가지고 어떤 활동을 할 수 있을지 연령별로 생각해 보세요.

② 탐구 과정 즐기기

'탐구 과정 즐기기'는 유아가 호기심을 느낀 것을 알아보기 위해 탐구하여 발견하는 과정을 즐기도록 하는 내용이다. 유아는 또래 및 교사와 함께 탐구 과정에 관심을 갖고 참여하면서 서로 다른 생각에 관심을 가질 수 있다.

내용	3~5세 연령별 세부 내용		
	3세	4세	5세
탐구 과정 즐기기	궁금한 점을 알아보는 과정에 흥미를 갖는다.	궁금한 점을 알아보는 탐구 과정에 관심을 갖고 참여한다.	궁금한 점을 알아보는 탐구 과정에 참여하고 즐긴다.
			탐구 과정에서 서로 다른 생각에 관심을 갖는다.

연령별 활동 예시	
3세	조개껍질을 관찰하며 어떤 모양과 닮았는지 살펴본다.
4세	조개껍질을 관찰하고 어떤 모양을 닮았는지 살펴보며, 다른 종류의 조개껍질과 같은 점, 다른 점을 비교해 본다.
5세	다양한 종류의 조개껍질을 관찰하고, 발견한 속성에 따라 비교하여 분류해 본 후 다른 친구의 분류 기준을 알아본다.

 생각 톡톡! 다양한 크기와 색깔의 돌멩이를 가지고 어떤 활동을 할 수 있을지 연령별로 생각해 보세요.

③ 탐구 기술 활용하기

유아가 문제를 탐구하는 방법을 익히도록 하는 내용으로 탐색, 관찰, 비교 등의 기본 탐구 기술을 활용하는 것을 의미한다. 기본 탐구 기술 외에도 예측하기, 실험하기, 의사소통하기 등 복잡한 탐구 기술을 활용하는 내용을 다룰 수 있다.

내용	3~5세 연령별 세부 내용		
	3세	4세	5세
탐구 기술 활용하기		일상생활의 문제를 해결하는 과정에서 탐색, 관찰 등의 방법을 활용해 본다.	일상생활의 문제를 해결하는 과정에서 탐색, 관찰, 비교, 예측 등의 탐구 기술을 활용해 본다.

연령별 활동 예시	
4세	밤, 도토리, 대추, 호두 등 가을 열매를 분류하기 위해서 어떤 기준을 정할 수 있을지 시각, 청각, 촉각, 후각, 미각을 이용해 열매를 탐색하고 관찰한다.
5세	다양한 종류의 가을 열매를 정해 놓은 기준 외에 어떠한 속성으로 나눌 수 있을지 무게를 비교해 보고 예측해 보면서 기준을 정해 분류한 후 새로운 속성으로 재분류해 본다.

💬 **생각 톡톡!** '탐구 기술 활용하기'와 관련하여 유아들과 산책하며 '봄꽃'을 수집한 후 어떤 활동을 할 수 있을지 연령별로 생각해 보세요.

(2) 수학적 탐구하기

① 수와 연산의 기초 개념 알아보기

'수와 연산의 기초 개념 알아보기'는 유아가 기초적 수와 연산의 개념을 형성하도록 하는 내용이다. 유아는 생활 속에서 사용되는 수에 관심을 가지고 의미를 알아보기, 구체물의 수량의 많고 적음을 비교하기, 구체물을 세어 보기, 구체물을 더하고 빼는 경험하기를 통해 기초 개념을 형성할 수 있다.

내용	3~5세 연령별 세부 내용		
	3세	4세	5세
수와 연산의 기초 개념 알아보기	생활 속에서 수에 관심을 갖는다.		생활 속에서 사용되는 수의 여러 가지 의미를 안다.
	구체물 수량의 많고 적음을 비교한다.	구체물 수량에서 '같다' '더 많다' '더 적다'의 관계를 안다.	구체물 수량의 부분과 전체 관계를 알아본다.
	5개가량의 구체물을 세어 보고 수량에 관심을 갖는다.	10개가량의 구체물을 세어 보고 수량을 알아본다.	20개가량의 구체물을 세어 보고 수량을 알아본다.
			구체물을 가지고 더하고 빼는 경험을 해 본다.

연령별 활동 예시

📋 수의 의미와 활용

3세	쌓기영역에서 내가 쌓은 블록이 몇 개인지 수를 세어 본다.
4세	간식을 먹으며 과일이 몇 개인지 일, 이, 삼, 사, 오와 같이 수 이름을 이용해 세어 본다.
5세	우리 주변에서 5라는 숫자가 어디에 있는지 전화번호, 축구선수의 등번호, 버스 번호, 달력 등 생활 속에서 찾아본다.

📋 수량 비교

3세	귤이 1개 담긴 접시와 귤이 5개 담긴 접시를 비교하며 많고 적음을 비교해 본다.
4세	색연필 10개와 사인펜 12개 중에 무엇이 더 많은지 일대일 대응을 하며 세어 보고 수량을 비교해 본다.
5세	10개의 파랑 구슬을 이용해 팔찌와 목걸이를 만드는 방법에 대해 알아본다.

📋 구체물의 수 세어 보기

3세	바깥놀이터에서 5개가량의 돌멩이를 하나씩 놓으며 세어 본다.
4세	도토리 10개가량을 하나씩 주으며 세어 본다.
5세	15개의 밤을 준비하여 10을 기준으로 묶음을 만들어 '10개와 5개'와 같이 묶음과 낱개로 나누어 세도록 해 본다.

📋 더하고 빼는 경험

5세	1, 2, 3 숫자 목걸이를 가지고 노래에 맞추어 춤을 추다가 친구와 만나서 숫자끼리 더하여 숫자 4, 5, 6을 만들어 본다.

💭 **생각 톡톡!** 일상생활 속 수 세기 상황은 언제 일어날까요? 유아교육기관에서 어떠한 상황들이 있는지 생각해 보세요.

② 공간과 도형의 기초 개념 알아보기

공간 속에서 위치, 방향을 알아보고 주변 물체의 형태를 구분해 보며 도형에 대해 이해하는 내용이다. 위치와 방향 알아보기, 여러 방향에서 본 물체의 모양 비교하기, 기본 도형 특성 인식하기, 기본 도형으로 모양 구성하기를 포함한다.

내용	3~5세 연령별 세부 내용		
	3세	4세	5세
공간과 도형의 기초 개념 알아보기	나를 중심으로 앞, 뒤, 옆, 위, 아래를 알아본다.	위치와 방향을 여러 가지 방법으로 나타내 본다.	

		여러 방향에서 물체를 보고 그 차이점을 비교해 본다.
물체의 모양에 관심을 갖는다.	기본 도형의 특성을 인식한다.	기본 도형의 공통점과 차이점을 알아본다.
	기본 도형을 사용하여 여러 가지 모양을 구성해 본다.	

연령별 활동 예시

📄 **위치와 방향**

3세	"내 머리 위로 손을 올려 봐요." "내 발 아래로 물건을 내려놓아요."와 같이 지시어를 듣고 그대로 행동한다.
4세	"책상 위에 있어요." "선반 아래에 있어요." 등과 같은 지시어를 듣고 물건을 찾아본다.
5세	유아교육기관 주변을 산책하고 돌아온 후 유치원을 중심으로 방향에 맞게 전지에 그림을 붙여 간단한 지도를 만든다.

📄 **여러 방향에서 본 물체 모양**

5세	주전자를 정면에서 보았을 때, 위에서 보았을 때, 옆에서 보았을 때 어떻게 모습이 달라지는지 관찰한다.

📄 **기본 도형 인식**

3세	다양한 색깔의 모양 조각을 보고 같은 모양끼리 모은다.
4세	다양한 입체 도형을 살펴본 후 굴러가는 것과 굴러가지 않는 것을 구분하고, 이를 직접 경사판에서 굴려 본다.
5세	OHP로 주전자와 테이프 커터기 등 여러 가지 물체를 다양한 방향으로 비추어 보고 그림자의 모양을 관찰한다.

📄 **기본 도형으로 구성하기**

4세	탱그램으로 다양한 모양의 집을 만드는 활동을 해 본다.
5세	칠교놀이 조각판을 가지고 토끼, 사자 등 다양한 동물을 만든다.

💭 **생각 톡톡!** '교통기관'이라는 생활주제로 '기본 도형으로 구성하기' 활동을 계획한다면 어떠한 재료를 이용해 어떤 활동을 할 수 있을까요?

③ 기초적인 측정하기

측정 가능한 속성에 따라 사물을 비교하고 순서 지어 본 후 임의 측정단위를 사용하도록 하는 내용이다. 일상생활에서 길이, 크기, 물체, 들이 등 속성에 대해 알아보기, 속성에 따라 비교하기, 임의 측정단위로 재어 보기 등을 포함한다.

내용	3~5세 연령별 세부 내용		
	3세	4세	5세
기초적인 측정하기	두 물체의 길이, 크기를 비교해 본다.	일상생활에서 길이, 크기, 무게 등을 비교해 본다.	일상생활에서 길이, 크기, 무게, 들이 등의 속성을 비교하고 순서를 지어 본다.
			임의 측정 단위를 사용하며 길이, 면적, 들이 등을 재 본다.

연령별 활동 예시

📋 물체의 속성에 따라 비교하기

3세	연필과 색연필 중 어떤 것이 더 길고 어떤 것이 짧은지 길이를 비교해 본다.
4세	사과와 귤을 양손에 들고, 어떤 것이 더 가볍고 어떤 것이 더 무거운지 비교해 본다.
5세	과학 영역의 다양한 가을 열매(사과, 배, 감)의 무게를 비교하여 순서를 지어 본다.

📋 임의 단위로 물체 측정하기

5세	메모지로 교실 안의 책상, 책 등 다양한 면적을 측정해 본다.

💭생각 톡톡! 유아들이 유치원에서 '들이'와 같은 속성을 이용해 할 수 있는 활동에는 무엇이 있을지 생각해 봅시다.

④ 규칙성 이해하기

생활 주변에서 일정한 순서로 반복되는 것을 이해하는 것으로, 반복되는 규칙성 인식하기, 규칙성 모방하고 창안하기 등을 포함한다.

내용	3~5세 연령별 세부 내용		
	3세	4세	5세
규칙성 이해하기	생활 주변에서 반복되는 규칙성에 관심을 갖는다.	생활 주변에서 반복되는 규칙성을 알아본다.	생활 주변에서 반복되는 규칙성을 알고 다음에 올 것을 예측해 본다.
		반복되는 규칙성을 인식하고 모방한다.	스스로 규칙성을 만들어 본다.

연령별 활동 예시

📋 규칙성 인식하기

3세	친구의 옷을 보며 반복되는 무늬가 있는지 찾아본다.
4세	패턴으로 이루어진 커튼 무늬를 보며 빨강-노랑-파랑-빨강-노랑-파랑을 말로 표현해 본다.
5세	동그라미-세모- ☐ 에서 이어지는 빈칸에는 무엇이 올 수 있을지 맞는 모양 카드를 찾는다.

📋 규칙성을 모방하고 만들기

4세	교사가 배열한 색깔 블록의 빨강-파랑-파랑 패턴을 보고 유아도 똑같이 패턴을 인식하고 모방해 본다.
5세	빨강, 파랑, 노랑 구슬을 이용해 자신만의 패턴을 만들어 본다.

💭 *생각 톡톡!* 패턴을 표현하는 방법에는 시각·동작·청각 패턴이 있습니다. 청각 패턴을 이용한 활동은 어떤 것이 있을까요?

⑤ 기초적인 자료 수집과 결과 나타내기

필요한 자료를 모으고, 정리하고, 결과를 나타내고 해석하는 것을 의미한다. 필요한 정보나 자료 수집하기, 기준에 따라 자료 분류하기, 그래프로 나타내기가 있다.

내용	3~5세 연령별 세부 내용		
	3세	4세	5세
기초적인 자료 수집과 결과 나타내기		필요한 정보나 자료를 수집한다.	
	같은 것끼리 짝을 짓는다.	한 가지 기준으로 자료를 분류해 본다.	한 가지 기준으로 분류한 자료를 다른 기준으로 재분류해 본다.
			그림, 사진, 기호나 숫자를 사용해 그래프로 나타내 본다.

연령별 활동 예시	

📋 **필요한 정보와 자료 수집**

4세	우리 반 친구들이 좋아하는 반찬의 종류를 알아본다.
5세	우리 반 친구들이 좋아하는 국의 종류를 알아보기 위해 그림을 그린 후 완성된 그림을 모아 본다.

📋 **수집한 정보와 자료 분류하기**

3세	우리 반 친구들이 좋아하는 반찬의 종류 중 같은 색깔끼리 짝을 짓는다.
4세	우리 반 친구들이 좋아하는 반찬의 종류를 채소 반찬과 채소가 아닌 반찬으로 나누어 분류한다.
5세	좋아하는 반찬의 종류를 한 가지 기준으로 분류한 후 재분류한다.

📋 **그래프로 표현하기**

5세	기준을 정하여 우리 반 친구들이 좋아하는 반찬의 종류를 나누고 그래프로 표현한다.

🗨️ **생각 톡톡!** 반 아이들의 의견을 조사하여 그래프로 그려 볼 수 있는 내용에는 어떤 것이 있을까요?

3) 유아수학교육의 지도 원리

앞에서 제시한 유아수학교육의 목표 및 내용을 반영하여 바람직한 수학 활동을 구성하고 실행하기 위해 교사가 유의해야 할 기본적인 구성 및 지도 원리를 소개하면 다음과 같다.

첫째, 수학 지식의 습득이 아닌 긍정적인 수학 태도 및 수학 과정 기술 활용 증진에 중점을 두어 과정 중심으로 지도한다. 유아교사들이 현장에서 수학교육을 기피하는 이유 중 하나는 수학교육의 목표를 수학 지식의 습득으로 여기고 있기 때문이다. 유아수학교육에서 중요한 것은 유아가 생활 속에서 접할 수 있는 상황에서 문제 해결하기, 의사소통하기, 연계하기, 표상하기, 추론하기 등의 수학적 과정 기술을 경험하고 수학에 대한 긍정적인 태도를 형성하는 것이다. 수학적 지식은 이러한 과정에서 자연스럽게 습득될 수 있다.

둘째, 유아의 친숙한 주변 환경 및 경험을 토대로 활동을 계획한다. 유아는 자신이 접하는 익숙한 환경과 경험에 호기심을 보이고 관심을 기울인다. 이러한 상황은 유아가 내적 동기를 유발하고 자발적 학습을 이끈다. 따라서 유아 주변의 수학적 상황들을 인식하고 이를 유아수학교육과 연결시키는 노력이 필요하다. 유아가 생활 속에서 접하는 다양한 수학적 상황은 수학 활동의 시작이 될 수 있다.

셋째, 발달에 적합한 수학 활동을 계획한다. 누리과정의 수학교육 내용은 연령에 따라 내용의 위계가 관찰된다. 만 3세의 유아와 만 5세의 유아를 대상으로 다루어야 할 내용이 다르므로 이를 숙지해야 한다. 따라서 누리과정의 내용을 바탕으로 유아의 발달에 적합한 수학 활동을 계획하고 제공하여야 한다.

넷째, 일과 중에 자연스럽게 접할 수 있도록 계획한다. 유아는 일과 속에서 자연스럽게 수학적 상황을 마주한다. 아침에 하루 일과를 알아보며 규칙적으로 일어나는 일에 관심을 갖고, 간식을 나누어 먹으며 수량을 비교하고 몇 개씩 나누어 먹을 수 있는지 고민해 볼 수 있다. 교사는 이러한 상황들을 지나치지 않고 의도적인 발문을 통해 수학적 상황으로 연결 지을 수 있다.

다섯째, 다른 교과와 통합되도록 지도한다. 유아교육기관에서 수학 활동은 자연스럽게 다른 교과와 통합되어 일어난다. 그림책을 읽으면서도 그 안의 주인공들의 수를 세어 보는 과정에서 수학적 상황이 일어난다. 미술 활동을 하면서도 규칙성을 이용해 무늬를 꾸며 볼 수 있다. 이렇게 다른 교과와 통합되도록 지도하면서 유아는 자연스럽게 수학을 경험할 수 있다.

4) 통합교육을 위한 수학교육의 실제

(1) 미술을 통한 수학교육

연령	만 3세	활동 형태	대·소집단 활동	유형	미술
활동명	몬드리안 작품에서 네모를 찾아요				

활동 목표	3세 누리과정 관련 요소
• 다양한 크기의 네모에 관심을 갖는다. • 네모로 이루어진 작품을 감상하여 심미감을 느낀다.	• 자연탐구: 수학적 탐구하기 – 공간과 도형의 기초 개념 이해하기 • 예술경험: 예술 감상하기 – 다양한 예술 감상하기

(창의·인성 관련)
• 창의성: 동기적 요소 – 호기심·흥미
• 인성: 존중 – 다른 사람들과 다른 문화에 대한 존중

활동 자료	몬드리안의 작품 〈빨강, 파랑, 노랑의 구성〉 마분지에 색지를 대어 제작함
활동 방법	1. 미술 작품을 감상한다. 　• 이 작품을 본 적 있니? 　• 작품을 보니 어떤 느낌이 드니? 　• 몬드리안이라는 화가가 만든 〈빨강, 파랑, 노랑의 구성〉이라는 작품이란다. 2. 몬드리안의 작품에 대해 이야기 나눈다. 　• 이 작품은 무엇으로 만들었을까? 　• 어떤 네모가 보이는지 말해 보자. 　• 빨간 네모와 노란 네모는 어떻게 다르니? 　• 노란 네모의 모습은 어떻니? 3. 조각을 이용해 네모의 크기를 비교한다. 　• 작품의 네모들을 조각으로 준비해서 가져왔단다. 　• 같은 크기의 조각들이 있니? 　• 어떤 조각이 제일 크니? 　• 어떤 조각이 제일 작을까? 　• 조각을 겹쳐서 크기를 비교해 볼까? 4. 도화지에 주어진 네모를 가지고 작품을 만든다. 　• 원하는 네모를 가지고 우리도 네모 작품을 만들어 보자. 5. 서로의 작품을 소개하며 활동을 평가한다. 　• 똑같은 흰 종이에 똑같은 색 네모들을 가지고 어떻게 꾸몄는지 함께 살펴보자.

활동 시 유의점	1. 크기를 비교해 볼 수 있도록 다양한 크기의 네모를 준비한다. 2. 충분한 시간을 주어 창의적으로 구성해 볼 수 있도록 한다.
활동 평가	1. 다양한 크기의 네모에 관심을 가졌는지 평가한다. 2. 네모로 이루어진 작품을 감상하여 아름다움을 느끼고 이야기를 나누었는지 평가한다.
확장활동	1. 완성된 작품을 이어 붙여서 게시판에 공동작품으로 게시할 수 있다.

(2) 음악을 통한 수학교육

연령	만 4세	활동 형태	대 · 소집단 활동	유형	음악
활동명	패턴 난타를 연주해요				

활동 목표	4세 누리과정 관련 요소
• 곡에 어울리는 연주 규칙을 정할 수 있다. • 리듬에 맞추어 악기를 연주한다.	• 자연탐구: 수학적 탐구하기 – 규칙성 이해하기 • 예술경험: 예술적 표현하기 – 음악으로 표현하기

(창의 · 인성 관련)
• 창의성: – 인지적 요소: 사고의 확장
           – 동기적 요소: 몰입
• 인성: 존중 – 다른 사람들과 다른 문화에 대한 존중

활동 자료	작은 북, 탬버린 등의 타악기, 북채, 악보('작은 별'과 같이 멜로디가 간단한 곡), 악기 그림 카드

활동 방법	1. 악기를 탐색하고 자유롭게 연주해 본다.
	    • 여기 있는 악기를 두드리면 어떤 소리가 날까?
	    • 노래를 부르면서 자유롭게 연주해 보자.
	 2. 자유롭게 연주한 느낌에 대해 이야기 나눈다.
	    • 자유롭게 악기를 연주해 보니 어떤 느낌이 드니?
	 3. 곡에 어울리는 규칙을 정해서 연주를 해 본다.
	    • 이 노래에는 어떤 악기 소리가 어울릴 것 같니?
	    • 우리가 정한 약속대로 악기 그림을 악보에 붙여 보자.
	    • 악보를 보고 악기 연주만 먼저 해 보자.
	    • 이번에는 노래와 함께 해 보자.
	 4. 다른 규칙을 정해서 연주를 해 본다.
	    • 이번에는 다른 규칙으로 연주해 볼까?
	    • 처음에 한 것과 느낌이 어떻게 달라졌니?

활동 시 유의점	5. 활동을 회상하며 평가한다. 　• 오늘 악기 연주를 해 보았는데 어떤 느낌이 드니? 　• 가장 기억에 남는 부분은 어디니? 　• 악기 연주를 하면서 가장 재미있었던/어려웠던 것은 무엇이니?
활동 시 유의점	1. 노래의 리듬에 맞추어 연주할 수 있는 간단한 노래를 선정해야 한다. 2. 박자를 고려하여 유아와 함께 리듬 패턴을 만든다.
활동 평가	1. 곡에 어울리는 연주의 규칙을 함께 정할 수 있었는지 평가한다. 2. 리듬에 맞추어 악기를 연주할 수 있었는지 평가한다.
확장활동	빨래판과 냄비뚜껑 등 소리가 나는 일상물을 가지고 재활용 악기를 만들어 연주할 수 있다.

(3) 언어를 통한 수학교육

연령	만 5세	활동 형태	대 · 소집단 활동	유형	동화
활동명	자벌레로 교실 물건 길이를 측정해요				

활동 목표	5세 누리과정 관련 요소
• 동화를 읽고 길이를 측정하는 방법에 관심을 갖는다. • 다양한 길이의 자벌레를 만들어 길이를 측정할 수 있다.	• 자연탐구: 수학적 탐구하기 – 기초적인 측정하기 • 의사소통: 읽기 – 읽기에 흥미 가지기

(창의 · 인성 관련)
• 창의성: 동기적 요소 – 호기심 · 흥미
• 인성: 협력 – 개인적 책임감

활동 자료	『꿈틀꿈틀 자벌레』(레오 리오니 저, 이경혜 역, 2003) 그림책, 자벌레 만들기 재료(나무젓가락, 동그랗게 자른 하드보드지, 테이프, 리본 끈, 매직펜) ※ 동그란 종이를 머리와 꼬리로 꾸민 후 리본 끈을 이용해 연결한다. 나무젓가락을 머리와 꼬리에 붙여 막대자벌레를 완성한다.
활동 방법	1. 『꿈틀꿈틀 자벌레』를 감상하고 이야기 나눈다. 배고픈 개똥지빠귀가 연둣빛 자벌레를 보았어요. 새가 자벌레를 한입에 삼키려는 순간 "날 잡아먹지 말아요. 난 자벌레예요. 쓸모 있는 벌레란 말이에요. 뭐든지 잴 수 있거든요."라고 자벌레가 말했어요. 그러고는 한 치, 두 치, 세 치…… 하고 개똥지빠귀의 꼬리 길이를 재어 주었어요.

	• 자벌레는 무엇을 할 수 있었지?
	• 어떻게 길이를 잴 수 있었니?
	2. 자벌레를 소개하고 다양한 사물의 길이를 재어 본다.
	    • 여기도 자벌레가 놀러 왔단다.
	    • 자벌레로 우리 교실에 있는 텔레비전의 길이를 재어 볼까?
	    • 어떻게 재어 볼 수 있을까?
	    • 같이 '한 치, 두 치, ……' 재어 보자.
	3. 나만의 자벌레를 만들어 세는 말을 정해 본다.
	    • 나만의 자벌레를 만들려면 무엇이 필요할까?
	    • 저마다 다른 길이의 자벌레를 만들어 보자.
	    • 이 자벌레가 한 번 간 길이를 뭐라고 하면 좋을까?
	4. 자벌레를 이용해서 교실 안 다양한 물건의 길이를 측정한다.
	    • 교실 안의 어떤 물건들을 재어 볼 수 있을까?
	    • 물건의 길이를 재어 보자.
	5. 자벌레로 측정한 결과를 살펴보고 활동을 평가한다.
	    • 교실 안의 어떤 물건의 길이를 재어 보았니?
	    • 책상의 길이는 자벌레 몇 번을 움직여서 재었니?
	    • 다른 친구들도 5번만큼 움직여서 재었니?
	    • 왜 친구들마다 움직인 횟수가 다를까?

활동 시 유의점	1. 유아마다 다양한 길이의 자벌레를 만들어 서로 다른 길이로 측정해 볼 수 있 도록 격려한다. 2. 올바른 측정 방법을 충분히 알아본다(시작하는 점 맞추기, 측정이 끝나는 지점에서 이어서 측정하기 등).
활동 평가	1. 동화를 통해 길이를 재는 방법에 관심을 가졌는지 평가한다. 2. 다양한 길이의 자벌레를 만들어 길이를 측정하였는지 평가한다.
확장활동	1. 신체 표현 활동으로 자벌레가 움직이는 모습을 표현할 수 있다. 2. 바깥놀이터에서 자벌레를 이용해 다양한 놀이기구의 길이를 재어 볼 수 있다.

7. 유아과학교육

○ 예비유아교사의 '생각 톡톡!'

톡톡 1. 여러분은 과학을 좋아하나요? 예비유아교사가 과학적 소양을 갖는 것은 왜
       중요할까요?

톡톡 2. 유아를 대상으로 하는 과학교육 하면 가장 먼저 떠오르는 활동은 무엇인가요?

톡톡 3. 과학교육을 통해 유아에게 어떤 변화가 있기를 기대하나요?

톡톡 4. 유아에게 가르쳐 주어야 할 과학 과정 기술에는 무엇이 있나요?

톡톡 5. 유아를 대상으로 하는 과학교육의 내용 지식에는 무엇이 있나요?

과학은 우리가 살고 있는 자연세계에 의구심을 갖고 이를 해결해 나가는 탐구 과정이며, 이러한 과정을 통해 축적된 과학적 지식을 의미한다(조형숙, 김선월, 김지혜, 김민정, 김남연, 2014). 따라서 과학은 인간의 세계에 대한 이해를 도와서 인간의 삶의 질을 더욱 높여 준다. 특히 현대사회로 오면서 과학과 우리의 생활은 더욱 밀접해졌으며, 우리는 의식하지 못하지만 누구나 과학을 하고 있다고 해도 과언이 아니다. 그러나 여전히 대부분의 사람은 과학을 과학자만이 하는 어려운 학문이라고 인식하고 있으며, 과학을 우리의 생활에서 이해하고자 하는 노력이 부족하다. 따라서 최근의 과학교육의 중요한 목표는 과학에 대한 긍정적 태도 형성 및 과학적 생활인 양성이라 할 수 있으며, 이를 위해 영유아기부터의 체계적 과학교육이 필요하다.

유아는 본성적으로 탐구적이고, 태어나는 순간부터 세상을 관찰하고 분류하며 과학을 한다(Martin, Jean-Sigur, & Schmidt, 2005). 즉, 유아는 세상에 대한 끊임없는 호기심을 가지고 있으며 누가 시키지 않아도 이를 해결하기 위해 다양한 시도를 한다. 코크(Koch, 1999)는 유아의 이러한 특성을 과학적 자아(scientific self)라고 하였는데, 유아는 누구나 이러한 과학적 자아를 가지고 있다. 또한 과학적 자아로

인해 유아는 성인에 비해 더욱 적극적으로 세상을 탐구하는 시도를 한다. 즉, 유아는 타고난 과학자이기 때문에 유아기 과학교육은 유아의 삶 그 자체이며 당연한 것이라 할 수 있다.

유아기 과학교육은 유아의 이러한 과학적 자아를 유지하고 증진시켜 주는 방향으로 나아가야 한다. 따라서 유아의 생활에서 유아의 호기심으로부터 시작해야 하며, 과학적 지식을 알려 주는 것이 아니라 유아의 자발적인 과학 탐구 과정을 격려할 필요가 있다. 이를 통해 과학에 대한 긍정적 태도를 형성하고 탐구 능력을 향상함으로써 생활에서 당면하는 문제를 합리적이고 창의적으로 해결해 나가는 진정한 과학적 소양인으로 자랄 수 있도록 해야 한다.

바람직한 유아과학교육 방법을 구체적으로 알아보기에 앞서, 예비유아교사는 스스로 자신의 과학에 대한 인식을 점검하고, 교사의 과학에 대한 태도가 유아에게 어떠한 영향을 미칠지에 대해서도 반성해 보는 시간을 갖기를 권한다.

1) 유아과학교육의 목표

과학교육의 목적은 시대적 요구에 따라 변화해 왔으며, 오늘날 과학교육은 정보화 및 과학화 시대의 현대사회에 잘 적응하여 살아갈 수 있는 과학적 소양인 양성을 목적으로 한다. 따라서 오늘날 과학교육의 목표는 과거에 비해 과학 지식의 획득보다는 과학적인 태도 향상, 창의적 문제 해결 능력에 중점을 둔다. 즉, 지식의 단순 암기가 아닌 과학 지식의 창의적 활용, 일상생활 속 과학적 태도 양성, 문제 상황에서 과학 과정 기술의 적극 활용 등의 탐구 과정 중심의 목표를 설정한다. 특히 유아를 대상으로 하는 과학교육의 목표는 태도 및 기술적인 측면에 더욱 중점을 두어 설정될 필요가 있다.

국가 수준의 교육과정인 3~5세 연령별 누리과정에서 과학교육과 관련된 영역은 '자연탐구 영역'이다. 자연탐구 영역의 목표는 '호기심을 가지고 주변 세계를 탐구하며, 일상생활에서 수학적·과학적으로 생각하는 능력과 태도를 기른다'이다. 또한 이에 따른 세부 목표는 다음과 같다.

① 주변의 사물과 자연 세계에 대해 알고자 하는 호기심을 가지고 탐구하는 태도를 기른다.
② 생활 속의 여러 상황과 문제를 논리적·수학적으로 이해하고 해결하기 위한 기초 능력을 기른다.
③ 주변의 관심 있는 사물과 생명체 및 자연현상을 탐구하기 위한 기초 능력을 기른다.

이 목표 중 과학교육과 관련된 목표는 '주변의 사물과 자연 세계에 대해 알고자 하는 호기심을 가지고 탐구하는 태도를 기른다'와 '주변의 관심 있는 사물과 생명체 및 자연현상을 탐구하기 위한 기초 능력을 기른다'이다. 따라서 이를 토대로 유아과학교육의 목표를 다음과 같이 정리할 수 있다.

① 호기심을 가지고 주변의 사물과 자연 세계를 탐구하는 태도를 기른다(태도).
② 탐구 기술을 적극적으로 활용하여 문제를 해결하는 능력을 기른다(기술).
③ 친숙한 주변 사물과 자연에 대한 과학적 지식을 이해한다(지식).

2) 유아과학교육의 내용

유아를 위한 바람직한 과학 경험은 과학의 내용 3요소인 지식, 기술, 태도를 모두 내포해야 하는데, 이 세 요소 간의 시너지 효과가 과학을 완전하게 만들기 때문이다(Martin, Sexton, Wagner, & Gerlovich, 2001). 보통 과학교육의 내용을 지식적인 측면에 치우쳐 생각하는 경우가 빈번하나, 특히 유아를 대상으로 하는 과학교육의 내용에서는 지식적 측면보다 기술 및 태도적 측면에 더욱 중점을 둘 필요가 있다.

누리과정의 과학교육 관련 내용 영역인 자연탐구 영역을 살펴보면 유아과학교육의 내용으로서 지식, 기술, 태도 측면이 모두 반영되고 있음을 알 수 있다. 자연탐구 영역에서의 관련 내용을 구체적으로 살펴보면 다음과 같다.

〈표 2-8〉 누리과정 자연탐구 영역의 과학교육 내용

내용범주	내용	3~5세 연령별 세부 내용		
		3세	4세	5세
탐구하는 태도 기르기	호기심을 유지하고 확장하기	주변 사물과 자연세계에 호기심을 갖는다.	주변 사물과 자연세계에 지속적으로 호기심을 갖는다.	주변 사물과 자연세계에 지속적으로 호기심을 갖고 알고자 한다.
	탐구 과정 즐기기	궁금한 점을 알아보는 과정에 흥미를 갖는다.	궁금한 점을 알아보는 탐구 과정에 관심을 가지고 참여한다.	궁금한 점을 알아보는 탐구 과정에 참여하고 즐긴다.
				탐구 과정에서 서로 다른 생각에 관심을 갖는다.
	탐구 기술 활용하기		일상생활의 문제를 해결하는 과정에서 탐색, 관찰 등의 방법을 활용해 본다.	일상생활의 문제를 해결하는 과정에서 탐색, 관찰, 비교, 예측 등의 탐구 기술을 활용해 본다.
과학적 탐구하기	물체와 물질 알아보기	친숙한 물체와 물질의 특성에 관심을 갖는다.	친숙한 물체와 물질의 특성을 알아본다.	주변의 여러 가지 물체와 물질의 기본 특성을 알아본다.
			물체와 물질을 여러 가지 방법으로 변화시켜 본다.	
	생명체와 자연환경 알아보기	나의 출생과 성장에 관심을 갖는다.		나와 다른 사람의 출생과 성장에 대해 알아본다.
		주변의 동식물에 관심을 갖는다.	관심 있는 동식물의 특성을 알아본다.	관심 있는 동식물의 특성과 성장 과정을 알아본다.
		생명체를 소중히 여기는 마음을 갖는다.		
			생명체가 살기 좋은 환경에 관심을 갖는다.	생명체가 살기 좋은 환경과 녹색환경에 대해 알아본다.

자연현상 알아보기	돌, 물, 흙 등 자연물에 관심을 갖는다.	돌, 물, 흙 등 자연물의 특성과 변화를 알아본다.	
			낮과 밤, 계절의 변화와 규칙성을 알아본다.
	날씨에 관심을 갖는다.	날씨와 기후 변화에 관심을 갖는다.	날씨와 기후 변화 등 자연현상에 대해 관심을 갖는다.
간단한 도구와 기계 활용하기	생활 속에서 간단한 도구와 기계에 관심을 갖는다.	생활 속에서 간단한 도구와 기계를 활용한다.	
	도구와 기계의 편리함에 관심을 갖는다.		변화하는 새로운 도구와 기계에 관심을 갖고 장단점을 안다.

누리과정의 자연탐구 영역은 '탐구하는 태도 기르기' '수학적 탐구하기' '과학적 탐구하기'의 세 가지 내용 범주로 구성되어 있으며, 앞서 제시한 '탐구하는 태도 기르기'와 '과학적 탐구하기'가 유아과학교육과 관련된 내용 범주라 할 수 있다. 과학교육의 내용을 과학교육의 목표에 따라 지식, 기술, 태도의 세 가지 측면으로 구분하였을 때, '탐구하는 태도 기르기' 내용 범주는 태도, 기술과 관련된 내용이며, '과학적 탐구하기' 내용 범주는 지식과 관련된 내용이라 할 수 있다. 따라서 탐구하는 태도 기르기는 호기심 및 탐구 과정을 즐기는 태도 함양과 탐구 기술 활용력을 기르기 위한 내용이다. 그리고 과학적 탐구하기는 물체와 물질, 생명체와 자연환경, 자연현상, 도구와 기계 등에 대한 과학 지식을 이해하도록 하는 내용이다.

앞서의 누리과정 자연탐구 영역에서 제시하는 유아과학교육의 연령별 세부 내용과 활동 예시를 살펴보면 다음과 같다.

(1) 탐구하는 태도 기르기

'탐구하는 태도 기르기'는 과학교육의 내용이자 수학교육의 내용이기도 하며, 앞서 언급하였듯이 과학적 태도, 과학 과정 기술과 관련된 내용 범주이다. 즉, 유아과학교육이 결과 중심의 과학 지식의 습득이 아니라, 과학적 태도와 과학 과정 기술 함양의 탐구 과정 중심으로 운영되어야 함을 강조하는 내용이라 할 수 있다. '호기심을 유지하고 확장하기' '탐구 과정 즐기기' '탐구 기술 활용하기'의 세 가지 내용으로 구성되어 있다.

① 호기심을 유지하고 확장하기

'호기심을 유지하고 확장하기'는 유아의 과학적 태도를 기르는 데 필요한 가장 기초적인 성향인 '호기심'을 갖도록 하기 위한 내용이다. 유아는 기본적으로 주변 세계에 대한 궁금증이 매우 많으며, 이러한 호기심은 학습의 중요한 동인이 된다. 따라서 유아의 자연스러운 호기심을 존중하고, 호기심이 과학교육의 출발점이 될 수 있도록 하기 위한 내용이다.

내용	3~5세 연령별 세부 내용		
	3세	4세	5세
호기심을 유지하고 확장하기	주변 사물과 자연세계에 호기심을 갖는다.	주변 사물과 자연세계에 지속적으로 호기심을 갖는다.	주변 사물과 자연세계에 지속적으로 호기심을 갖고 알고자 한다.

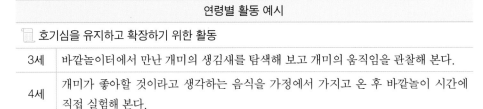

연령별 활동 예시	
📖 호기심을 유지하고 확장하기 위한 활동	
3세	바깥놀이터에서 만난 개미의 생김새를 탐색해 보고 개미의 움직임을 관찰해 본다.
4세	개미가 좋아할 것이라고 생각하는 음식을 가정에서 가지고 온 후 바깥놀이 시간에 직접 실험해 본다.
5세	개미가 사는 곳, 개미가 사는 방법, 개미의 종류 등 개미에 대해 궁금한 점을 책이나 인터넷을 통해 조사해 본다.

💬 **생각 톡톡!** 유아가 가장 흥미로워하고 호기심을 보이는 사물이나 현상에는 무엇이 있을까요? 자신이 생각한 소재를 활용하여 과학 활동을 계획해 보세요.

② 탐구 과정 즐기기

'탐구 과정 즐기기'는 유아가 과학적 호기심을 해결하기 위해 탐구해 나가는 과정을 즐기도록 하는 내용이다. 즉, 유아가 궁금한 점을 알아보고자 적극적으로 과학 탐구 과정에 참여하고 다양한 시도를 해 보며 이 과정을 즐기도록 하는 내용이다. 또한 탐구 과정에서 서로 다른 생각을 존중하도록 하는 내용을 포함한다.

내용	3~5세 연령별 세부 내용		
	3세	4세	5세
탐구 과정 즐기기	궁금한 점을 알아보는 과정에 흥미를 갖는다.	궁금한 점을 알아보는 탐구 과정에 관심을 갖고 참여한다.	궁금한 점을 알아보려는 탐구 과정에 참여하고 즐긴다.
			탐구 과정에서 서로 다른 생각에 관심을 갖는다.

연령별 활동 예시	
📋 탐구 과정에 참여하고 즐기기	
3세	바깥놀이터 바닥에 비친 자신의 그림자를 자세히 탐색해 본다.
4세	바깥놀이터에서 자신의 그림자 모양 바꾸기, 그림자 숨기기 게임을 해 본다.
5세	색깔 그림자를 만들 수 있는 물건을 예측해 보고 실험을 통해 결과를 확인해 본 후, 투명과 불투명에 대해 알아본다.
📋 탐구 과정에서 서로 다른 생각에 관심 갖기	
5세	색깔 그림자를 만들 수 있는 물건을 예측하고 실험해 보는 과정에서 다른 유아의 생각에 관심을 갖고 관찰해 본다.

🗨️ **생각 톡톡!** 예비유아교사로서, 우리도 생활 속에서 궁금한 것에 대해 적극적으로, 즐겁게 탐구하는 태도를 갖는 것은 매우 중요합니다. 유아교사의 과학적 소양은 과학 교수 효능감과 밀접한 관련을 맺기 때문이겠죠. "새가 낮게 날면 비가 온다." "줄어든 니트는 헤어트리트먼트에 넣어라." "코피 자국은 콜라로 지워라." 등의 말을 듣고 '정말 그럴까?'라는 의문을 갖고 탐구해 본 적이 있나요? 이제 우리도 그동안 당연히 받아들였던 생활 속 과학 정보에 대해 의문과 궁금증을 갖고 과학 탐구를 해 봅시다.

③ 탐구 기술 활용하기

'탐구 기술 활용하기'는 합리적으로 문제를 해결하기 위해 필요한 과학 탐구 기술의 활용 능력을 기르도록 하는 내용이다. 관찰, 비교 등의 기본적 탐구 기술뿐만 아니라, 예측, 실험 등의 복합적 탐구 기술 또한 활용해 보도록 하고 있다. 유아기 과학교육은 과학 지식을 전달하는 것이 아니라 과학적 사고력을 기르는 데 중점을 두기 때문에, 다양한 탐구 기술을 활용해 보는 기회를 충분히 제공할 필요가 있다.

내용	3~5세 연령별 세부 내용		
	3세	4세	5세
탐구 기술 활용하기		일상생활의 문제를 해결하는 과정에서 탐색, 관찰 등의 방법을 활용해 본다.	일상생활의 문제를 해결하는 과정에서 탐색, 관찰, 비교, 예측 등의 탐구 기술을 활용해 본다.

연령별 활동 예시	
📋 탐색, 관찰, 비교, 예측 등의 탐구 기술 활용	
4세	다양한 펜으로 이름을 쓰고 물티슈로 지워 보며 물에 지워지지 않는 펜을 찾아본다.
5세	물에 지워지는 펜과 지워지지 않는 펜의 특성을 알아보고, 물에 지워지지 않는 펜을 지울 수 있는 방법을 알아본다.

💬 *생각 톡톡!* '물에 뜨고 가라앉는 활동'에서 유아가 다양한 탐구 기술(과학 과정 기술)을 활용하도록 하기 위한 교사 발문을 생각해 보세요. 관찰하기, 분류하기, 측정하기, 예측하기, 추론하기, 의사소통하기를 위한 교사 발문을 각각 기록해 보세요.

과학 과정 기술

과학 과정 기술이란 과학자가 과학을 할 때 사용하는 것으로, 과학을 한다는 것은 과학 과정 기술을 적용하는 것을 의미하며(Martin, 2009), 유아기에 경험하기에 적합하다고 볼 수 있는 과학 과정 기술로서 여러 학자(김미경, 2003; 이순형 외, 2011; 조형숙 외, 2014; Lind, 2005; Martin, 2001)가 공통적으로 제시하는 구성요소는 다음과 같다.

1. 관찰하기

오감각을 활용하여 사물이나 현상에 대한 정보를 얻는 것으로, 과학의 시작이자 필수적인 과정이다. 사물을 파악하기, 적절한 모든 감각 사용하기, 특성을 정확하게 묘사하기, 질적인 정성적 관찰하기, 양적인 정량적 관찰하기, 사물의 변화 묘사하기, 사물의 같은 점과 다른 점 묘사하기 등이 포함된다(Martin, 2001). 유아의 효과적인 관찰 활동을 돕기 위해 교사는 유아에게 개방적인 질문을 하고, 관찰을 위한 적절한 도구(돋보기, 실물화상기, 라이트테이블 등)를 제공하며, 관찰한 결과를 다양한 방법(그림, 글, 입체물, 음악, 동작 등)으로 표상하도록 지도하고, 비교 관찰 활동을 제공할 필요가 있다(조형숙 외, 2014).

2. 분류하기

분류하기란 여러 가지 사물이나 정보 및 생각을 특정 준거에 따라 공통 속성으로 나누는 과정을 말한다. 이는 유아가 개념을 형성하기 위하여 사실들을 조합하는 데 필요한 기술이며, 가설을 설정하고 실험을 계획할 때 변인을 찾기 위해서도 필수적인 기술이다(Martin et al., 2005). 분류하기에는 대상을 분류할 수 있는 주요한 특성을 찾아내기, 한 묶음에서 공통된 특성 찾아내기, 두 그룹으로 분류하기, 다양한 방법으로 분류하기, 하위 그룹을 구성하기, 자신만의 분류 기준 세우기, 분류 근거 설명하기 등이 포함된다(Martin, 2001). 유아의 분류 활동을 돕기 위해 교사는 충분한 관찰 시간을 제공해야 하며, 유아 나름의 방법으로 분류하고 준거를 설명해 볼 기회를 제공하고, 분류하기 기준을 광범위한 기준에서 세부적인 기준으로 제시하여 체계적인 분류 방법을 익히도록 할 필요가 있다(조형숙 외, 2014).

3. 측정하기

측정하기는 길이, 부피, 무게, 온도, 시간 등을 수량화하는 것으로, 적절한 측정 유형 선택하기, 적절한 측정 단위 선택하기, 적합한 측정 도구 사용하기, 측정 기술

적절하게 적용하기, 표준화 또는 비표준화 단위 적절하게 사용하기, 적합한 측정 도구를 통해 물체 간의 수량적 차이 구하기 등이 포함된다(Martin, 2001). 유아기의 측정하기는 표준화된 도구보다는 비표준화 도구의 사용을 통한 어림하기 방법으로 이루어지는 것이 바람직하다. 예를 들어, 리본 끈이나 동전을 사용해 길이를 측정해 보거나, 종이컵이나 그릇 등을 사용하여 부피를 측정해 볼 수 있으며, 두 손 위에 물건을 올려놓거나 양팔저울을 활용하여 무게를 측정해 볼 수 있다. 또한 감촉으로 상대적인 온도를 측정할 수 있으며, 시계 바늘이 움직인 간격을 세거나 모래시계를 사용하여 시간을 측정할 수 있다. 교사는 유아가 적절한 방법과 단위를 사용하여 측정하도록 함으로써 탐구 결과가 왜곡되지 않도록 유의할 필요가 있다.

4. 예측하기

예측하기는 알고 있는 정보를 기초로 앞으로 일어날 일을 미리 짐작하는 것으로, 보통 "만약에 ~하다면?"이라고 물을 때 유아가 사용하게 되는 과정이다(Martin et al., 2005). 규칙성 구성하기, 규칙성 확장하기, 간단한 예측하기, 적절한 상황에서 예측 과정 구성하기, 예측에 합당한 근거 대기, 예측의 정확성을 검증할 수 있는 검사 제안하기 등이 포함된다(Martin, 2001). 예측하기 활동에서 교사는 유아가 구체적 자료를 직접 조작해 보며 결과를 예측해 볼 수 있도록 해 주어야 하며, 즉각적으로 결과를 확인할 수 있는 것에 대해 질문하는 것이 바람직하다(조형숙 외, 2014). 또한 보다 정확한 예측을 하게 하기 위해 교사는 유아가 관찰한 특성이나 사전 경험, 알고 있는 지식을 다시 떠올려 보도록 하는 질문을 제공할 필요가 있다.

5. 추론하기

추론하기는 과학 실험 결과를 관찰하고 이러한 결과의 원인을 자신의 사전 지식 및 경험을 토대로 설명하는 것으로, "왜 이렇게 되었을까?"라고 물을 때 사용하게 되는 과정이다. 추론하기의 경우 유아에게 어려운 과제일 수 있으므로, 경험이 많은 사물이나 현상에 대해 추론해 보게 한다거나, 유아가 즉각적으로 실험해서 확인할 수 있는 것에 대해 추론해 보도록 하는 것이 바람직하다(조형숙 외, 2014).

6. 의사소통하기

의사소통은 서로의 생각을 주고받는 과정으로, 말뿐만 아니라 몸짓, 그림, 도표 또한 중요한 의사소통 수단이 된다. 정확하게 대상을 묘사하기, 알려지지 않은 대상을 다른 사람에게 묘사하기, 말과 글로 다른 사람에게 정확하게 정보 전달하기, 생각을 말로 표현하기, 사건을 정확하고 완전하게 묘사하기, 결론의 근거를 말로 표현하기, 타당하고 이해할 수 있는 방법으로 자신의 아이디어를 표시하기 등이 포함된다(Martin, 2001). 무엇보다도 의사소통하기는 교사의 질문에 답을 하도록 하는 것이 아니라, 자신의 견해를 표현할 수 있도록 하는 것을 의미한다. 따라서 교사-유아, 유아-유아 간의 다양한 의사소통 기회를 격려할 필요가 있으며, 친구들과의 협동 탐구 기회를 제공하는 것도 효과적인 방법이다.

(2) 과학적 탐구하기

'과학적 탐구하기'는 유아기에 경험할 수 있는 과학 지식의 내용 범주라 할 수 있다. 즉, 유아에게 무엇을 탐구하도록 할 것인가에 대한 내용이다. 과학 지식은 물리, 화학, 생물, 지구과학 분야로 구분할 수 있으며, 유아기의 과학 내용 지식 또한 앞의 네 가지 분야의 과학 지식을 골고루 경험하도록 하고 있다. '물체와 물질 알아보기'의 내용은 물리 및 화학과, '생명체와 자연환경 알아보기'는 생물과, '자연현상 알아보기'는 지구과학과 관련된 내용이라 할 수 있다. '과학적 탐구하기'의 마지막 내용인 '간단한 도구와 기계 활용하기'는 물리와 관련된 내용으로 '물체와 물질 알아보기'와 중복되는 내용이기는 하나, 현대사회의 빈번한 기계 및 도구의 활용에 따라 이를 좀 더 강조하기 위해 따로 구성한 내용이라 할 수 있다.

① 물체와 물질 알아보기

'물체와 물질 알아보기'는 유아가 생활 속에서 쉽게 접하게 되는 친숙한 물체와 물질에 관심을 갖고 오감각을 활용해 그 특성을 알아보도록 하는 내용이다. 또한 여러 가지 방법으로 물체를 움직여 보거나 물질을 변화시켜 봄으로써 물체와 물질의 변화 과정을 적극적으로 탐색해 보도록 하는 내용을 포함한다.

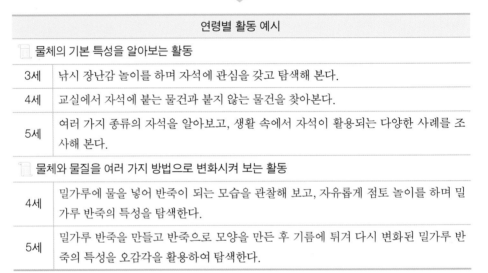

내용	3~5세 연령별 세부 내용		
	3세	4세	5세
물체와 물질 알아보기	친숙한 물체와 물질의 특성에 관심을 갖는다.	친숙한 물체와 물질의 특성을 알아본다.	주변의 여러 가지 물체와 물질의 기본 특성을 알아본다.
		물체와 물질을 여러 가지 방법으로 변화시켜 본다.	

연령별 활동 예시

📙 물체의 기본 특성을 알아보는 활동

3세	낚시 장난감 놀이를 하며 자석에 관심을 갖고 탐색해 본다.
4세	교실에서 자석에 붙는 물건과 붙지 않는 물건을 찾아본다.
5세	여러 가지 종류의 자석을 알아보고, 생활 속에서 자석이 활용되는 다양한 사례를 조사해 본다.

📙 물체와 물질을 여러 가지 방법으로 변화시켜 보는 활동

4세	밀가루에 물을 넣어 반죽이 되는 모습을 관찰해 보고, 자유롭게 점토 놀이를 하며 밀가루 반죽의 특성을 탐색한다.
5세	밀가루 반죽을 만들고 반죽으로 모양을 만든 후 기름에 튀겨 다시 변화된 밀가루 반죽의 특성을 오감각을 활용하여 탐색한다.

💬 **생각 톡톡!** 우리 주변에서 움직임이나 변화 과정이 흥미로운 물체와 물질에는 무엇이 있을까요? 어떤 점이 유아에게 흥미로울 것이라고 생각했나요? 물체의 움직임이나 물질의 변화 과정을 신체로 표현해 보세요.

② 생명체와 자연환경 알아보기

'생명체와 자연환경 알아보기'는 유아의 성장 과정 및 동식물의 특성을 알아보고, 생명체의 소중함 및 환경 보존의 중요성을 인식하도록 하는 내용이다. 즉, 유아가 출생해서 성장해 가는 변화 과정 및 유아 주변의 궁금한 동식물의 특성을 알아 가도록 하는 내용이다. 또한 모든 생명체의 소중함을 느끼고 자연환경을 보존하기 위해 적극적인 실천을 하도록 하는 내용을 포함한다.

내용	3~5세 연령별 세부 내용		
	3세	4세	5세
생명체와 자연환경 알아보기	나의 출생과 성장에 관심을 갖는다.		나와 다른 사람의 출생과 성장에 대해 알아본다.
	주변의 동식물에 관심을 갖는다.	관심 있는 동식물의 특성을 알아본다.	관심 있는 동식물의 특성과 성장 과정을 알아본다.
	생명체를 소중히 여기는 마음을 갖는다.		
		생명체가 살기 좋은 환경에 관심을 갖는다.	생명체가 살기 좋은 환경과 녹색환경에 대해 알아본다.

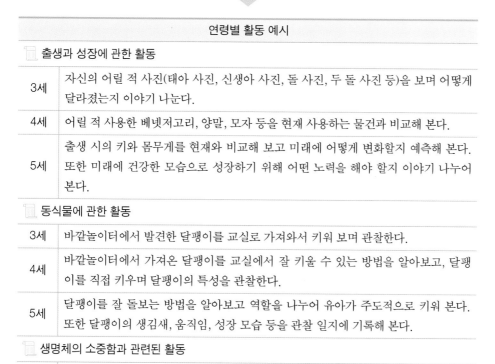

연령별 활동 예시

출생과 성장에 관한 활동

3세	자신의 어릴 적 사진(태아 사진, 신생아 사진, 돌 사진, 두 돌 사진 등)을 보며 어떻게 달라졌는지 이야기 나눈다.
4세	어릴 적 사용한 베넷저고리, 양말, 모자 등을 현재 사용하는 물건과 비교해 본다.
5세	출생 시의 키와 몸무게를 현재와 비교해 보고 미래에 어떻게 변화할지 예측해 본다. 또한 미래에 건강한 모습으로 성장하기 위해 어떤 노력을 해야 할지 이야기 나누어 본다.

동식물에 관한 활동

3세	바깥놀이터에서 발견한 달팽이를 교실로 가져와서 키워 보며 관찰한다.
4세	바깥놀이터에서 가져온 달팽이를 교실에서 잘 키울 수 있는 방법을 알아보고, 달팽이를 직접 키우며 달팽이의 특성을 관찰한다.
5세	달팽이를 잘 돌보는 방법을 알아보고 역할을 나누어 유아가 주도적으로 키워 본다. 또한 달팽이의 생김새, 움직임, 성장 모습 등을 관찰 일지에 기록해 본다.

생명체의 소중함과 관련된 활동

3세	봄꽃 구경을 위한 나들이에 앞서 지켜야 할 약속(꽃을 꺾거나 밟지 않기)에 대해 이야기 나누며 생명체의 소중함을 느껴 본다.
4세	'트리허그'에 대해 알아보고, 밖으로 나가 직접 트리허그를 하며 나무에게 따뜻한 말을 전해 본다.

5세	자연보호 캠페인을 하기 위한 여러 가지 자료(전단지, 피켓 등)를 직접 만들어 동네를 돌며 자연보호 캠페인을 해 본다.

📋 **환경과 관련된 활동**

4세	'게릴라 가드닝'에 대해 알아보고 우리 동네에서 게릴라 가드닝에 적합한 장소를 찾아 직접 실행해 본다.
5세	삶의 터전을 잃고 있는 북극곰 기사를 듣고 그 이유를 알아본 후, 지구 온난화를 줄일 수 있는 방법을 조사하여 가족 계획표를 만들어 본다.

💬 **생각 톡톡!** 유아교육기관에서 쉽게 기를 수 있는 동식물에는 무엇이 있을까요? 왜 그렇게 생각했나요? 스마트폰을 활용하여 동식물의 습성 및 기르는 방법을 찾아봅시다.

③ 자연현상 알아보기

'자연현상 알아보기'는 유아가 생활 속에서 쉽게 접할 수 있는 자연물 및 자연현상에 대한 기초적인 이해를 도모하기 위한 내용이다. 즉, 돌, 물, 흙 등의 자연물과 날씨, 낮과 밤, 계절 등의 자연현상에 관심을 갖고 탐구해 봄으로써 자연의 변화와 규칙성을 알아 가도록 하는 내용이다.

내용	3~5세 연령별 세부 내용		
	3세	4세	5세
자연현상 알아보기	돌, 물, 흙 등 자연물에 관심을 갖는다.	돌, 물, 흙 등 자연물의 특성과 변화를 알아본다.	
			낮과 밤, 계절의 변화와 규칙성을 알아본다.
	날씨에 관심을 갖는다.	날씨와 기후 변화에 관심을 갖는다.	날씨와 기후 변화 등 자연현상에 관심을 갖는다.

연령별 활동 예시	

📋 **돌, 물, 흙 등 자연물에 대한 활동**

3세	바깥놀이터의 모래나 흙을 오감을 활용하여 탐색해 본다.
4세	바깥놀이터와 인근 숲 및 공원 흙의 모양, 색, 질감, 냄새 등을 비교해 본다.

5세	날씨(맑은 날, 비 오는 날, 눈 오는 날 등)와 장소(바깥놀이터, 텃밭, 인근 숲, 공원 등)에 따른 모래나 흙의 특성을 지속적으로 관찰 및 비교해 보고 그 이유에 대해서도 생각해 본다.

📄 **낮과 밤, 계절의 변화와 규칙성을 알아보는 활동**

5세	낮과 밤의 특징에 대해 이야기 나누고, 극야·백야 현상이 일어나는 나라도 알아본다.

📄 **날씨 및 기후 변화에 대한 활동**

3세	바깥놀이를 시작하기 전에 오늘의 날씨를 탐색해 보는 시간을 정기적으로 갖는다.
4세	계절에 따른 날씨의 특징을 조사하여 사계절 날씨 그림책을 만들어 본다.
5세	황사 및 미세먼지 정도를 확인하는 방법을 알아보고, 대기 질의 악화 이유와 사람들에게 미치는 영향 및 대처 방안 등에 대해 이야기 나눈다.

💬 **생각 톡톡!** "낮과 밤은 왜 있어요?"라는 유아의 질문에 어떻게 대답하면 좋을까요? 유아의 연령(만 3, 4, 5세)에 알맞은 대답을 생각해 봅시다.

④ 간단한 도구와 기계 활용하기

'간단한 도구와 기계 활용하기'는 유아의 생활과 밀접한 도구와 기계에 관심을 가지고 그것을 활용해 보도록 할 뿐만 아니라, 현대사회의 도구와 기계의 발전에 따른 우리 생활의 편리함 및 역기능에 대해서도 인식하도록 하는 내용이다.

내용	3~5세 연령별 세부 내용		
	3세	4세	5세
간단한 도구와 기계 활용하기	생활 속에서 간단한 도구와 기계에 관심을 갖는다.	생활 속에서 간단한 도구와 기계를 활용한다.	
	도구와 기계의 편리함에 관심을 갖는다.		변화하는 새로운 도구와 기계에 관심을 갖고 장단점을 안다.

연령별 활동 예시	
📋 생활 속의 간단한 도구와 기계에 관한 활동	
3세	주방에서 사용되는 도구들을 가정에서 하나씩 가지고 와서 도구의 이름 및 사용 방법을 소개한다.
4세	역할 영역에서 사진관 놀이를 하며 다양한 종류의 카메라(즉석카메라, 필름카메라, 디지털카메라, 핸드폰카메라 등)를 사용해 본다.
5세	주방 도구나 청소 도구를 변형하여 새로운 도구로 만들어 보는 발명 활동을 해 본다.
📋 도구와 기계의 장단점에 관한 활동	
3세	유아들의 옷에 달린 지퍼를 자세히 탐색해 보고 지퍼의 편리함에 대해 이야기 나눈다.
4세	빗자루(미니 빗자루)와 청소기(핸디형 무선청소기)로 청소해 보고 도구와 기계의 편리함 및 차이점에 대해 이야기 나눈다.
5세	휴대전화의 변천 과정에 대해 알아보고, 스마트폰의 장단점에 대해 이야기 나눈다.

💬**생각 톡톡!** 교실에서 도구와 기계를 찾아봅시다. 도구와 기계의 차이점은 무엇인가요? 유아들이 활용해 볼 수 있는 도구와 기계에는 어떤 것이 있을지도 생각해 봅시다.

3) 유아과학교육의 지도 원리

앞서 제시한 유아과학교육의 목표 및 내용을 반영하여 바람직한 과학 활동을 구성하고 실행하기 위해 교사가 유의해야 할 기본적인 구성 및 지도 원리를 소개하면 다음과 같다.

첫째, 과학 지식의 습득이 아닌 긍정적 과학 태도 및 과학 과정 기술 활용력의 증진에 중점을 두어 과정 중심으로 활동을 구성하고 지도해야 한다. 많은 유아교사가 과학교육을 어려워하고 기피하는 이유 중 하나는 과학 지식의 습득을 중요한 목표로 여기기 때문이다. 즉, 결과 중심의 과학교육을 운영하는 경우가 많으며, 이로 인해 교사 및 유아 또한 과학 활동을 지루한 학습으로 여긴다. 유아과학교육에서 무엇보다 중요한 것은 유아의 호기심을 토대로 자유롭고 즐겁게 탐구해보는 과정에서 관찰, 비교, 측정, 실험 등의 과학 과정 기술을 경험하고, 과학에 대한 긍정적 태도를 형성하는 것이라 할 수 있다. 과학 지식은 이러한 과정에서 자연스럽게 경험될 수 있도록 해야 한다.

둘째, 유아의 친숙한 주변 환경 및 경험을 토대로 활동을 계획한다. 유아는 자신과 밀접한 관련이 있는 것에 호기심을 보이고 관심을 기울이기 때문이며, 이러한 호기심은 학습에 대한 내적 동기를 유발하고 자발적 학습을 이끄는 데 중요한 영향을 미친다. 따라서 유아를 둘러싼 다양한 자연환경 및 물리적 환경의 모든 것이 유아과학교육의 중요한 소재가 될 수 있으며, 유아가 일상에서 경험하는 여러 과학적 상황 및 유아의 질문들이 과학 활동의 시작점이 될 수 있다. 인터넷에서 접하는 신기하고 마술 같은 이벤트성 과학 실험들이 유아 과학 활동으로 적합하지 않은 이유가 바로 여기에 있다.

셋째, 생활주제 및 다양한 영역 활동과 통합된 과학 활동을 계획한다. 유아교육 기관에서 진행되는 모든 교육 활동은 생활주제와 통합되어 구성되어야 하듯, 과학 활동은 생활주제에 맞추어 계획되고 변화되어야 한다. 대 · 소집단의 과학 활동뿐만 아니라 자유선택 활동의 과학 영역 또한 그러하다. 물론 생활주제에 따라 과학 활동을 계획하기 어려운 특정 주제들이 있기는 하나, 과학 활동 계획 시 생활주제와의 통합 및 다른 영역 활동과의 연계를 고려하는 태도가 중요하다. 생활주제 및 다른 영역 활동의 내용과 통합 · 연계될 때 과학교육의 효과는 더욱 커지기 때문이다.

넷째, 유아의 호기심을 격려하고 자기주도적 탐구 활동을 이끈다. 어린 유아는 성인에 비해 호기심이 매우 많아 항상 주변을 탐색하고 무수한 질문을 쏟아낸다. 이러한 유아의 호기심은 과학을 더 잘할 수 있게 하는 매우 중요한 태도이다. 유아의 호기심에서 과학교육이 시작되었을 때 자기주도적인 탐구 활동을 이끌 수 있으며, 유아는 즐겁게 놀이하며 배우는 진정한 학습에 도달할 수 있다. 따라서 유아의 호기심에 따라 직접 탐색하고 조작하고 실험해 보도록 하는 것이 중요하며, 대집단 시범식 실험 활동은 반드시 지양되어야 한다.

다섯째, 창의적 과학 문제 해결의 기회를 제공한다. 현대사회에서 겪게 되는 다양한 문제를 잘 해결하기 위해서는 창의적이고 과학적인 사고력이 필요하며, 유아기부터의 체계적인 경험이 필요하다. 따라서 유아 과학 활동은 다양한 문제 상황을 스스로, 나름의 방법으로 해결해 보는 기회를 제공하는 데 역점을 둘 필요가 있다. 즉, 과학 탐구 활동을 통해 관찰, 분류, 예측, 추론 등의 과학 과정 기술을 적극 활용하고 창의적인 방법으로 문제를 해결해 보는 경험을 제공해야 한다.

여섯째, 실내뿐만 아니라 바깥놀이 공간 또한 적극적으로 활용한다. 유아교육기관의 바깥놀이터에는 자연물, 놀이기구, 자연현상 등 과학교육의 소재가 풍부하다. 따라서 자연스러운 과학교육의 장이 조성될 수 있다. 또한 물, 흙, 밀가루 등의 지저분해지기 쉬운 과학 재료를 활용한 과학 실험의 경우에는 바깥에서 수업이 이루어졌을 때 유아를 덜 통제하게 되어 바람직하다.

일곱째, 어린 아동에게는 오감각 활용의 탐색 및 관찰 활동을 격려한다. 어릴수록 구체물을 제공하여 보고, 듣고, 만져 보고, 먹어 보고, 냄새 맡아 보는 등의 오감각 활동을 충분히 제공하여 대상을 탐색·관찰할 수 있도록 해야 한다.

여덟째, 다양한 방법(언어, 미술, 음악, 신체 등)으로 연령별 발달 특성을 반영하여 탐구 과정을 표상할 기회를 제공한다. 과학 탐구 결과를 표상하고 과정을 회상해 보도록 하기 위해 많은 교사가 주로 관찰기록지를 작성하도록 하는데, 이는 유아가 과학 활동에 대한 거부감을 갖도록 하기 쉽다. 과학 실험 결과를 표상할 수 있는 다양한 방법에 대한 고려가 필요하며, 특히 어린 유아의 경우 글로 표현해 보게 하기보다는 말로 표현해 보게 한다거나 음악, 미술, 동작 등으로 표현해 보게 하는 것이 바람직하다.

아홉째, 만 5세 유아의 경우 친구와 함께 궁금한 과학 문제를 해결해 보는 경험을 적극 제공한다. 짝 또는 팀 구성원과 함께 과학적 문제 상황을 창의적으로 해결해 보는 기회를 제공할 필요가 있다. 혼자서 해결하기보다 친구와 함께 해결해 보도록 함으로써 더 나은 해결책을 찾아낼 수 있으며, 과학 활동에 관심이 없는 유아의 경우에도 흥미를 갖고 적극적으로 참여할 수 있다.

열째, 도입, 전개, 마무리의 탐색, 탐구, 회상 및 평가하기의 과정을 순차적으로 경험할 수 있도록 활동을 계획한다. 과학적 탐구 문제를 본격적으로 제시하기에 앞서 유아의 사전 경험 정도를 살피고 흥미 유발을 위한 자유로운 탐색 기회를 충분히 제공해야 한다. 또한 탐구 과정을 회상하고 평가해 볼 수 있는 시간을 제공함으로써 과학 지식에 대한 이해를 심화할 수 있다.

4) 통합교육을 위한 과학교육의 실제

(1) 음악을 통한 과학교육

연령	만 3세	활동 형태	대 · 소집단 활동	유형	이야기 나누기
활동명	나만의 소리를 만들어요!				

활동 목표	5세 누리과정 관련 요소
• 마라카스 소리의 원리에 관심을 갖는다. • 친숙한 재료를 이용하여 소리를 만드는 탐구 과정에 즐겁게 참여한다. • 주변의 재료가 낼 수 있는 다양한 소리 특성에 관심을 갖는다.	• 예술경험: 아름다움 찾아보기 – 음악적 요소 탐색하기 • 자연탐구: 탐구하는 태도 기르기 – 탐구과정 즐기기 • 자연탐구: 과학적 탐구하기 – 물체와 물질 알아보기

(창의 · 인성 관련)
• 창의성: 인지적 요소 – 사고의 확장
• 인성: 존중 – 다른 사람들과 다른 문화에 대한 존중

활동 자료	마라카스, 빈 통(뚜껑 달린 작은 플라스틱 통), 마라카스 통 안에 넣을 재료(모래, 돌, 나뭇가지, 열매, 쌀, 콩, 구슬, 빨대 자른 것 등)
활동 방법	1. 소리를 듣고 어떤 악기 소리인지 알아본다. 　• (마라카스 소리만 들려주며) 무슨 소리일까? 　• 이런 소리를 언제 들어봤니? 　• 이 소리는 악기 소리야. 너희도 이 악기로 연주를 했어. 무엇일까? 　• (악기를 보여 주며) 바로 이 악기의 소리였어. 2. 마라카스 소리를 만들 수 있는 방법에 대해 이야기 나눈다. 　• 이 악기는 어떻게 해서 이런 소리가 나는 걸까? 　• 속에 무엇이 들어 있을까? 　• (마라카스의 속을 보여 주며) 무엇이 들어 있니? 　• 마라카스의 소리를 다르게 만들 수는 없을까? 어떻게 하면 다른 소리를 낼 것 같니? 3. 마라카스 속에 들어갈 재료를 수집하여 탐색한다. 　• 우리 교실에서 이 통 안에 넣어 소리를 만들 수 있는 것을 찾아보자. 　• ○○이는 무엇을 찾아왔니? 　• (유아가 찾아온 재료를 보여 주며) 이것은 무엇이지? 어떻게 생겼니? 만져 보면 어떤 느낌이 드니? 　• 이것을 통 안에 넣으면 어떤 소리가 날 것 같니? 　• 왜 그렇게 생각했니?

	4. 나만의 마라카스를 만들어 본다. • 너희가 넣고 싶은 재료를 넣어서 마라카스를 만들어 보자. • ○○이는 무엇을 넣을 거야? 얼마나 넣을 거야? • 이것을 넣으면 어떤 소리가 날 것 같니? • (다 만든 후) 어떤 소리가 나니? • 소리가 마음에 안 들면 다른 재료를 넣어서 다시 만들어 보자. 5. 친구들이 만든 마라카스 소리들을 탐색해 본다. • 친구들이 만든 여러 가지 마라카스 소리들을 들어보자. • 어떤 소리가 나니? • ○○이는 무엇을 넣어서 마라카스를 만들었을까? • 이 두 개는 같은 것을 넣었는데 왜 소리가 다른 걸까? • 비슷한 소리를 내는 마라카스를 찾아보겠니? 6. 활동을 회상하고 평가한다. • 오늘 마라카스를 만들어 보니 어땠니? • 다음에 또 만들어 본다면 어떤 것을 넣어 보고 싶니? • 오늘 만든 마라카스로 뭘 하면 좋을까?
활동 시 유의점	1. 마라카스 속의 내용물을 볼 수 있도록 준비할 수 없을 경우, 교사가 (속의 재료를 관찰할 수 있도록) 분해할 수 있는 마라카스를 직접 만들어 도입 자료로 활용한다. 2. 개별적으로 마라카스를 만드는 과정에서 과학 과정 기술(관찰, 비교, 예측, 측정 등)을 독려하는 발문을 하도록 한다. 3. 미리 교실에 마라카스 통 안에 들어갈 수 있는 작은 재료(자연물 활용)를 비치해 두도록 한다.
활동 평가	1. 다양한 소리를 만들어 보는 탐구 과정에 흥미를 갖는지 평가한다. 2. 다양한 마라카스 소리를 주의 깊게 탐색하는지 평가한다.
확장활동	1. 마라카스 꾸미기를 해 보거나, 만든 마라카스를 활용하여 친숙한 노래 연주하기 활동을 해 본다. 2. 유아들이 만든 마라카스를 과학 영역에 비치한 후, 같은 재료를 넣은 마라카스 소리 찾기 활동을 해 본다.

(2) 미술을 통한 과학교육

연령	만 4세	활동 형태	대 · 소집단 활동	유형	미술
활동명	잘 번지게 하려면?				

활동 목표	4세 누리과정 관련 요소
• 번지기 기법을 활용한 미술 작품에 관심을 갖는다. • 물감이 잘 번지는 종이를 예측하고 실험을 통해 확인해 본다.	• 예술경험: 예술 감상하기 – 다양한 예술 감상하기 • 자연탐구: 탐구하는 태도 기르기 – 탐구 기술 활용하기 • 자연탐구: 과학적 탐구하기 – 물체와 물질 알아보기

(창의 · 인성 관련)
• 창의성: 인지적 요소 – 사고의 수렴
• 인성: 존중 – 다른 사람들과 다른 문화에 대한 존중

활동 자료	번지기 기법을 활용한 미술 작품, 일반적인 미술 작품, 여러 가지 재질의 종이 (도화지, 한지, A4 용지, 기름종이 등), 물감, 붓, 예측판, 예측판에 붙일 스티커
활동 방법	1. 번지기 기법을 활용한 미술 작품을 감상한다. • (번지기 기법을 활용한 꽃 그림을 보여 주며) 무엇을 그렸을까? • 그림을 보니 어떤 느낌이 드니? • 왜 그런 느낌이 들었니? • (일반적인 꽃 그림을 보여 주며) 다른 그림과 어떤 점이 다르니? • 이 그림처럼 색깔을 번지게 해서 표현한 그림을 본 적이 있니? 2. 번지기 기법에 대해 알아본다. • 무엇을 사용해서 그렸을까? • 어떻게 하면 이렇게 번지게 표현할 수 있을까? • 종이에 물을 뿌리고 나서 물감을 떨어뜨려서 표현할 수도 있고, 색을 칠하고 나서 물을 묻히는 방법도 있대. 3. 여러 재질의 종이를 탐색해 보고, 잘 번지게 하는 종이를 예측해 본다. • 여기 여러 가지 종이가 있어. • 종이들이 어떻게 다르니? 잘 살펴보자. • 손으로 만져도 보자. • 어떤 종이를 사용하면 가장 잘 번질 것 같니? • 왜 그렇게 생각하니? • (예측판을 보여 주며) 너희가 생각하는 가장 잘 번질 것 같은 종이가 붙은 칸에 스티커를 붙여 주자. • (완성된 예측판을 보여 주며) 우리 반 친구들은 어떤 종이가 가장 잘 번질 것이라고 생각했니?

	• 가장 안 번질 것 같은 종이는? 4. 실험을 구성하여 해 보고, 결과를 확인한다. 　• 너희가 생각한 것이 맞는지 직접 실험을 해 보자. 　• 어떻게 해야 할까? 　• 이 실험을 할 때 지켜야 할 약속은 무엇일까? 　• (실험 후) 어떤 종이가 가장 잘 번졌니? 　• 가장 번지지 않은 종이는 무엇이었니? 　• (예측판을 보여 주며) 우리가 실험하기 전에 생각했던 것과 비교해 보자. 　• (가장 잘 번진 종이를 보여 주며) 이 종이가 왜 가장 잘 번졌을까? 　• (가장 잘 번지지 않은 종이를 보여 주며) 이 종이는 왜 잘 번지지 않았을까? 5. 탐구 과정을 회상하고 평가한다. 　• 오늘 어떤 실험을 해 보았지? 　• 실험을 해 보니 어땠니? 　• 너희가 생각한 것과 같았니? 　• 다음에 또 번지기 실험을 해 본다면 어떻게 바꿔서 해 볼 수 있을까?
활동 시 유의점	1. 번지기 기법을 활용한 다양한 미술 작품을 인터넷을 통해 수집할 수 있으며, 　꼭 화가의 작품일 필요는 없다. 2. 실험 과정 동안 물질이 변화되는 모습에 대해 유아들과 적극적인 상호작용 　을 한다.
활동 평가	1. 번지기 기법을 활용한 미술 작품에 관심을 갖는지 평가한다. 2. 과학 과정 기술을 적극적으로 활용하여 과학 실험 과정에 참여하는지 평가 　한다.
확장활동	1. 번지기 기법을 활용하여 그림을 그려 본다. 2. 펜 종류에 따른 번짐의 차이를 실험해 본다.

(3) 언어를 통한 과학교육

연령	만 5세	활동 형태	대 · 소집단 활동	유형	이야기 나누기
활동명	우리도 과학자!				

활동 목표	5세 누리과정 관련 요소
• 과학자 이야기를 통해 인간을 위한 과학에 　관심을 갖는다. • 다른 사람을 도울 수 있는 창의적인 발명품 　을 생각해 본다.	• 의사소통: 듣기 – 이야기 듣고 이해하기 • 사회관계: 다른 사람과 더불어 생활하기 – 　공동체에서 화목하게 지내기 • 자연탐구: 과학적 탐구하기 – 간단한 도구 　와 기계 활용하기

(창의 · 인성 관련)
- 창의성: 인지적 요소 – 사고의 확장
- 인성: 배려 – 이웃에 대한 배려

활동 자료	로봇과학자 '데니스 홍' 이야기 자료, 도화지, 색연필
활동 방법	1. 로봇과학자 '데니스 홍' 이야기를 ppt 자료로 감상한다. **로봇 과학자 '데니스 홍' 이야기** 안녕? 나는 로봇 과학자 '데니스 홍'이야. 너희 로봇 좋아하니? 나는 로봇을 만드는 과학자란다. 혹시 너희 로봇축구대회라고 아니? 로봇이 축구한다고 하니 믿기지 않지? 이 로봇은 바로 내가 만든 '찰리2'라는 로봇인데, 이 로봇으로 나는 로봇축구대회에서 우승을 했단다. 하지만 나에게는 더 소중한 로봇이 있단다. 바로 시각장애인 자동차야. 눈이 안 보이는 사람을 위한 자동차지. 이 자동차를 발명하는 과정은 무척 힘들었어. 하지만 운전석에 앉았던 시각장애인들의 미소 때문에 나는 포기하지 않고 연구했고, 이제 곧 시각장애인들이 이 자동차를 탈 수 있는 날이 올 거야. 태어나서 처음으로 운전을 했던 시각장애인들의 표정은 너무나 행복해 보였어. 특히 기억에 남는 아이가 있었는데, 먼 곳에서 이 자동차를 보기 위해 왔던 눈이 안 보이는 어린아이였어. 이때 이 아이의 표정을 나는 잊을 수가 없단다. 나는 매일 이 아이의 사진을 보며 힘들고 어려운 사람들을 위해 더 열심히 로봇을 개발해야겠다고 다짐한단다. 앞으로도 내가 개발하는 더 멋진 로봇들을 기대해 줘~ 안녕~~~ - 어떤 과학자에 대한 이야기였니? - 데니스 홍은 무엇을 개발했니? - 데니스 홍은 왜 시각장애인을 위한 자동차를 만들었을까? - 눈이 안 보이는 시각장애인은 이 과학자에게 어떤 마음이 들었을까? 2. 과학자와 발명품에 대해 이야기 나눈다. - 너희는 어떤 과학자를 알고 있니? - 어떤 사람을 과학자라고 하는 걸까? - 과학자가 있어서 좋은 점은 무엇일까? - 과학자는 왜 새로운 물건을 만드는 걸까? - 과학자가 발명한 발명품에는 어떤 것이 있을까? - 그 발명품이 있어서 어떤 점이 좋아졌을까?

	3. 과학자가 되어 발명하고 싶은 것을 그림과 글로 표현해 본다. • 너희가 과학자가 되어 발명하고 싶은 것을 그림과 글로 표현해 보자. • 데니스 홍처럼 다른 사람을 도울 수 있는 발명품을 생각해 보자. • 너희가 생각한 발명품을 친구들에게 소개해 보자. • ○○이는 무엇을 발명하고 싶니? • 왜 그런 생각을 했니? 4. 활동을 회상하고 평가한다. • 데니스 홍은 어떤 과학자였니? • 과학자가 없다면 세상은 어땠을까? • 오늘 친구들이 생각한 발명품 중 무엇이 가장 기억에 남니? • 왜 그렇니?
활동 시 유의점	1. 인터넷을 통해 데니스 홍과 관련한 사진을 수집하여 ppt 이야기 자료를 만들어 활용한다. 2. 다른 사람을 배려할 수 있는 과학 발명품을 상상해 보도록 상호작용한다.
활동 평가	1. 과학자의 특성(인간을 배려하는 마음)을 인식하는지 평가한다. 2. 다른 사람을 도울 수 있는 발명품을 상상하여 표현할 수 있는지 평가한다.
확장활동	1. 배려의 과학에 대한 다양한 사례를 조사해서 발표해 보는 활동을 해 본다. 2. 과학자 이야기를 동극으로 해 본다.

제**3**장

유아교과교육의
통합적 운영

제3장 유아교과교육의 통합적 운영

1. 통합의 정의 및 필요성

유아교과교육에서의 통합이란, 각 교과 간의 분절이나 독립된 교과교육을 뜻하는 것이 아니라, 교과 간의 '전체성' '통일성' '총체성'을 의미한다(이경화, 육인경, 2016). 이는 학문이나 경험, 학습 등 부분을 전체에 결합시키는 것을 뜻한다(강미희, 2004).

따라서 '유아가 무엇을 경험해야 하는가?' '그 경험을 통해 유아는 무엇을 알게 되는가?/어떠한 태도를 갖게 되는가?'를 고민하면서 통합적 운영을 계획하는 것이 필요하다. 교육에서의 통합적 운영의 필요성을 김대현(1993), 강미희(2004), 이세나(2009)에서 살펴보면 다음과 같다.

김대현(1993)은 통합교육의 필요성을 교육 목표, 교육내용, 교육방법의 세 가지 영역에 따라 각각 제시하였으며, 그 내용은 〈표 3-1〉과 같다.

또한 강미희(2004)는 유아의 학습을 촉진하는 측면에서 통합교육의 필요성을 이야기하면서 유아가 자신의 경험을 스스로 의미 있게 구성하도록 하고, 교과 영역 간의 관련성을 증대하여, 유아가 지식을 실생활과 관련짓는 능력을 향상시키는 것이 중요하다고 하였다. 더불어 통합교육이 관련 교과나 인접 교과와 관련된 활동을 통하여 유아가 지식을 습득하고 응용하기에 용이하도록 하고, 유아가 학습해야 할 많은 정보를 의미 있는 개념으로 조직화할 수 있도록 돕는 방법이라고 하였다.

〈표 3-1〉 통합교육의 영역별 필요성

영역	필요성
교육 목표	• 개인이 부딪히는 일상생활의 문제나 사회가 당면하는 문제를 해결하는 능력을 길러 줌. • 협동심과 민주주의 생활 태도를 길러 줌. • 인지, 정의, 신체의 균형적 개발을 의미하는 전인의 형성을 가능하게 해 줌. • 학교생활에의 적응과 만족감을 증대시켜 줌.
교육 내용	• 교과 간의 내용 중복을 피해 학습자의 불필요한 부담을 덜어 줌. • 교육 내용의 양적 증가에 대처함. • 교육 내용의 사회적 적합성을 높임.
교육방법	• 학습자는 학습의 주체로서 참여함. • 학습의 과정이 공포나 두려움 없이 편안함과 즐거움을 느끼게 함. • 학습 경험의 전이 효과가 큼.

출처: 김대현(1993).

이세나(2009)는 유아교육에서 통합교육의 필요성을, ① 전인발달에 부합되는 교육, ② 인간성 및 인간의 발달 특성을 고려한 교육, ③ 유아의 최적 발달을 위한 유아발달의 조건과 원리에 맞는 교육을 하고, ④ 인간발달의 생태학적 관점을 수용하며, ⑤ 사회적 요구를 고려해야 한다는 다섯 가지 측면에서 이야기하였다. 이에 대한 내용은 〈표 3-2〉와 같다.

〈표 3-2〉 유아교육에서 통합교육의 성격별 필요성

교육의 목적인 전인발달에 부합되는 교육	• 유아의 인격적 통합을 촉진해 전인적 발달과 자아실현을 이루게 하고, 통합적인 안목으로 세상을 볼 수 있는 경험을 제공함(교육과정개정연구회, 1996).
인간성 및 인간의 발달 특성을 고려한 교육	• 인간발달은 신체, 인지, 정서 등의 어느 한 부분에 초점을 맞추어 이해할 것이 아니라, 전체 틀에서 통합적 이해를 추구해야 함. • 인간발달의 구성요소와 영역은 분리되어 독립적으로 작용하지 않으므로 인간발달을 통합적으로 이해하는 일은 매우 중요함.
유아의 최적 발달을 위한 유아발달의 조건과 원리에 맞는 유아교육	• 유아교육의 중요한 기본 목적 중 하나는 '발달적 충실화'임. • 유아교육은 이후 발달의 선행이나 준비 교육 개념보다는 연령에 따른 제 발달 영역에서의 발달적 과업 완수 및 발달적 지체 예방에 더 역점을 두고 있음. • 따라서 개개 유아의 연령 적합성, 개인 적합성 그리고 사회문화 적합성을 고려한 교육을 실시해야 함. • 지금까지 밝혀진 발달과 교육의 주요 원리인 자발성, 목적성, 개방성, 경쟁, 활동과 노작, 상호성, 단순성 등의 원리는 어느 하나 중요하지 않은 것이 없기 때문에 이와 같은 발달과 교육의 조건은 모두가 통합에 유용하거나 통합에 필요한 조건임.
인간발달의 생태학적 관점을 수용하는 유아교육	• 생태학적 관점에서 인간발달은 성장하는 개인이 생태학적 환경에 대한 개념, 그리고 그 환경과 자신의 관계에 대한 개념을 발전시켜 가는 것이며, 환경의 속성을 발견하고 유지하거나 변화시키기 위해 성장하는 개인의 능력으로 정의함(이영, 1995). • 인간발달에 관한 생태학적 관점의 특징은 인간이 발달해 가는 삶의 조건으로서 생태학적 환경을 규정하고 이러한 환경을 접구조로 이루어진 하나의 체계로 본다는 것임. • 인간발달의 생태학적 관점은 전체 환경 속에서 인간발달을 설명하고, 발달의 상호관계성을 중시한다는 점에서 통합적이고 전체적인 사고를 요구함.

사회적 요구를 고려하는 유아교육	• 교육은 각각의 사회 나름의 역사와 전통을 가지고 있고 고유한 문화적 특성과 가치를 지니고 있어 그 사회 성원들이 기르고자 하는 독특한 인간상이 있음. • 다양한 사회 자원을 활용하고 사회적 요구와 가치를 반영해야 할 것임. • 통합교육은 학습자가 개인주의적 사고를 벗어나 타인과 바람직한 관계를 형성할 수 있게 도와주고, 학교와 사회의 결속력을 높여 주며, 현대사회가 당면한 문제를 공동으로 해결하게 해 줌(우수경 외, 2009).

2. 교과 내용의 통합적 조직

앞서 살펴본 바와 같이 교과의 통합은 학습자인 유아의 경험의 가치를 증진할 수 있다. 따라서 교과 내용 또한 통합적 조직 과정이 필요하며 이 과정에서 유아에게 의미 있는 방법으로 조직되었는지 끊임없이 질문해야 한다. 따라서 교과의 조직은 교육적 내용을 목적에 부합되도록 선정하고, 학습자인 유아에게 의미 있는 경험이 될 수 있도록 '선정된 내용을 어떻게 순서를 짓고, 내용에 따라 어떠한 예를 들고, 어느 부분에서 비슷한 내용 또는 상반된 내용을 정렬하여 교육적 효과를 높일 수 있는가?'와 같은 일련의 체계를 고민하는 과정으로 볼 수 있다. 다음과 같은 교과 내용 조직 원리와 방법에 따라 통합적 조직이 가능하다.

1) 교과 내용 조직의 원리

교과 내용 조직의 원리로는 크게 계속성의 원리, 계열성의 원리, 통합성의 원리의 세 가지를 들 수 있다.

첫째, 계속성의 원리는 학습자가 경험해야 하는 교과 내용(개념, 원리, 기술 등)에 대해서 학습자가 친숙해지고, 이를 이해하거나 기술을 습득할 수 있도록 지속적으로 연습·경험할 기회를 제공하는 것이다. 예를 들어, 기본 생활습관 교육, 안전교육, 건강교육 등을 계속 실행함으로써 유아가 이와 관련된 지식, 기술, 태도를 함양하도록 돕는 것이다.

둘째, 계열성의 원리는 학습내용이 단계적으로 심화·확대되도록 조직하는 것을 말한다. 이는 이전 유치원 교육과정과 다르게 3~5세 연령별 교육과정으로 개정한 누리과정에서 매우 강조하고 있음을 볼 수 있다. 누리과정은 전체적으로 3~5세 유아가 경험해야 하는 내용을 생활주제별 주요 내용으로 범주화한 후, 이를 3, 4, 5세 연령별로 위계를 두어 제시한다. 따라서 같은 생활주제라고 하더라도 내용의 범주, 세부 내용의 심화 정도, 때로는 기술의 수준에 따라 교육 내용이 조직화되는 것이다. 예를 들면, [그림 3-1], [그림 3-2]와 같이 누리과정 생활주제 한 가지에서 다루고 있는 연령별 교육 내용을 비교해 볼 수 있다.

3세		4세	5세	
• 주변의 동식물 찾아보기 • 주변의 동식물에 관심 갖기 • 동물을 대하는 바른 태도 기르기 • 자연에서 놀아보며 즐거움 느끼기 • 자연을 대하는 바른 태도 기르기	• 동물과 함께하는 즐거움 느끼기 • 식물과 함께하는 즐거움 느끼기 • 식물과 함께 지내는 방법에 관심 갖기	• 관심 있는 동식물 탐구하기 • 상상 속의 동식물에 관심 갖기 • 사라진 동식물에 관심 갖기 • 동물이 주는 이로움을 생활 속에서 경험하기 • 동물을 대하는 바른 태도 갖기 • 식물이 주는 이로움에 관심 갖기 • 식물과 함께 지내는 방법에 관심 갖기	• 사라진 동식물에 관심 갖기 • 동물과 함께하는 즐거움 느끼기 • 식물과 함께하는 즐거움 느끼기 • 사라져 가는 동식물에 관심 갖기 • 자연과 더불어 살아가기	• 사라진 동식물에 관심 갖기 • 동물과 함께하는 즐거움 느끼기 • 식물과 함께하는 즐거움 느끼기 • 사라져 가는 동식물에 관심 갖기 • 자연과 더불어 살아가기

[그림 3-1] 생활주제 '동식물과 자연' 교육내용 비교

셋째, 통합성의 원리는 한 교과 내에서의 교육 내용 간의 통합, 그리고 각 교과에서 담고 있는 교육 내용의 수평적 통합을 모두 포함한다. 예를 들어, 일일교육계획안의 일일주제와 일일교육 목표를 위해 하루 일과 내에서 유아가 경험할 수

3세		4세		5세
• 함께 사용하는 물건과 장소 알아보기 • 안전하게 놀이하기 • 혼자 하는 놀이, 친구와 함께하는 놀이 알아보기 • 함께 놀이할 때의 약속 알아보기	• 우리 반 이름과 교실 알아보기 • 시설물 사용 방법 알아보기 • 유치원 돌아보기 • 유치원에서 함께 지내는 사람들 알아보기 • 등 · 하원하기 • 자유선택활동하기 • 집단활동하기 • 급식(간식)먹기 • 친구와 함께하기 • 친구 이름 알기 • 친구와 다른 점 알아보기 • 친구와 사이좋게 지내기	• 우리 유치원을 나타내는 것들 알아보기 • 유치원의 특별한 날 알아보기 • 유치원의 좋은 점 찾아보기 • 행복한 유치원 만들기	• 우리 반 이름과 교실 알아보기 • 유치원 돌아보기 • 유치원에서 함께 지내는 사람들 알아보기	• 우리 반에 필요한 약속 알아보기 • 함께 사용하는 물건과 공간 알아보기 • 형님반이 되어 달라진 하루 일과 알기 • 놀이 계획과 평가하기 • 함께하면 더 좋은 것 알아보기 • 바른 태도로 급식(간식) 먹기 • 도우미가 되어보기 • 나와 친구 소개하기 • 친구의 의미 알기 • 친구 간의 예의 지키기 • 내 마음과 친구 마음 알기 • 우리 유치원의 상징 알아보기 • 우리 유치원의 역사 알아보기 • 우리 유치원의 자랑거리 알기 • 우리가 만들고 싶은 유치원 계획하기

[그림 3-2] 생활주제 '유치원과 친구' 교육내용 비교

있는 이야기 나누기, 음악 활동, 바깥놀이 활동, 동화 및 자유선택 활동의 각 영역 활동 등을 통합적으로 제시하는 것이다. 이러한 통합성에서는 일일교육에서의 통합 그리고 주간교육에서의 통합, 나아가 생활주제의 기본이 되는 월간교육에서의 통합도 중요하게 다루어야 한다. 한편, 교육 내용의 수평적 통합에서는 미술과 과학의 통합 활동, 음악과 수학의 통합 활동 등 앞 장에서 다룬 각 교과에서의 통합 활동 등이 그 예가 될 수 있다.

2) 교과 내용 조직의 방법

(1) 거미줄형 통합 조직

유아교육에서의 활동 계획에서 가장 많이 활용되는 포가티(Fogarty, 1991)의 교과통합 모형(단절형, 연관형, 동심원형, 계열형, 공유형, 거미줄형, 실로 꿰어진 모형, 통합형, 몰입형 및 네트워크 등) 중, 거미줄형 통합 조직을 살펴보면 다음과 같다.

거미줄형 통합 조직은 교육의 생활주제 및 주제를 중심으로 다양한 교과의 교육 내용을 통합적으로 재조직하는 것을 말한다. 따라서 거미줄형 통합조직은 주제, 생활주제, 일일주제를 중심으로 기술될 수도 있으며, 일일주제 내에서 자유선택 활동 시간과 대·소집단 활동을 계획할 때 활용될 수도 있다. 만 4세 생활주제인 '동식물과 자연' 중 주제 '식물과 우리의 생활'을 위한 자유선택 활동의 조직 예시는 [그림 3-3]과 같다.

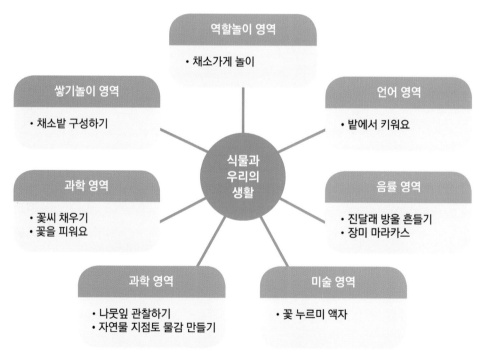

[그림 3-3] 만 4세 생활주제 '동식물과 자연' 중
주제 '식물과 우리의 생활'을 위한 자유선택활동의 조직

만 4세 생활주제인 '동식물과 자연' 중 주제 '식물과 우리의 생활'을 위한 대·소 집단 활동의 조직 예시는 [그림 3-4]와 같다.

[그림 3-4] 만 4세 생활주제 '동식물과 자연' 중
주제 '식물과 우리의 생활'을 위한 대·소집단 활동의 조직

이러한 거미줄형 통합 조직은 유아교육기관 내 교직원 간 협의에 따라 다양한 형태로 변형되었다. 생활주제인 '동물' 중 주제 '여러 가지 동물'의 예시는 [그림 3-5]와 같다.

〈주제계획안〉

생활주제	동물	주제	여러 가지 동물
연령	만 3세(○○반)	기간	

주요 내용
- 자신이 좋아하는 동물을 친구들에게 소개한다.
- 사람마다 좋아하는 동물이 다를 수 있음을 안다.
- 동물을 좋아하는 이유를 친구들과 공유한다.

내가 좋아하는 동물

여러 가지 동물

동물의 소리와 움직임

주요 내용
- 다양한 동물의 움직임에 관심을 갖는다.
- 여러 동물이 내는 다양한 소리에 관심을 갖는다.
- 여러 가지 방법으로 상황에 따라 달라지는 동물들의 다양한 움직임과 소리를 표현해 본다.

동물의 생김새와 집

주요 내용
- 동물의 생김새가 각각 다름을 안다.
- 동물의 생김새 중 특징적인 부분에 관심을 갖는다.
- 동물마다 사는 곳이 다름을 안다.
- 동물의 생김새와 서식 환경에 관심을 갖는다.

자유선택 활동		대 · 소집단 활동	
쌓기놀이	동물원 놀이	이야기 나누기	• 내가 좋아하는 동물을 소개해요 • 땅 · 물에 사는 동물들은 어떤 모습일까? • 여러 가지 동물의 움직임과 표정을 표현해요
역할놀이	숲 속 동물 놀이터		
언어	• 교구: 동물들의 소풍, 벽걸이 동물 농장, 동물 소리 듣기, 곰 세 마리, 여러 가지 동물 • 책: 『앗! 동물이 보여요』『와자지껄 농장 친구들』『와글와글 어떤 동물일까?』『줄무늬 고양이 미우』『어디 어디 사니?』『누구 소리지?』『빨간 박쥐 콩새』『얼룩 송아지 점박이』『아기 곰 노마』	동화 · 동시 · 동극	• 동화책 『빨간 끈으로 머리를 묶은 사자』(남주헌 저, 2003)를 듣고 뒷이야기 지어 보아요 • '동동동물원' 동시를 감상해요 • '내가 누구게' 동시를 감상하고 동시를 바꿔 보아요 • '코코코 만세' 동극을 해요
수 · 조작	무지개뱀, 우리 동물원, 호랑이 바닥퍼즐, 동물 무늬 맞히기, 동물 가족, 동물 농장, 바다 동물, 꼭지 퍼즐 야생동물, 꼭지퍼즐 동물 농장, 동물 앞뒤 맞히기 퍼즐, 동물 모양 집, 땅 · 하늘 · 물에서 살아요, 동물 분류하기	음악 활동	• '할아버지 농장에' 노래를 불러요 • '뚱뚱한 하마와 날씬한 기린' 노래를 불러요 • '사자 왕의 행진' 음악을 감상해요
과학	토끼 들어 올리기(무게 비교), 개구리, 동물들이 사는 곳, 숨은 동물 찾기	신체 활동	• '동물 집에 쏙!' 게임을 해요 • 친구와 함께 '동물 퍼즐 맞추기' 게임을 해요 • '강아지 색깔 발자국 밟기' 게임을 해요 • '나는 토끼' 신체 표현을 해요 • 알 속 동물이 되어 보아요
미술	내가 좋아하는 동물 액자 만들기, 새 모빌 만들기, 사자 꾸미기(가위 놀이), 여러 가지 무늬의 천을 이용한 동물 콜라주	수 · 과학 활동	• 사는 곳에 따라 동물을 분류해요 • '우리 반이 좋아하는 동물' 그래프를 만들어 보아요
		현장 학습	• 이동 동물원

(중앙: 여러 가지 동물)

인성교육	안전교육	감성교육
• 어른을 보면 먼저 인사해요. • 다른 사람의 표현과 이야기에 관심을 가져요. • 동물을 사랑하는 마음을 갖고 행동으로 실천해요.	• 동물에게 함부로 먹이를 주지 않아요(동식물 안전). • 모든 약이 몸에 좋은 것은 아니에요(약물 오남용).	• 여러 가지 동물의 움직임과 표정을 따라 해요(감정이입).

[그림 3-5] 거미줄형 통합조직의 예

출처: 중앙대부속유치원(2014).

(2) 활동 유형별 교과 통합의 예

유아들은 놀이를 통한 의미 있는 경험을 하며 성장한다. 유아에게 가장 의미 있는 놀이는 오감각을 활용한 직접 경험, 즉 활동이다. '3~5세 연령별 누리과정'에서는 대·소집단 활동과 자유선택 활동으로 구분짓고, 대·소집단 활동은 이야기 나누기, 동화·동시·동극, 음악, 신체, 게임, 요리, 미술, 현장체험의 8개로 구분하고 총 10개의 활동 유형으로 제시하고 있다. 활동 유형별 교과 통합에서는 생활 주제의 교육 내용과 연령별 각 교과 내용을 기초로 교육 내용을 구성한 뒤 누리과정에서 제시한 활동 유형으로 교육을 계획하게 된다. 이러한 활동 유형별 교과 통합의 조직을 위한 절차를 나타내면 [그림 3-6]과 같다.

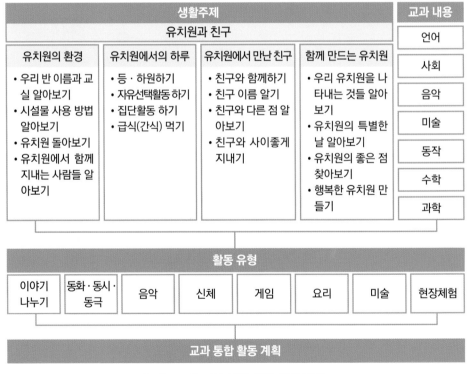

[그림 3-6] 교과 통합 활동 조직 절차

3. 교과교육의 통합적 운영 예

이 절에서는 생활주제, 주제, 일일주제를 중심으로 한 교과의 통합적 운영의 예를 살펴본다. 다음은 누리과정 3세의 생활주제 '동식물과 자연', 그리고 5세의 생활주제 '교통기관'에서 제시한 내용을 일차적으로 제시하고, 이어서 주간교육계획안을 중심으로 통합교육의 원리와 방법에 기초하여 추가로 교육 계획이 가능한 활동을 파란색 글자로 추가 기록하여 제시한 것이다.

1) 누리과정에 제시된 생활주제 '동식물과 자연'의 관련 계획안과 수정 계획안(3세)

(1) 누리과정의 생활주제 '동식물과 자연'의 생활주제망(3세)

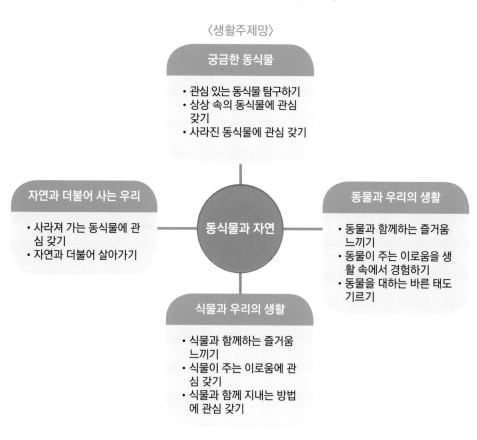

〈생활주제망〉

궁금한 동식물
• 관심 있는 동식물 탐구하기
• 상상 속의 동식물에 관심 갖기
• 사라진 동식물에 관심 갖기

자연과 더불어 사는 우리
• 사라져 가는 동식물에 관심 갖기
• 자연과 더불어 살아가기

동식물과 자연

동물과 우리의 생활
• 동물과 함께하는 즐거움 느끼기
• 동물이 주는 이로움을 생활 속에서 경험하기
• 동물을 대하는 바른 태도 기르기

식물과 우리의 생활
• 식물과 함께하는 즐거움 느끼기
• 식물이 주는 이로움에 관심 갖기
• 식물과 함께 지내는 방법에 관심 갖기

(2) 누리과정 생활주제 '동식물과 자연'의 주간교육계획안(3세)

〈주간교육계획안〉

반 이름		만 3세 ○○반		시기	20○○년 ○월 ○일 ○요일	
생활주제		동식물과 자연		주제	동물과 우리의 생활	
목표		\u003ccolspan\u003e• 주변에서 볼 수 있는 동물과의 경험을 통해 즐거움을 느낀다. • 동물을 사랑하는 마음을 갖는다. • 동물을 대할 때는 위생과 안전에 유의하는 태도를 갖는다.				
날짜/요일		월	화	수	목	금
활동	소주제	동물과 함께하는 즐거움 느끼기		동물을 대하는 바른 태도 갖기		
자유 선택 활동	쌓기놀이 영역	동물 농장 꾸미기		반려동물 집 만들기		
	역할놀이 영역	동물이 되어 봐요		동물병원 놀이		
	언어 영역	동물과 함께하면 즐거워요		내가 만약 동물이라면		
	수·조작 영역	기린의 키만큼 쌓아 보아요	천연수세미 애벌레	동물을 사랑해요		
	과학 영역	*함께하는 즐거움을 경험해야 이후 소주제와 연결된 경험을 할 수 있음.		달팽이를 돌봐요		
	미술 영역	내가 좋아하는 동물 모양 목걸이 만들기		*3세 유아들은 역할 영역, 쌓기 영역, 미술 영역에서 놀이하는 시간이 대체로 많음. 또한 연령 특성상 활동 시간이 길지 않은 활동이 계획되므로 주간계획안에서 미술 영역 활동은 1개 이상 계획해야 함.		
	음률 영역	악기로 동물 소리 흉내내기				
대·소 집단 활동	이야기 나누기			귀여운 아기 동물들 (동물병원에 대해 궁금해요) 견학 가기 전 활동	동물들은 어떤 기분일까?	동물을 바르게 대해요
	동화·동시· 동극	동화: 『귀여운 동물 친구』 (두산동아 편집부, 2001)			동시: 친구하려고	
	음악	토끼 보는 날 *노랫말을 살펴보 면 2번째 소주제에 더 어울림.	아침방아 찧어라 *해당 소주제와의 적합성 여부를 확 인해야 함.	놀아 줄게 깽깽		
	신체 *3세 유아들의 발달 특성상 신 체를 활용한 다 양한 표현 활동이 더 자주 계획되 어야 함.					동물의 다양한 기분을 다양한 몸짓으로 말해요 *용어 중복됨. *신체활동 추가 계 획을 위해 목요일로 이동 후 금요일 확 장 심화 활동을 추 가 계획할 수 있음.

게임	반려동물 그림자 찾기			
요리		달걀 삶기 *동물과 함께 하는 데 있어서 요리와 어울려야함: 함께 하는 동물의 먹이 준비로 풀어 내거나 그 내용이 드러나도록 활동명을 수정하기		
미술				동물 모양 데칼코마니
현장체험			동물병원 수의사님과 함께해요	
바깥놀이 *바깥놀이도 해당 소주제/ 일일주제에 따라 통합되도록 제시할 수 있음.	두꺼비 집 짓기 놀이			

교사는 교육적으로 가치 있는 교과 통합을 위해서 계획 후 셀프 체크리스트를 활용하여 계획한 내용에 대한 자기점검을 할 수 있다. 교과 통합 활동 계획을 위한 셀프 체크리스트는 다음과 같다.

◆ 교과 통합활동 계획을 위한 셀프 체크리스트
• 주간교육계획안에서 계획되지 않은 대·소집단 활동 또는 자유선택 활동이 있는가?
• 계획되지 않았다면, 이와 관련된 경험을 할 수 있는 다른 활동이 계획되어 있는가?
• 대·소집단 활동과 자유선택 활동은 해당 주의 주제 및 일일주제에 적합하게 계획되었는가?
• 대·소집단 활동에서 계획된 활동들은 유아가 교사 및 친구들과 함께 공유하면서 생각을 나눌 만한 주제였는가? (자유선택 활동이 아닌 대·소집단 활동으로 계획된 가치 중 생각해 봅시다.)
• 자유선택 활동에서 제시되고 있는 활동은 유아의 수준에서 일주일간 충분히 선택할 수 있는 횟수로 제시되고 있는가?
• 제시된 활동명은 활동 유형과 주제·소주제의 내용을 잘 담아내고 있는가?
• 하루 안에서 동적·정적 활동이 적절하게 제시되고 있는가?
• 소주제·일일주제에 적합한 바깥놀이 활동과 현장체험이 제시되고 있는가?
• 해당 연령의 유아 발달 수준과 흥미에 적합하게 계획되어 있는가?

(3) 수정한 생활주제 '동식물과 자연'의 주간교육계획안(3세)

〈주간교육계획안〉

반 이름	만 3세 ○○반			시기	20○○년 ○월 ○일 ○요일	
생활주제	동식물과 자연			주제	동물과 우리의 생활	
목표 *목표도 재구성이 가능하며 해당 주의 교육 내용이 반영되도록 수정 가능함.	• 동물과 함께하는 즐거움을 느낀다. • 동물이 주는 이로움을 생활 속에서 경험해 본다. • 동물을 대하는 바른 태도를 기른다.					
날짜/요일 활동	소주제	월	화	수	목	금
		동물과 함께하는 즐거움 느끼기			동물을 대하는 바른 태도	
자유선택활동	쌓기놀이 영역	동물농장 꾸미기 → 동물의 집을 만들어요			반려동물 집 만들기	
	역할놀이 영역	동물이 되어 봐요→동물 놀이터			동물병원 놀이	
	언어 영역	동물과 함께하면 즐거워요.(×)	동물 친구 이름을 지어 주어요	동물과 함께하면 즐거워요	내가 만약 동물이라면	사진 속 동물은 어떤 말을 하고 있을까?
	수·조작 영역	기린의 키만큼 쌓아 보아요.(×)	천연수세미 애벌레			동물을 사랑해요
	과학 영역		달팽이를 돌봐요	달팽이의 먹이와 똥을 관찰해요		
	미술 영역	내가 좋아하는 동물 모양 목걸이 만들기		동물 놀이터를 꾸며 주어요		
	음률 영역		악기로 동물 소리 흉내 내기		토끼 보는 날 노래 부르며 악기를 연주해요	
대·소집단활동	이야기 나누기	나와 함께하는 동물을 소개해요	우리 반에 달팽이 동물 친구가 찾아왔어요		동물은 어떤 기분일까? *현장체험을 소개하는 내용으로 진행할 수 있음. *또한 현장체험 관련 소개는 전날 평가 시간에 다음 날 활동 예고에서 이루어질 수 있음.	동물을 바르게 대해요 → 동물들을 도와주고 싶어요
	이야기 나누기 자료 (계획 또는 수정된 이야기 나누기에 대한 이해를 돕고자 자료를 추가 기록하였음)	가정 연계 활동지	달팽이, 달팽이 기르기와 관련된 영상, 달팽이 집과 먹이, 흙		동화책 『엄마, 고마워요!』(정해왕 저, 2013) 속 동물 표정 사진	반려동물의 생활 모습 사진과 영상

동화·동시·동극	동시 '내가 누구게'		동화책『내 친구 뭉치』(자넷 맥린 저, 베틀북 역, 1999)		동시 '친구하려고'
음악	토끼 보는 날 (→ 목)	아침 방아 찧어라(×) '한 고개 넘어가면' 노래를 불러요 *동물을 바꾸어 노래를 부르며 유아들이 자신과 함께한 동물의 특징을 생각해 보도록 격려할 수 있음.		놀아 줄게 깽깽 → '토끼 보는 날' 노래를 불러요	
신체	요술 보자기로 동물을 표현해요		'한 고개 넘어가면' 노래 속 동물이 되어 보아요 *화요일 음악활동과 연계된 활동으로 계획하며, 신체를 활용한 활동을 추가 계획 가능함.	동물의 기분을 다양한 몸짓으로 말해요	동물의 다양한 기분을 다양한 몸짓으로 말해요 → (목) 동물은 어떻게 말할까?
게임 *3세 유아들의 발달 특성상 신체를 활용한 다양한 표현이 더 자주 계획되어야 함.	반려동물 그림자 찾기	'동물 친구가 좋아하는 먹이 찾아라' 게임을 해요			도움이 필요한 동물을 도와주어요
요리	동물 모양 주먹밥 만들어요	달걀 삶기(×)			
미술				동물 모양 데칼코마니 *보통 3세 유아들은 개별 도움을 많이 요청하므로 미술 활동을 대·소집단으로 진행하기 어려울 수 있으니 이에 대한 교사의 관찰과 판단이 요구됨.	
현장체험				동물병원	
바깥놀이	두꺼비 집 짓기 놀이 → 소주제에 따라 다시 계획함.				
	유치원에 사는 동물이 궁금해요	달팽이 먹이를 찾아요	달팽이 산책을 시켜 주어요	달팽이 놀이터를 만들어 주어요	달팽이 목욕을 시켜 주어요

이 주간교육계획안의 목요일에 대한 일일교육계획안을 제시하면 다음과 같다.

(4) 생활주제 '동식물과 자연'의 일일교육계획안(3세-목요일)

〈일일교육계획안〉

반 이름	만 3세 ○○반	시기	20○○년 ○월 ○일 ○요일	수업 일수	○/○○○일
생활주제	동식물과 자연	주제	동물과 우리 생활	소주제	동물을 대하는 바른 태도
목표			• 동물에게도 감정이 있음을 안다. • 동물의 여러 가지 감정을 다양한 방법으로 표현해 본다. • 동물을 대하는 바른 태도에 관심을 갖는다.		
일과시간표			09:00 ~ 09:10 등원 및 인사 나누기 09:10 ~ 09:30 이야기 나누기 09:30 ~ 09:50 오전간식 09:50 ~ 10:50 자유선택 활동 및 평가 10:50 ~ 11:20 음악 활동 11:20 ~ 12:00 바깥놀이 활동 12:00 ~ 12:10 정리정돈 및 화장실 다녀오기 12:00 ~ 13:10 점심 및 조용한 놀이 13:10 ~ 13:40 신체 활동 13:40 ~ 14:00 평가 및 귀가		

시간/활동명	활동 목표	활동내용	자료 및 유의점
09:00~ 09:10 등원 및 인사 나누기	• 바르게 인사한다.	1. 선생님, 친구들과 반갑게 인사 나눈다. 2. 소지품을 개인장에 정리한다. 3. 함께 모여 앉아 인사노래를 부른다. 4. 오늘의 하루 일과를 알아본다.	• 유아의 건강 상태를 확인한다. • 개인 소지품을 스스로 정리할 수 있도록 돕는다.
09:10~ 09:30 이야기 나누기	• 동물의 감정에 관심을 갖는다. • 동물을 사랑하는 마음을 갖는다. • 자신의 느낌, 생각, 경험을 말한다.	〈동물들은 어떤 기분일까?〉 1. 동물의 다양한 기분을 나타내는 사진을 탐색해 본다. 　• 사진에 어떤 동물들이 나와 있니? 　• 동물들의 모습을 보고 무엇을 알 수 있을까? 2. 동물들이 어떤 상황에 있는지 생각해 본다. 　• 동물이 누구와 함께 있니? 　• 지금 무엇을 하고 있는 것 같니? 　• 왜 이런 모습을 하고 있는 걸까? 3. 동물의 여러 가지 감정에 대해 이야기 나눈다. 　• 지금 사진 속 동물의 기분은 어떨 것 같니? 　• 왜 슬픈/기쁜/화난/행복한 표정을 짓고 있는 걸까? 　• 왜 그렇게 생각했니? 　• 동물들에게 무슨 일이 있었을까?	• 동화『엄마, 고마워요』(브레들리 트레퍼 그리브 저, 신현림 역, 2001) • 동화 속의 동물 표정 사진

		• 동물들도 우리처럼 기분이 있을까? • 동물은 어떨 때 기쁠까(슬픔, 화남, 걱정, 행복함)? • 동물들은 여러 가지 기분을 어떻게 표현할까? 4. 동물들과 잘 지내기 위해서 우리가 할 수 있는 일을 생각해 본다. • 동물들은 우리가 어떻게 해 주면 행복할까? • 동물들이 기분 좋게 잘 지내려면 우리가 어떻게 도울 수 있을까?	
09:30~ 09:50 오전 간식	• 간식을 먹은 후에 스스로 정리한다.	1. 손 씻고 간식 먹을 준비를 한다. 2. 간식을 먹은 후 테이블과 간식 접시, 포크 등을 스스로 정리한다.	• 사과, 포크
09:50~ 10:50 자유선택 활동 및 평가	• 아픈 동물을 치료하는 역할에 관심을 갖는다. • 아픈 동물을 위해 동물병원이 필요함을 안다.	[역할놀이 영역] 동물병원 놀이 1. 역할놀이 영역 소품을 보며 어떤 놀이를 할 수 있는지 이야기 나눈다. 2. 동물 인형을 선택하여 아픈 곳을 치료해 주고 돌봐 주는 역할놀이를 해 본다.	• 동물인형 • 병원놀이 소품 (주사, 약통, 청진기, 집게 등) • 진료카드 • 동물침대
	• 동물이 되어 할 수 있는 특별한 일을 생각해 본다.	[언어 영역] 내가 만약 동물이라면? 1. 내가 되고 싶은 동물카드를 꺼내어 나의 얼굴 사진을 붙여 본다. 2. 동물카드 뒷면에 동물이 되어 하고 싶은 일을 그림으로 그리거나 교사가 글로 써 준다.	• 유아 얼굴 사진 • 여러가지동물카드
	• 노래 리듬에 맞춰 악기연주를 해 본다. • 악기 소리의 세기를 조절하여 연주해 본다.	[음률 영역] '토끼 보는 날' 노래를 부르며 악기를 연주해요 1. '토끼 보는 날' 그림카드 속 리듬표시를 보고 노래에 맞춰 타악기를 연주해 본다. 2. 노랫말을 생각해 보고 악기 소리의 세기를 조절하여 연주해 본다. • 토끼를 만났을 때는 신나게 연주해 볼까? • 토끼에게 가까이 다가갈 때는 어떤 크기의 소리가 어울릴까? • 상추를 줄 때는 아주 작게 연주해 볼까?	• 여러 가지 타악기 (트라이앵글, 우드스틱, 캐스터네츠 등) • 어울리는 리듬이 표시된 그림카드

10:50~ 11:20 음악 활동	• 노래를 듣고 즐겁게 따라 부른다. • 토끼의 특징과 생활 모습에 관심을 갖는다. • 토끼를 바르게 대하는 태도를 안다.	〈'토끼 보는 날' 노래를 불러요〉 1. 토끼의 움직임에 관한 동영상을 본다. • 토끼가 무엇을 하고 있었니? • 토끼가 먹이를 먹을 때는 어떤 모습이었니? • 토끼는 어떤 먹이를 좋아할까? • 토끼를 직접 본다면 어떤 느낌이 들 것 같니? 2. '토끼 보는 날' 노래를 들어본다. 3. 그림카드를 보며 노래를 불러 본다. 4. 노랫말에 맞춰 움직임을 표현해 본다. • 토끼인형에게 다가가면서 노래를 불러 보자. 큰 소리를 내면서 다가가면 토끼는 어떤 마음일까? • 토끼에게 배춧잎 한 장을 줄 때 어떻게 주면 토끼가 좋아할까? 5. '토끼 보는 날' 노래를 불러 본 활동을 평가해 본다.	• 토끼의 움직임에 관한 동영상(토끼가 깡충깡충 움직이는 모습, 토끼가 배춧잎 먹는 모습) • 다양한 모습의 토끼 사진 • '토끼 보는 날' 악보와 음원 • '토끼 보는 날' 그림카드 • 토끼 인형
11:20~ 12:00 바깥놀이 활동	• 바깥놀이터에 교실에서 기르는 달팽이가 놀 수 있는 놀이터를 만들어 본다.	〈달팽이 놀이터를 만들어 주어요〉 1. 바깥놀이터에 있는 여러 가지 놀이기구를 떠올려 본다. 2. 달팽이에게 어울리는 놀이터를 구상해 본다. 3. 여러 가지 자연물을 이용하여 제한된 공간에 놀이터를 만들어 본다.	• 교실에서 기르는 달팽이 • 여러 가지 자연물 • 크고 투명한 상자 • 배양토
12:00~ 12:10 정리정돈 및 화장실 다녀오기	• 놀이 후 놀잇감을 스스로 정리한다.	1. 모이는 신호음이 울리면 놀잇감을 정리한다. 2. 손을 깨끗이 씻고 화장실에 다녀온다.	
12:10~ 13:10 점심 및 조용한 놀이	• 제자리에 앉아서 점심을 먹는다.	1. 오늘 점심 식단을 알아본다. 2. 점심 먹을 준비를 한다. 3. 점심을 먹은 후 식판과 자리 주변을 정리한다. 4. 양치질을 한다.	
13:10~ 13:40 신체 활동	• 동물의 감정을 창의적인 몸짓으로 표현한다. • 신체 표현 활동에 즐겁게 참여한다. • 동물에게도 감정이 있음을 안다.	〈동물의 기분을 다양한 몸짓으로 말해요〉 1. 고양이의 다양한 감정표현 사진을 탐색해 본다. • 사진 속에 어떤 동물이 있니? • 고양이가 어떤 모습을 하고 있니? • 왜 이런 모습을 하고 있을까? 2. 고양이가 되어 사진 속 감정을 표현해 보고 어떤 감정을 표현한 것인지 추측해 본다. • 우리도 사진 속 고양이가 되어 어떤 기분을 표현했는지 같이 느껴 볼까?	• 고양이의 감정표현 사진 5장(무서울 때, 쉬고 있을 때, 어리광 부릴 때, 기분 좋을 때, 화났을 때) • 음악 '고양이들의 음악 여행'(출처: 예쁜제) • 고양이 머리띠 또는 모자

		• 고양이가 지금 어떤 마음을 표현한 　것 같니? • 왜 그렇게 생각했니? 너희도 기분이 좋 　으면 고양이처럼 편하게 누워 있니? 3. 음악에 맞춰 '고양이들의 음악 여행' 　의 이야기를 신체로 표현해 본다. 　• 이번에는 음악 여행을 떠난 고양이 　　가 되어 이야기를 표현해 보자. 4. 고양이가 되어 신체로 표현해 본 활 　동을 평가해 본다.	
13:40~ 14:00 평가 및 귀가	• 오늘 동물과의 특 　별한 경험을 회상 　한다. • 자신의 생각과 느 　낌을 이야기한다.	1. 오늘 하루 일과를 회상해 본다. 2. 동물과 있었던 일을 친구들과 이야기 　해 본다. 3. 내일의 특별한 소식에 대해 알아본다.	

(5) 생활주제 '동식물과 자연'의 일일교육계획안 중 단위활동계획안(3세-목요일)

〈단위활동계획안〉

연령	3세	활동 형태	대 · 소집단 활동	유형	신체표현
활동명	동물의 기분을 다양한 몸짓으로 말해요				

활동 목표	3세 누리과정 관련 요소
• 동물에게도 감정이 있음을 안다. • 신체를 이용해서 동물의 다양한 마음 표현 　을 즐긴다. • 동물을 대하는 바른 태도에 관심을 갖는다.	• 신체운동 · 건강: 신체 인식하기 − 신체를 　인식하고 움직이기 • 예술경험: 예술적 표현하기 − 움직임과 춤 　으로 표현하기 • 자연탐구: 과학적 탐구하기 − 생명체와 자 　연환경 알아보기

(창의 · 인성 관련)
• 창의성: 동기적 요소 − 호기심 · 흥미
• 인성: 존중 − 생명과 환경에 대한 존중
　　　　배려 − 동식물에 대한 배려

활동 자료	고양이의 감정 표현 사진 5장(무서울 때, 쉬고 있을 때, 어리광 부릴 때, 기분 좋을 때, 화났을 때; 출처: 3세 누리과정 '동식물과 자연'), 음악 '고양이들의 음 악 여행', 고양이 머리띠 또는 모자, 고양이 방석
	 〈무서울 때〉　〈쉬고 있을 때〉　〈어리광부릴 때〉　〈기분 좋을 때〉　〈화났을 때〉

활동 방법	1. 고양이의 다양한 감정 표현 사진을 탐색해 본다. 　• 고양이를 만나 본 적이 있니? 　• 고양이도 우리처럼 기분이 좋거나 화가 나기도 할까? 　• 사진 속 고양이가 어떤 기분인지 함께 생각해 보자. 　• 사진 속 고양이가 어떤 표정을 짓고 있니? 　• 고양이는 어떤 몸짓을 하고 있니? 　• 고양이가 왜 꼬리를 높이 세우고 있는 것 같니? 　• 고양이는 왜 몸을 쪽 펴고 누워 있을까? 　• 사진 속 고양이는 어떤 소리를 내고 있을까? 　• 고양이가 여러 몸짓으로 자신의 기분을 표현하고 있구나. 2. 고양이의 감정을 나타내는 움직임과 울음을 표현해 본다. 　• 우리도 고양이가 되어 여러 가지 마음을 표현해 볼까? 　• 앞의 푹신푹신한 고양이 방석으로 나와서 표현해 주겠니? 　• 고양이가 된 친구는 지금 어떤 마음을 표현한 것 같니? 　• 왜 그렇게 생각했니? 　• 어울리는 울음은 어떤 것일까? 　• 이번에는 다른 마음을 표현해 보자. 기분이 좋은 고양이는 어떻게 움직일까? 울음은 어떨 것 같니? 　• 옆 친구들에게 고양이처럼 어리광을 부려 볼까? 3. 음악에 맞춰 '고양이들의 음악 여행'의 이야기를 신체로 표현해 본다. 　• 이번에는 음악 여행을 떠난 고양이가 되어 이야기를 표현해 보자. 　• 고양이 모자를 쓰고 친구들 앞에서 이야기 속 고양이의 마음을 몸짓으로 표현해 보자. 　〈고양이들의 음악 여행〉 　아기 고양이가 씩씩하게 걸어가고 있어요. 　두리번두리번거리며 걷고 있는데 엄마 고양이를 만났어요. 　"엄마, 보고 싶었어요." 하며 고양이는 몸을 엄마 몸에 비볐어요. 　참 포근하고 좋았어요. 고양이는 엄마 곁에서 바닥에 누워 재롱도 부렸어요. 　그런데 어제 다툰 강아지가 나타나서 고양이는 갑자기 화가 났어요. 　화가 난 고양이는 "야옹! 야옹!" 소리쳤어요. 　엄마 고양이도 함께 털을 곤두세우고 "야옹!" 하며 소리치자 강아지가 도망갔어요. 강아지도 가고 햇볕이 너무 따사로우니 "아～함." 하품도 나오고 너무 졸려요. 시원한 바람 소리도 들리고 아～ 정말 행복해요. 4. 고양이가 되어 신체로 표현해 본 활동을 평가해 본다. 　• 고양이가 되어 보니 어떤 마음이 들었니? 기분 좋은 마음을 고양이처럼 표현해 볼까? 　• 고양이를 만나면 고양이의 움직임을 잘 살펴보고 어떤 마음일지 생각해서 우리의 마음을 표현해 보자.

활동 시 유의점	1. 도입 시 고양이에 대한 경험이 있는 유아의 이야기에 다른 유아들이 관심을 가질 수 있도록 앞에 나와서 말해 보도록 한다. 2. 고양이 사진을 살펴볼 때 구체적으로 탐색할 수 있도록 한다. 3. 신체표현을 하기 전에 움직임과 울음에 익숙해지도록 개별적으로 자유롭게 표현해 본다.
활동 평가	1. 동물에게도 감정이 있음을 아는지 평가한다. • 동물도 감정이 있음을 이해하는가? • 감정에 따라 나타나는 표현을 적절히 이해하는가? 2. 신체를 이용해서 동물의 다양한 마음 표현을 즐기는지 평가한다. 3. 동물을 대하는 바른 태도에 관심을 갖는지 평가한다.
확장활동	1. 역할 영역에서 유아들과 함께 고양이 놀이터를 구성하여 다양한 몸짓을 자유롭게 표현해 볼 수 있도록 한다. 2. 음률 영역에서 '고양이 춤' 감상곡을 들으며 고양이 인형으로 움직임을 표현해 볼 수 있도록 한다.

2) 누리과정에 제시한 생활주제 '교통기관'의 관련 계획안과 수정 계획안(5세)

(1) 누리과정의 생활주제 '교통기관'의 생활주제망(5세)

〈생활주제망〉

교통기관의 종류
• 내가 이용한 교통기관 알아보기
• 교통기관의 특성 알아보기
• 육상 교통기관 알아보기
• 해상 교통기관 알아보기
• 항공 교통기관 알아보기

교통통신과 교통생활
• 안전한 교통질서 지키기
• 교통기관과 관련된 직업 알아보기
• 편리하고 안전한 교통 생활하기

교통기관

고마운 교통기관
• 대중교통수단 이용하기
• 특별한 교통기관 알아보기
• 일하는 교통기관 알아보기

교통기관의 변천 과정과 구조
• 교통수단의 변천 과정 알아보기
• 교통기관의 구조 탐색하기
• 미래의 교통수단에 관심 갖기

   3~5세 연령별 누리과정의 생활주제 내에서도 주간교육계획안의 재조직이 가능하다. 국가 수준의 교육과정 내용을 반영하면서 기관의 환경과 담당 유아의 선경험 및 흥미를 반영한 재조직이 가치로운 교육과정 재구성 과정이다. 이에 다음의 "(2) 누리과정 생활주제 '교통기관'의 주간교육계획안(5세)" "(3) 수정한 생활주제 '교통기관'의 주간교육계획안(5세)"의 교사용 지도서에 수록된 주간교육계획안과 재조직된 주간교육계획안을 비교하면서 재조직 방향을 토의해 보도록 하자.

(2) 누리과정 생활주제 '교통기관'의 주간교육계획안(5세)

〈주간교육계획안〉

반 이름	만 5세 ○○반		시기	20○○년 ○월 ○일 ○요일
생활주제	교통기관		주제	교통통신과 교통생활
목표	• 교통기관을 이용하는 바른 방법을 알고 안전 규칙을 지킬 수 있다. • 교통기관과 관련된 다양한 직업을 안다. • 교통 약자를 위한 편의시설을 알고 도움을 줄 수 있다.			

날짜/요일 활동	소주제	월 안전한 길 건너기	화 감사하는 마음 전하기	수 안전하게 이용하기	목 배려하기	금 깨끗한 우리 동네 만들기
자유 선택 활동	쌓기놀이 영역	도로 구성하기		안전 마을 꾸미기		
	역할놀이 영역		자동차 정비소 놀이			
	언어 영역		공항에서 찾아보아요		교통안전 수수께끼	
	수 · 조작 영역	어떤 자동차 번호판일까	크루즈 여행을 떠나요	나는야 최고 모범 운전사	배려할 수 있어요	지하철 여행
	과학 영역					태양열로 움직이는 자동차
	미술 영역		모터쇼를 열어요	안전표지판 만들기		
	음률 영역					
대 · 소 집단 활동	이야기 나누기	안전하게 길을 건너요	교통기관의 안전을 위해 수고하시는 분들이 있어요	약속을 지켜요	우리 모두 편리하게 이용해요	매연을 줄여요

동화 · 동시 · 동극	동시: 신호등이 말해요			
음악			안전한 세상	
신체			신호등 놀이	
게임				풍선 자동차 경주
요리				
미술		큰 상자로 기차 만들기		
현장체험			지하철역 돌아보기	
바깥놀이		산책하기	어디까지 갈까요	

교사는 교육적으로 가치 있는 교과 통합을 위해서 계획 후 셀프 체크리스트를 활용하여 계획한 내용에 대한 자기점검을 할 수 있다(교과 통합활동 계획을 위한 셀프 체크리스트는 211쪽을 참조하라).

(3) 수정한 생활주제 '교통기관'의 주간교육계획안(5세)

〈주간교육계획안〉

반 이름	만 5세 ○○반			시기	20○○년 ○월 ○일 ○요일	
생활주제	교통기관			주제	교통통신과 교통생활	
목표	• 안전한 교통기관 이용 방법을 알고 안전규칙을 지킬 수 있다. • 교통기관에 관련된 직업과 기관을 안다. • 편리하고 안전한 교통생활에 관심을 갖는다.					
날짜/요일		월	화	수	목	금
활동 ＼ 소주제		안전한 교통질서 지키기		교통기관과 관련된 직업 알아보기	편리하고 안전한 교통생활하기	
자유 선택 활동	쌓기놀이 영역	도로 만들기				
	역할놀이 영역			교통경찰 놀이		
	언어 영역	교통안전 수수께끼		공항에서 찾아보아요		소리 나는 횡단보도의 안내 멘트를 녹음해요
	수·조작 영역	나는야 최고 모범 운전사		크루즈 여행을 떠나요	지하철 여행	배려할 수 있어요
	과학 영역				친환경 교통기관	
	미술 영역		안전표지판을 만들어요	모터쇼를 열어요	자동차 이용을 줄이기 위한 포스터 그리기	
	음률 영역					
대·소 집단 활동	이야기 나누기	안전하게 길을 건너요	약속을 지켜요, 교통기관의 안전을 위해 수고하시는 분들이 있어요	교통약자 그림(버스를 기다리는 휠체어 탄 장애인, 시각장애인, 임산부, 할아버지), 교통약자를 위한 교통편의시설 PPT	매연을 줄일 수 있을까?	우리 모두 편리하게 이용해요
	이야기 나누기 자료 (계획 또는 수정된 이야기 나누기에 대한 이해를 돕고자 자료를 추가 기록하였음)	사진(육교, 지하도, 신호등이 있는 횡단보도, 교통경찰이 순신호를 하는 횡단보도, 신호등이 없는 횡단보도), 어린이 교통나라 교통안전 학습 프로그램	교통안전 표지판, 그림카드, PPT	육상교통기관(항공교통기관, 해상교통기관)에서 일하는 사람들 인터넷 자료	동영상 '대기오염 곰돌이, 생활 속 매연 사진, 유치원 주변의 오염된 사진 자료	교통약자 그림(버스를 기다리는 휠체어 탄 장애인, 시각장애인, 임산부, 할아버지), 교통약자를 위한 교통편의시설 PPT

동화·동시·동극	신호등이 말해요		'어디로 갈까요' 동시를 감상해요		지하철 약속 캠페인 영상을 만들어요
음악		안전한 세상		'안전한 교통 생활' 노래 개사해서 부르기	
신체	교통표지판약속을 신체로 표현해요		무엇을 운전할까?		
게임		신호등 게임을 해요			안전방지턱을 넘어라
요리	신호등 샌드위치를 만들어요				
미술					
현장체험		경찰 박물관			
바깥놀이	안전하게 자전거를 타요	훌라후프 기차 놀이를 해요	바깥놀이터의 교통경찰이 된다면?	어디까지 갈까요	비행기 날리기 놀이를 해요

이 주간교육계획안의 수요일에 대한 일일교육계획안을 제시하면 다음과 같다.

(4) 생활주제 '교통기관'의 일일교육계획안(5세-수요일)

〈일일교육계획안〉

반 이름	만 5세 ○○반	시기	20○○년 ○월 ○일 ○요일	수업 일수	○/○○○일
생활주제	교통기관	주제	교통통신과 교통생활	소주제	교통기관과 관련된 직업 알아보기
목표	• 교통기관과 관련된 직업이 다양함을 안다. • 교통기관과 관련된 직업에 관심을 갖는다. • 교통기관과 관련된 분들에게 감사한 마음을 갖는다.				
일과시간표	09:00 ~ 09:10 등원 및 인사 나누기 09:10 ~ 09:30 이야기 나누기 09:30 ~ 09:50 오전 간식 09:50 ~ 10:50 자유선택 활동 및 평가 10:50 ~ 11:20 신체 활동 11:20 ~ 12:00 바깥놀이 활동 12:00 ~ 12:10 정리정돈 및 화장실 다녀오기 12:00 ~ 13:10 점심 및 조용한 놀이 13:10 ~ 13:40 동시 감상 13:40 ~ 14:00 평가 및 귀가				

시간/활동명	활동 목표	활동내용	자료 및 유의점
09:00~ 09:10 등원 및 인사 나누기	• 바르게 인사한다.	1. 선생님, 친구들과 반갑게 인사 나눈다. 2. 소지품을 개인장에 정리한다. 3. 함께 모여 앉아 인사 노래를 부른다. 4. 오늘의 하루 일과를 알아본다.	• 유아의 건강 상태를 확인한다. • 개인 소지품을 스스로 정리할 수 있도록 돕는다.
09:10~ 09:30 이야기 나누기	• 교통기관과 관련된 다양한 직업을 안다. • 안전한 교통생활을 위해 일하시는 분들에게 감사하는 마음을 갖는다.	〈교통기관의 안전을 위해 수고하시는 분들이 있어요〉 1. 다양한 교통기관(육상교통/항공교통/해상교통)을 알아본다. • 우리 주변에는 어떤 교통기관이 있을까? 2. 교통기관의 안전을 위해 수고하시는 여러 분에 대해 알아본다. • 자동차들이 도로 위를 안전하게 다닐 수 있도록 도와주는 분들은 누구일까? • 비행기가 하늘을 날 때 안전하게 다닐 수 있도록 도와주는 분들은 누구일까? • 캄캄한 밤에도 배가 길을 잃지 않고 지나갈 수 있도록 도와주는 분들은 누구일까? 3. 교통안전을 위해 일하시는 분들이 없다면 어떤 일이 생길지 이야기 나눈다. • (여러 가지 교통 문제 상황 사진을 보며) 여기는 어디일까? 무슨 일이 생겼니? • 여러 가지 교통기관은 편리하지만 안전하게 이용하지 않으면 위험한 일들이 생기게 된단다. 그런 일이 생기지 않도록 도와주시는 분들이 안 계시다면 사진 속 일들이 자주 일어나게 되고 많은 사람이 위험에 처하게 되겠구나. 4. 교통기관의 안전을 위해 수고하시는 분들에게 감사한 마음을 담은 편지를 써 본다. • 우리 주변의 교통기관의 안전을 위해 수고하시는 분들을 위해 우리가 무엇을 할 수 있을까? • 그분들에게 감사한 마음을 담아 편지를 써 보자.	• 육상교통기관/항공교통기관/해상교통기관에서 일하는 사람들 인터넷 자료 • 교통 문제 상황 사진 • 편지지, 색연필이나 사인펜

09:30~ 09:50 오전 간식	• 바른 태도로 간식을 먹는다. • 간식을 먹은 후에 스스로 정리한다.	1. 손 씻고 간식 먹을 준비를 한다. 2. 간식을 먹은 후 테이블과 간식 접시, 포크 등을 스스로 정리한다.	• 사과, 포크
09:50~ 10:50 자유선택 활동 및 평가	• 교통경찰이 되어 다양한 상황에 어울리는 말과 행동을 해 본다. • 친구들과 역할을 나누어 즐겁게 놀이해 본다.	[역할놀이 영역] 교통경찰 놀이 1. 도로에서 발생하는 여러 가지 문제 상황과 교통경찰이 하는 일을 알아본다. 2. 역할을 나누어 운전사와 교통경찰의 소품을 착용한다. 3. 다양한 상황을 표현하며 역할놀이를 한다.	• 신호등, 도로판, 교통경찰 옷과 모자, 교통경찰 소품 • 자동차 모형 상자
	• 공항의 기능에 관심을 갖는다. • 이야기를 잘 듣고 내용에 맞게 놀잇감을 조작해 본다.	[언어영역] 공항에서 찾아보아요 1. 공항 그림을 자세히 살펴보고 이야기 나눈다. 2. 활동 방법을 알아본다. ① 활동판을 나누어 갖고 더블잭을 이용하여 각자의 헤드폰을 쓴다. ② 공항의 안내방송을 듣고 내용에 해당하는 사람이나 물건을 활동판의 버스나 비행기에 놓는다. ③ 둘이 마주보고 한 유아가 직접 안내방송을 하여 활동을 해 볼 수도 있다. 3. 놀이가 끝난 후 활동판에 놓인 사람들과 물건을 공항의 제자리에 정리한다.	• 공항의 내외부 그림 자료와 활동판 • 공항에 있는 사람 그림자료 • 공항 안내방송 CD 녹음자료 • CD 플레이어 • 헤드폰, 더블잭
	• 해상교통기관에서 일하는 사람의 역할에 관심을 갖는다. • 배가 있는 위치와 방향을 적절한 어휘로 표현해 본다.	[수·조작 영역] 크루즈 여행을 떠나요 1. 유람선에서 일하는 사람들에 대해 알아본다. 2. 게임 자료를 살펴본다. 3. 게임 방법을 알아본다. 4. 말을 나누어 가진 후 순서를 정하여 게임한다. 5. 게임이 끝난 후 놀잇감을 바르게 정리한다.	• 유람선 게임판 • 윷놀이 판 • 유람선에서 일하는 사람과 일반 승객 그림 자료 • 윷가락 • 말 2개
	• 자동차를 만드는 과정에 관심을 갖는다. • 자동차와 관련된 직업에 관심을 갖는다.	[미술 영역] 모터쇼를 열어요 1. 동화『모터쇼 스타 방글이』(달토끼 저, 2014)를 감상한다. 2. 자동차를 만드는 사람을 알아본다. 3. 내가 만들고 싶은 자동차에 대해 이야기 나눈다. 4. 재활용품을 활용하여 다양한 자동차를 만든다. 5. 자동차를 홍보할 수 있는 방법을 생각해 본다. 6. 내가 만든 자동차를 쌓기놀이 영역에 전시하여 자동차 모터쇼를 연다.	•『모터쇼스타 뱅글이』 • 1000ml, 200ml 우유팩, 모형 바퀴, 빨대, 풀, 가위, 색종이, 풍선, 노끈 등 재활용품, 점토 • 자동차 홍보용 카탈로그

10:50~ 11:20 신체 활동	• 다양한 교통기관을 운전하시는 분들이 있음을 안다. • 다양한 교통기관을 운전하는 모습을 신체로 표현해 본다. • 친구들과 함께 즐겁게 신체 활동에 참여해 본다.	〈무엇을 운전할까?〉 1. 다양한 교통기관과 운전사에 대해 이야기 나눈다. 2. '무엇을 운전할까?' 활동 방법과 약속을 알아본다. ① 비밀상자에서 운전사 카드를 뽑는다. ② 중간 지점에서 교통기관 모형을 선택하여 장애물을 통과한 후 출발선에 돌아온다. ③ 장애물에 부딪히지 않고 돌아온 유아는 뱃지 스티커를 받는다. 3. 세 팀으로 나누어 신체 활동을 해 본다. 4. 운전하는 모습을 표현해 본 신체 활동을 평가해 본다.	• '비행기, 배, 자동차' 교통기관 모형 • 장애물 • '비행사, 선장, 자동차 운전사' 배지 스티커 • 비밀상자, 운전사 카드
11:20~ 12:00 바깥놀이 활동	• 바깥놀이터의 문제 상황을 예측하여 적극적으로 해결하려는 태도를 갖는다. • 안전하게 놀이하기 위해 필요한 약속이 있음을 안다. • 교통경찰관이 되어 여러 사람이 바깥놀이터에서 안전하게 놀이할 수 있도록 도와준다.	〈바깥놀이터의 교통경찰관이 된다면?〉 • 바깥놀이터에서 생길 수 있는 안전사고를 알아본다. • 안전하게 놀이하기 위해 필요한 약속을 정한다. • 함께 정한 약속을 잘 지킬 수 있도록 '바깥놀이터의 교통경찰관' 역할을 돌아가면서 하기로 한다. • 오늘의 '바깥놀이터의 교통경찰관'이 된 유아는 모자, 옷, 소품을 이용하여 주어진 시간 동안 친구와 동생들이 안전하게 놀 수 있도록 도와준다.	• 교통경찰 모자 • 교통경찰 옷 • 교통경찰 안전봉 • 호루라기
12:00~ 12:10 정리정돈 및 화장실 다녀오기	• 놀이 후 놀잇감을 스스로 정리한다.	1. 모이라는 신호음이 울리면 놀잇감을 정리한다. 2. 손을 깨끗이 씻고 화장실에 다녀온다.	
12:00~ 13:10 점심 및 조용한 놀이	• 음식을 골고루 먹는다. • 양치질을 깨끗이 한다.	1. 오늘 점심 식단을 알아본다. 2. 점심 먹을 준비를 한다. 3. 점심을 먹은 후 식판과 자리 주변을 정리한다. 4. 양치질을 한다.	

시간	목표	활동 내용	자료
13:10~ 13:40 동시 감상	• 교통기관의 유지를 위한 일에는 여러 가지가 있음을 안다. • 교통기관과 관련된 다양한 지역사회와 직업에 관심을 갖는다. • 바른 태도로 동시를 감상한다.	〈'어디로 가야 할까요?' 동시를 감상해요〉 1. 도움이 필요한 '자동차'의 이야기를 듣고 어떻게 도와줄지 생각해 본다. 2. '어디로 가야 할까요?' 동시를 감상해 본다. 3. 동시에 나온 카센터/세차장/주유소에 가 본 경험을 공유해 본다. 4. 그 외에도 교통기관을 도와주는 곳을 넣어 동시를 바꿔 본다. 5. 바꾼 동시를 함께 낭송해 본다.	• 동시 감상판
13:40~ 14:00 평가 및 귀가	• 교통기관과 관련하여 경험한 활동들을 회상한다. • 자신의 생각과 느낌을 이야기한다.	1. 오늘 하루 일과를 회상해 본다. 2. 하원하면서 유치원 버스 기사 아저씨께 감사하는 마음으로 인사 드리기로 한다. 3. 내일의 특별한 소식(경찰박물관)에 대해 알아본다.	

(5) 생활주제 '교통기관'의 일일교육계획안 중 단위활동계획안(5세–수요일)

〈단위활동계획안〉

연령	5세	활동 형태	대·소집단 활동	유형	이야기 나누기
활동명	교통기관의 안전을 위해 수고하시는 분들이 있어요				

활동 목표	3세 누리과정 관련 요소
• 교통기관과 관련한 다양한 직업을 안다. • 안전한 교통생활을 위해 일하시는 분들에게 감사하는 마음을 갖는다.	• 의사소통: 듣기 – 이야기 듣고 이해하기, 바른 태도로 듣기 • 사회관계: 사회에 관심 갖기 – 지역사회에 관심 갖고 이해하기

(창의·인성 관련)
• 창의성: 인지적 요소 – 문제해결력
• 인성: 협력 – 개인적인 책임감
(초등교육과정 관련)
• 바른생활: 이웃 – 다양한 일에 대해 알아보고 일의 소중함을 느낀다.

활동 자료	다양한 교통기관 – (육상교통, 해상교통, 항공교통; 출처: 5세 누리과정) 사진 자료, 교통문제 상황 사진, 편지지, 필기도구  〈조난당한 시민을 구출한 헬리콥터〉  〈자동차 사고 사진〉

활동 방법	1. 다양한 교통기관(육상교통/항공교통/해상교통)을 알아본다.
	  • 우리 주변에는 어떤 교통기관이 있을까?
	  • 바다나 하늘에 다니는 교통기관은 어떤 것들이 있을까?
	2. 교통기관의 안전을 위해 수고하시는 여러 분에 대해 알아본다.
	  • 자동차들이 도로 위를 안전하게 다니려면 어떤 약속이 필요할까?
	  • 도로 약속을 잘 지키도록 도와주시는 분들은 누가 있을까?
	  • 기차나 자동차가 고장 났을 때 도와주시는 분들은 뭐라고 부를까?
	  • 비행기들이 하늘 위를 안전하게 다니려면 어떤 약속이 필요할까?
	  • 하늘에도 신호등이 있을까?
	  • 하늘에 다니는 비행기들이 천둥번개를 만나지 않도록 도와주시는 분들은 누구일까?
	  • 바다를 다니는 배들은 어떤 안전 약속을 지켜야 할까?
	  • 캄캄한 바다에서 배들이 안전하도록 도와주시는 분들은 누구일까?
	3. 교통안전을 위해 일하시는 분들이 없다면 어떤 일이 생길지 이야기 나눈다.
	  • (여러 가지 교통 문제 상황 사진을 보며) 여기는 어디일까? 무슨 일이 생겼니?
	  • 이런 일이 생겼을 때 어떤 분들에게 도움을 청해야 할까?
	  • 여러 가지 교통기관은 편리하지만 안전하게 이용하지 않으면 위험한 일들이 생기게 된단다. 그런 일이 생기지 않도록 도와주시는 분들이 안 계시다면 사진 속 일들이 자주 일어나게 되고 많은 사람이 위험에 처하게 되겠구나.
	  • 사진에는 어떤 교통기관이 나왔니?
	  • 어떤 일을 하고 있는 것 같니?
	  • 산속에서 길을 잃거나 차가 가기 힘든 곳에서 어려움에 처하면 어떤 분들이 도와주실까?
	  • 만약에 교통기관의 안전을 위해 일하시는 분들이 없다면 어떤 일이 생길까?
	4. 교통기관의 안전을 위해 수고하시는 분들에게 감사한 마음을 담은 편지를 써 본다.
	  • 우리 주변의 교통기관의 안전을 위해 수고하시는 분들을 위해 우리가 무엇을 할 수 있을까?
	  • 그분들에게 감사한 마음을 담아 편지를 써 보자.

활동 시 유의점	1. 도입 시 육상·해상·항공 교통기관과 관련된 직업의 정확한 명칭을 사용한다. 2. 유아들이 교통기관의 명칭보다 안전을 위해 일하시는 분들에게 집중할 수 있도록 한다.
활동 평가	1. 교통기관과 관련된 직업을 아는지 평가한다. 2. 교통기관과 관련된 일을 하는 분들에게 감사하는 마음을 갖는지 평가한다.
확장활동	1. 언어 영역에서 교통기관에서 수고하시는 분들에게 편지쓰기 활동을 한다. 2. 역할 영역에서 교통기관에서 일하시는 분들과 관련된 소품을 준비해 주어 자유롭게 놀이할 수 있도록 한다.

부록 생활주제에 따른 활동계획

이 책의 3장에서는 유아교과교육이 통합적으로 이루어지는 과정을 살펴보았습니다. 해당 내용을 상기하며 누리과정에서 제시하고 있는 생활주제인 '우리나라'를 중심으로 교육 활동을 계획해 봅시다.

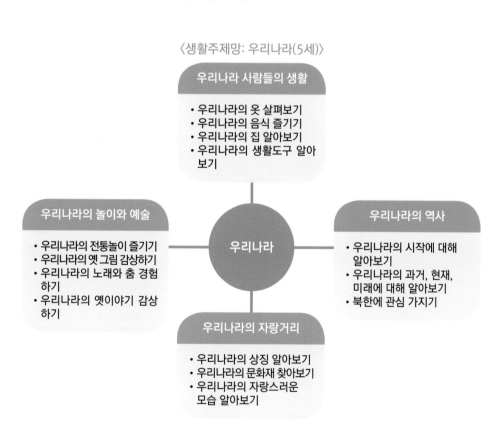

〈생활주제망: 우리나라(5세)〉

이 생활주제망을 보면, '우리나라'라는 생활주제에 따른 주제가 4개로 구분되어 있으며 4개의 주제 각각의 소주제들이 제시되어 있음을 살펴볼 수 있습니다. '우리나라' 생활주제가 보통 한 달가량 진행된다고 했을 때, 주제는 일주일 정도의 기간에 전개된다고 볼 수 있습니다.

이제 이 4개의 주제 중 '우리나라의 놀이와 예술' 주제로 주간교육계획안을 구성해 봅시다. '우리나라의 놀이와 예술' 주제의 목표는 다음과 같습니다.

- 다양한 우리나라 전통놀이를 경험하고 즐긴다.
- 우리나라 옛 그림의 고유한 특성을 알아보고 표현한다.
- 우리나라 전통 노래와 춤을 경험하고 즐긴다.
- 우리나라 옛이야기의 특징을 이해하고 흥미를 느낀다.

이 목표들을 성취하기 위해 '우리나라의 놀이와 예술' 주제에서 다루는 소주제 네 가지는 각각 무엇인가요? 각각의 소주제를 주 5일 동안 모두 다루어야 하므로 어느 하나의 소주제는 2일 동안 전개되겠지요? 다른 소주제들에 비해 비중 있게 다루어야 하는 소주제는 무엇인가요?

〈소주제 배치〉

요일	월	화	수	목	금
소주제					

* 2일에 걸쳐 이루어지는 소주제는 2개의 셀을 통합하여 작성하면 됩니다.

이제는 각각의 소주제에 따라 어떤 활동을 할 것인지 계획해야 합니다. 주간교육계획안에 각각의 활동을 배치하기 위해서 우선 각각의 활동을 머릿속으로 그리며 활동의 개요를 작성해 봅시다. 활동을 계획할 때 고려할 사항은 다음과 같습니다.

✎ 소주제와 관련이 있는가?

✎ 각 교과 내용을 균형 있게 다루고 있는가?

✎ 자유선택 활동과 대·소집단 활동이 골고루 이루어지는가?

✎ 대·소집단 활동으로 계획할 때 가장 효과적인 활동 유형은 무엇인가?

✎ 하나의 소주제 내에서 대·소집단 활동이 동적 활동과 정적 활동 간 균형을 이루고 있는가?

✎ 활동이 교과 간의 통합을 잘 반영하고 있는가?

〈소주제별 활동 개요〉

① 소주제명: _____

활동 형태	활동 영역/ 유형	관련 교과	활동명	활동 개요
자유선택 활동				
대·소 집단 활동				

② 소주제명: _____

활동 형태	활동 영역/ 유형	관련 교과	활동명	활동 개요
자유선택 활동				
대·소 집단활동				

③ 소주제명: _____

활동 형태	활동 영역/ 유형	관련 교과	활동명	활동 개요
자유선택 활동				
대·소 집단 활동				

④ 소주제명: _____

활동 형태	활동 영역/ 유형	관련 교과	활동명	활동 개요
자유선택 활동				
대·소 집단 활동				

⑤ 소주제명: _____

활동 형태	활동 영역/ 유형	관련 교과	활동명	활동 개요
자유선택 활동				
대·소 집단 활동				

각각의 활동이 구체적으로 정해졌다면 이제 주간교육계획안에 옮겨 적으면 됩니다. 자유선택 활동은 물론이고 대·소집단 활동도 며칠에 걸쳐 이루어질 수 있으므로 이를 반영하여 계획안을 작성해야 합니다.

〈주간교육계획안: 우리나라의 놀이와 예술〉

반 이름			시기	
생활주제			주제	

목표	• • • •

날짜/요일		월	화	수	목	금
활동 ＼ 소주제						
자유 선택 활동	쌓기놀이 영역					
	역할놀이 영역					
	언어 영역					
	수·조작 영역					
	과학 영역					
	미술 영역					
	음률 영역					
대·소 집단 활동	이야기 나누기					
	동화·동시· 동극					
	음악					
	신체					
	게임					
	요리					
	미술					
	현장체험					
바깥놀이						

*1~2일에 걸쳐 이루어지는 활동일 경우, 가운데 선을 무시하고 작성하세요. 배치가 모두 끝난 후에 점선을 실선으로 그려 완성해 주세요.

 참고문헌

강미희(2004). 유치원 교육과정에서 의미하는 통합과 실제 통합교육의 문제. 광주보건대학논문집, 29, 39-59.

곽병선(1997). 교육과정. 서울: 배영사.

교육과정개정연구회(1996). 통합교과의 교과과정. 서울: 한국교육개발원.

교육과학기술부, 보건복지부(2013a). 3~5세 연령별 누리과정 해설서. 서울: 교육과학기술부, 보건복지부.

교육과학기술부, 보건복지부(2013b). 3~5세 연령별 누리과정 지도서. 서울: 교육과학기술부, 보건복지부.

교육부(2016). 유치원 성교육 프로그램. 세종: 교육부.

교육인적자원부(2000). 유치원 교육활동지도자료 1 총론. 서울: 대한교과서주식회사.

구미란(2006). 유아음악교육에 관한 유아교사의 인식 및 교육환경과 교육의 실제. 수원대학교 교육대학원 석사학위논문.

김경배, 김재건, 이홍숙(2001). 교과교육론. 서울: 학지사.

김규수(2012). R. Steiner 교육이론에 기초한 유아예술교육활동이 유아의 정서능력 및 창의성에 미치는 효과. 홀리스틱교육연구, 16(1), 63-83.

김나연(2007). 효율적인 유아음악 교수법에 대한 고찰. 영유아교육연구, 5, 85-100.

김대현(1993). 학교에서의 통합교육과정 개발. 학교교육, 20, 89-104.

김미경(2003). 과학적 사고발달을 위한 영·유아과학교육. 서울: 학지사.

김영연(2002). 음악교육론. 서울: 학지사.

김은심(2007). 유아-교사를 위한 창의적 동작 교육. 서울: 파란마음.

김진영, 엄정애, 이승연(2008). 유아교사를 위한 유아음악교육. 경기: 양서원

노영희, 김창복, 전유영(2014). 영유아언어교육. 경기: 양서원

문연경(2013). 홀리스틱 음악태교를 위한 학부모의 음악태교 관심도 조사연구. 홀리스틱교육연구. 17(1), 87-104.

박주연, 이민정(2014). 유아음악활동에 대한 교사의 지식에 따른 인식과 교수효능감 차이. 유아교육연구, 35(5), 213-227.

방은영, 박찬옥(2005). 유치원 교사의 음악교수 효능감에 관한 탐색. 유아교육학논집, 9(4), 5-30.

배장오(2011). 교육학 교과교육론. 서울: 서현사.

백중열(2013). 교사를 위한 유아미술교육 이론과 실제. 경기: 공동체.

서울대학교 교육연구소(1995). 교육학용어사전. 서울: 도서출판 하우.

손복영(2011). 자기주도 학습방법에 의한 사회교육 프로그램이 유아의 자기조절 능력에 미치는 효과. 덕성여자대학교 대학원 박사학위논문.

신소명(2007). 유아동작교육의 실시현황 및 교사의 인식연구. 인하대학교 교육대학원 석사학위논문.

심성경, 송화진, 변길희(2011). 현직 교사를 위한 동작교육 프로그램의 적용 효과. 한국교원교육연구, 28(4), 331-350.

심성경, 이선경, 변길희, 김나림, 박주희(2015). 유아를 위한 동작교육의 이론과 실제. 서울: 학지사.

심성경, 이희자, 이선경, 김경의, 이효숙(2014). 유아음악교육. 경기: 양서원.

양경희(2008). 아동미술교육. 서울: 학지사.

양옥승, 이정란, 이옥주, 황윤세(2010). 유아사회교육. 서울: 신정.

우수경, 채미영, 최미화, 남옥자, 고정리, 유영의, 강민정, 이정미, 김호, 임진형(2009). 유아교과교육론. 서울: 창지사.

윤정아, 박은혜(1998). 유아사회교육에 대한 유아교사의 개념도 분석. 한국교원교육연구, 15(2), 107-127.

이경실, 엄정애(2012). 유아사회교육의 목표, 내용, 수업운영에 대한 교수와 유치원 교사의 인식. 유아교육연구, 32(1), 229-253.

이경화, 육인경(2016). 국어교과와 타 교과 간 통합교육에 대한 교사들의 인식조사. 초등교과교육연구, 25, 95-115.

이기숙(2008). 유아교육과정. 경기: 교문사.

이명희(2006). 유아기의 역사교육에 대한 유치원 교사의 인식 및 실시 현황. 이화여자대학교 대학원 석사학위논문.

이세나(2009). 유아교육에서 통합교육과정. 문화예술교육연구, 4(1), 65-85.

이순형, 김혜라, 권미경, 서주현, 전가일, 김유미, 임여정, 김은영, 심도현(2011). 유아과학교육. 서울: 학지사.

이숙희(2005). 통합적 유아음악교육이 유아의 음악적 흥미와 태도에 미치는 영향. 미래유아교육학회지, 12(1), 407-430.

이연섭, 강문희(1999). 유아의 언어교육. 서울: 창지사이영(1995). 인간발달생태학. 서울: 교육과학사.

이영자(2009). 유아언어 발달과 지도. 경기: 양서원.

이영자, 유효순, 이정욱(2001). 유아사회교육. 서울: 교문사.

이옥주(2006). 유아사회 교육의 교수 내용 지식에 관한 연구. 덕성여자대학교 대학원 박사학위논문.

이은영(2010). 역할놀이를 활용한 유아수학교육 프로그램 구성 및 적용효과. 중앙대학교 대학원 박사학위논문.

이은화, 김영옥(2000). 유아사회교육. 경기: 양서원.

이정수, 이지영(2012). 유아교사의 동작교육에 대한 인식 및 실태조사. 한국유아체육학회지, 13(1), 35-44.

이차숙(2005). 유아언어교육의 이론과 실제. 서울: 학지사.

임부연, 최계령, 류미향(2010). 유아교실에서 교수자료의 의미와 활용에 관한 교사의 인식 연구. 유아교육학논집, 14(6), 203-226.

장영희, 엄정애, 박수진(2007). 우리나라 유치원-초등학교 사회과 관련 교육과정 내용 연계성 분석. 교과교육학연구, 11(1), 277-293.

장은희, 김명정, 박경숙(2009). 창작 유아 음악극. 서울: 창지사.

장희경(2007). 유아역사교육에 대한 유치원 교사의 인식 및 실태 연구. 한국교원대학교 대학원 석사학위논문.

조운주(2014). 3~5세 유아사회교육 내용의 비교, 분석 및 유아사회교육 내용에 대한 교사들의 인식. 유아교육학논집, 18(5), 5-27.

조형숙, 김선월, 김지혜, 김민정, 김남연(2014). 유아과학교육(2판). 서울: 학지사.

중앙대부속유치원(2014). 관계에 기초한 중앙대학교사범대학부속유치원교육과정. 경기: 공동체.

최미숙, 안지영(2012). 학습주기를 적용한 과학활동이 유아의 과학적 탐구능력 및 과학적 태도에 미치는 영향. 미래유아교육학회지, 19(4), 453-474.

최정미(2009). 예측동화읽기수업과 낱말읽기수업이 유아의 언어능력에 미치는 효과. 동아대학교 교육대학원 석사학위논문.

최혜순(2012). 유아사회교육. 서울: 동문사.

한국유아교육학회(1996). 유아교육사전: 용어편. 서울: 한국사전연구사.

허경철, 이화진, 박순경, 소경희, 조덕주(2004). **교과교육학 신론**. 서울: 문음사.

Bredekamp, S., & Rosegrant, T. (1992). Reaching potentials through appropriate curriculum: Conceptual frameworks for applying the guidelines. In S. Bredekamp

& T. Rosegrant (Eds.), *Reaching potentials: Appropriate curriculum and assessment for young children* (pp. 28–42). Washington, DC: NAEYC.

Clay, M. (1972). *Reading: The patterning of complex behavior.* Aukland, NZ: Heinemann Educational Books.

Feldman, E. B. (1970). *Becoming human through out.* Englewood Cliffs, NJ: Prentice-Hall.

Fogarty, R. (1991). *The mindful school: How to integrate the curriculum.* Palatine, IL: Skylight Publishing.

Gallahue, D. L. (1996). *Development physical education for today's children.* Dubuque, IA: Brown & Benchmark.

Gordon, E. E. (1997). *A music learning theory for newborn and young children.* Chicago, IL: GIA.

Isenberg, J. P., & Jalongo, M. R. (2001). *Creative expression and playing the early child hood curriculum.* New York: Prentice-Hall.

Jalongo, M. R. (2010). Listening in early childhood: An interdisciplinary review of the literature. *International Journal of Listening, 24*(1), 1–18.

Koch, J. (1999). *Science stories: Teachers and children as science learners.* Boston, MA: Houghton Mifflin Company.

Koster, J. B. (2012). *Growing artists: Teaching the art to young children* (5th ed.). New York: Delmar Publishers.

Laban, R. (1963). *Modern educational dance* (2nd ed.). London: MacDonald & Evans.

Lehman, P. R. (2002). A personal perspective. *Music Educators Journal, 88*(5), 47–51.

Lind, K. K. (2005). *Exploring science in early childhood: A developmental approach* (4th ed.). New York: Thomson Delmar Learning.

Lowenfeld, V. (1947). *Creativity and mental growth.* New York: The Macmillan Company.

Machado, J. M. (2003). *Early childhood experience in language arts.* New York: Delmar.

Martin, D. J. (2001). *Constructing early childhood science.* Albany, NY: Delmar Thomson Learning.

Martin, D. J. (2009). *Elementary science methods: a constructivist approach* (5th ed.). Belmont, CA: Wadsworth/Cengage Learning.

Martin, D. J., Jean-Sigur, R., & Schmidt, E. (2005). Process-oriented inquiry—a constructivist approach to early childhood science education: Teaching teachers to do science. *Journal of Elementary Science Education, 17*(2), 13–26.

Martin, R., Sexton, C., Wagner, K., & Gerlovich, J. (2001). *Teaching science for all children* (3nd ed.). Boston, MA: Allyn & Bacon.

MENC. (1992). MENC position statement on early childhood education. *Music Educators National Conference Soundpost, 8*(2), 21–22.

Mindes, G. (2006). *Social studies in today's early childhood curricula.* Washington, DC: National Association for the Education of Young Children.

NAEYC & NCTM. (2002). *Early childhood mathematics: Promoting good beginnings.* Retrieved January, 21, 2012 from the World Wide Web http://www.naeyc.org/positionstatements/mathematics.

Pica, R. (2010). *Experiences in Movement & Music: Birth to Age 8* (4th ed.). Clifton Park, NY: Wadsworth/Cengage Learning.

Powell, D., & Dunlap, G. (2009). *Evidence-based social-emotional curricula and intervention packages for children 0–5 years and their families.* Tampa, FL: University of South Florida.

Tompkins, G. (2010). *Literacy for the 21th century a balanced approad.* Uppersaddle River, NJ: Prentice-Hall.

Tyler, R. W. (1949). Curriculum organization. In N. B. Henry (Ed.), *The integration of educational experience.* Chicago, IL: NSSE.

Wall, J., & Murray, N. (1994). *Children and movement: Physical education in the elementary school* (2nd ed). Madison, WI: WCB Brown & Benchmark.

저자 소개

◉ **남기원**(Nam, Ki Won)   중앙대학교 유아교육과 학사, 석사, 박사
현 중앙대학교 유아교육과 교수

◉ **김남연**(Kim, Nam Yun)   중앙대학교 유아교육과 학사, 석사, 박사
현 장안대학교 유아교육과 교수

◉ **박선영**(Park, Seon Young)   중앙대학교 유아교육과 학사, 석사, 박사
현 숭의여자대학교 유아교육과 교수

◉ **고선아**(Ko, Sun Ah)   중앙대학교 유아교육과 학사, 석사, 박사
현 경동대학교 유아교육과 교수

◉ **이은형**(Lee, Eun Hyung)   중앙대학교 유아교육과 학사, 석사, 박사
현 한국복지대학교 유아특수보육과 교수

유아교과교육론
Theory of Subject Matters in Early Childhood Education

2017년 2월 20일 1판 1쇄 발행
2019년 2월 19일 1판 2쇄 발행

지은이 • 남기원 · 김남연 · 박선영 · 고선아 · 이은형
펴낸이 • 김진환
펴낸곳 • (주) **학지사**
04031 서울특별시 마포구 양화로 15길 20 마인드월드빌딩
대표전화 • 02)330-5114   팩스 • 02)324-2345
등록번호 • 제313-2006-000265호

홈페이지 • http://www.hakjisa.co.kr
페이스북 • https://www.facebook.com/hakjisabook

ISBN 978-89-997-1197-8 93370

정가 17,000원

저자와의 협약으로 인지는 생략합니다.
파본은 구입처에서 교환해 드립니다.

이 책을 무단으로 전재하거나 복제할 경우 저작권법에 따라 처벌을 받게 됩니다.

이 도서의 국립중앙도서관 출판시도서목록(CIP)은 서지정보유통지원
시스템 홈페이지(http://seoji.nl.go.kr)와 국가자료공동목록시스템
(http://www.nl.go.kr/kolisnet)에서 이용하실 수 있습니다.
(CIP 제어번호: CIP2017022030)

교육문화출판미디어그룹 **학지사**
심리검사연구소 **인싸이트** www.inpsyt.co.kr
원격교육연수원 **카운피아** www.counpia.com
학술논문서비스 **뉴논문** www.newnonmun.com
간호보건의학출판 **학지사메디컬** www.hakjisamd.co.kr